Beltz Taschenbuch 36

Für Felix, Pauline, Hans, Angela und alle anderen Kinder

Im Sommer 1991 habe ich den Kindern meiner zweiten Klasse vom Pegasus, dem Flügelroß, erzählt. Er nähme die wahren Dichter und Dichterinnen auf seinen Rücken und trüge sie fort. Wenn sie heimkämen, wüßten sie viel zu erzählen. Dann wurde gezeichnet. Und so trabt und flügelt der Pegasus nun in mancherlei Gestalt durch dieses Buch. U. A.

Ute Andresen

Versteh mich nicht so schnell

Gedichte lesen mit Kindern

Rettet die Poesie!
Nachwort

O ein Gott ist ein Mensch, wenn er träumt,
ein Bettler, wenn er nachdenkt.

Hölderlin

Die Autorin:

Ute Andresen war fast fünfundzwanzig Jahre lang Grundschullehrerin
in München. 1992 ging sie nach Thüringen, um ihre Erfahrungen mit
Kindern, StudentInnen und KollegInnen dort zu teilen. Seither lebt sie
im Spagat zwischen München und Erfurt. Ihr Eintreten für einen
respektvoll freien Umgang mit Gedichten ermutigt seit langem einen
Unterricht, der den Kindern wie der Poesie entgegenkommt. Um ihre
eigene Position klarer als bisher zu umreißen, hat sie dieser Ausgabe des
schon breit eingeführten Buches ein Nachwort gegeben, in dem sie sich
mit der literaturwissenschaftlichen Didaktik auseinandersetzt.

Weitere Werke: *Ausflüge in die Wirklichkeit – Grundschulkinder ler-*
nen im Dreifachen Dialog / So dumm sind sie nicht – Von der Würde
der Kinder in der Schule / ABC und alles auf der Welt / Bruder Löwen-
zahn und Schwester Maus / Im Mondschein wächst das Gras / Das
zweite Schuljahr.

Beltz Taschenbuch 36
1999 Beltz Verlag, Weinheim und Basel

3 4 5   06 05 04

© 1992 Quadriga Verlag, Weinheim und Berlin
Umschlaggestaltung: Frederico Luci, Köln
Umschlagzeichnung: Andrea Bastian
Satz: Fotosatz Horst Kopietz, Hemsbach
Druck und Bindung: Druckhaus Beltz, Hemsbach
Printed in Germany

ISBN 3 407 22036 7

Inhalt

Der hellen Töne Glanzgefunkel

Jahrelang hing dieses Gedicht in meinem Zimmer an der Wand. Ich wußte es auswendig und fühlte mich in ihm daheim, ohne nach seiner Bedeutung zu fragen. Ich hätte nichts anderes darüber sagen können als: es gefällt mir. Es tut mir wohl. Es ist schön.

Einmal habe ich es laut gelesen, nicht nur leise wie sonst immer, habe es mir vorgelesen, habe mit diesem Gedicht, durch dieses Gedicht zu mir gesprochen. Es war, als öffnete sich in meinem Innern antwortend ein lange verschlossenes Tor.

Zweimal, dreimal, viermal las ich das Gedicht, jedesmal klang meine Stimme, klangen die Worte anders, fand es eine tiefere, altvertraute Resonanz in mir. Ich stieg in den Brunnen meiner Schmerzen und meiner Freude hinab, und Tränen und Jubel waren eins und wahr. Und ich wußte, warum mich dieses Gedicht schon so lange begleitet hatte.

Es hing all die Jahre an der Wand meines Zimmers wie ein Schlüssel zu meinem Innern. Es sagte mir etwas über mich, was ich nicht in Worte fassen könnte. Es reicht bis in die Zeit des Erlebens vor allen Worten zurück, als ich Klänge, Farben, Lichter, Düfte der Welt mit einem einzigen Sinn, mit meiner ganzen Existenz wahrnahm, ohne sie wie heute voneinander zu trennen. Es ist reine Poesie. Es tut mir wohl. Es ist wahr.

Niemals werde ich es bis ins Letzte verstehen oder gar erklären können. Es bleibt ein vollkommenes Gedicht.

Wenn der lahme Weber träumt, er webe,
Träumt die kranke Lerche auch, sie schwebe,
Träumt die stumme Nachtigall, sie singe,
Daß das Herz des Widerhalls zerspringe,
Träumt das blinde Huhn, es zähl die Kerne,
Und der drei je zählte kaum, die Sterne,
Träumt das starre Erz, gar linde tau es,
Und das Eisenherz, ein Kind vertrau es,
Träumt die taube Nüchternheit, sie lausche,
Wie der Traube Nüchternheit berausche;
Kömmt dann Wahrheit mutternackt gelaufen,
Führt der hellen Töne Glanzgefunkel
Und der grellen Lichter Tanz durchs Dunkel,
Rennt den Traum sie schmerzlich übern Haufen,
Horch! die Fackel lacht, horch! Schmerz-Schalmeien
Der erwachten Nacht ins Herz all schreien;
Weh, ohn Opfer gehen die süßen Wunder,
Gehn die armen Herzen einsam unter!

Clemens Brentano

Gedichte von Anfang an

Pauline konnte noch kaum sprechen, da ließ sie sich am liebsten Gereimtes vorlesen. Manchmal saß sie dann allein mit einem Buch da und »las«. Für die Ohren der Großen war das nur ein Gebrabbel, aber es hatte Reim und Rhythmus.

*

Tobi fürchtet und ekelt sich vor Spinnen. Im zweiten Schuljahr lernte er sehr viel über diese Tierchen, wie sie leben und wie sie auch für uns Nützliches tun. In seinem Heft steht später unter lauter sachlichen Zeichnungen und Beschreibungen:

Gedicht

Die Spinnen
sind sehr nett
zu mir.

Warum nennt Tobi den kleinen Text ein Gedicht? Weil es nur ein Textchen ist? Weil in ihm etwas für Tobi Bedeutsames und Schönes aufgehoben ist? Weil er froh ist über seine junge Freundschaft zu den früheren Ekelgeschöpfen? Weil er der fremden Schwester Spinne ein kleines Denkmal setzen möchte?

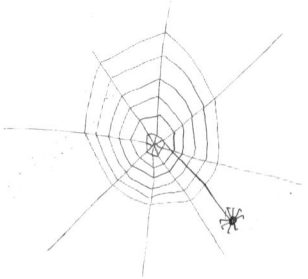

Versteh mich nicht so schnell

Wenn wir Erwachsenen mit Kindern sprechen, wenn wir etwas für sie aussuchen, was sie lesen oder hören sollen, achten wir darauf, daß unser Angebot möglichst auch kindertümlich sei. Es soll sich im Bereich dessen finden, was Kinder, wie wir meinen, verstehen können.

Doch die Gedichte, die Kinder selbst für sich aussuchen, sind oft weit außerhalb des Horizonts zu finden, den wir für ihr Alter annehmen. Wie kommt das? Sind sie soviel klüger, soviel kenntnisreicher und einsichtiger, als wir Eltern und Lehrer meinen? Das sind sie sicher!

Sie sind aber auch daran gewöhnt, daß die Welt ringsum nicht kindertümlich ist, daß sie im Alltag nicht alles verstehen, was um sie herum geschieht und gesprochen wird, ohne darüber die Orientierung, die Neugier und den Mut zu verlieren.

Ein schönes Gedicht erinnert sie vielleicht an die Zeit, als sie umgeben waren von Sprache, die sie noch nicht oder nur in Andeutungen verstanden, von Worten mit vielfältigem Klang, in dem sich Geheimnisse und Verheißungen verbargen. Damals hatten die Worte noch keine festen Grenzen und nicht die enge Bedeutung, die sie im Verständigungsalltag bekommen.

Ein schönes Gedicht erinnert sie an die frühe Zeit, als die Sinneseindrücke noch nicht so deutlich voneinander getrennt waren, wie sie es später sind, als Töne und Klänge mit Glanz und Farben verschwistert waren. Das tiefe Entzücken, das ich bei manchen Zeilen Brentanos empfinde, stammt aus dieser Zeit. Es wird wach wie ein Heimweh nach einer Welt, von der ich weiß, deren Bild ich in mir trage, die ich aber nicht beschreiben könnte.

11

Ein schönes Gedicht erinnert mit seinem Rhythmus wohl auch an die Zeit, als wir vor unserer Geburt im Gehen und Arbeiten der Mutter geschaukelt, gewiegt und geschüttelt wurden und immer ihren Herzschlag und das Pulsieren ihres Blutes spürten.

Das interpretierende Zerstückeln von Gedichten, wie es in der Schule betrieben wird, hat vielen, sehr vielen von uns das Gedichtelesen verleidet. Wir fühlen uns dumm gegenüber einem Gedicht, das wir mit dem Verstand nicht verstehen und nicht erklären können, denn das hat man immer wieder von uns verlangt, ohne daß wir jemals diese Aufgabe erfüllen konnten. Das Gedicht selbst sträubte sich dagegen. Wir aber meinten, unser Verstand oder unsere Anstrengung genügten nicht. Ganz vage wußten wir, daß mehr Verstand und Anstrengung nicht helfen würden und sperrten uns gegen die Aufgabe.

Manchen hält die in der Schule eingeübte Verweigerung ein Leben lang fern von Gedichten oder erlaubt ihm nur ein schnell schalwerdendes Vergnügen an banalen Klappversen und seichtem Herz- und Schmerzgesäusel. Amüsier mich ein bißchen, aber rühr mich nicht an!

Was im angeleiteten Umgang mit Gedichten vor allem zu lernen wäre, das ist Achtung gegenüber dem Abstand zwischen dem eigenen Bewußtsein und dem des Menschen, der da zu uns spricht, zugleich aber eine schwebende Aufmerksamkeit für das Echo seiner Worte in uns, in Geist und Seele und natürlich auch Verstand und Gefühl.

Solche Annäherung braucht Zeit und Gelassenheit, braucht mehr Zeit, als uns gemeinhin gelassen wurde. Sie braucht auch Vertrauen, das vor allem! Vertrauen in den Wert dessen, was sich in uns regt und was wir denken. Vertrauen darauf, daß die anderen aufmerksam und geduldig zuhören und uns gelten lassen, wenn wir etwas aus unserem Inneren mitzuteilen versu-chen in Worten, die womöglich unbeholfen gewählt sind und armselig wirken, wenn man sie hört, ohne gleichzeitig den ganzen Menschen wahr- und anzunehmen, der sich in ihnen äußert.

Wenn diese Geduld und Aufmerksamkeit nicht gegeben sind, ist es besser, zu schweigen. Besser auch, den anderen, die plappern und vorbestimmte Antworten apportieren mögen, nicht zuzuhören. So macht die Schule mit ihrem Angebot großer Literatur, die sie weit unter Wert verhökert, junge Menschen einsam, die die Worte der Dichter und sich selbst ernstnehmen.

Was nun uns gegenüber dem sich bildenden Geist und der sich selbst suchenden Seele am meisten nottut, ist Liebe. Wenn wir lieben, können wir die Fremdheit der ganz anderen Existenz neben uns ertragen, können Brücken ins Fremde suchen und bauen, flüchtige Brücken, die ohne Gefahr nur betreten darf, wer vertraut. Solche Brücken können Gedichte sein. Solch Vertrauen ist zu lernen, wenn man gemeinsam Gedichte liest. Ich danke den Kindern, die mir geholfen haben, die Angst vor dieser Gemeinsamkeit zu verlernen.

Wer jetzt aber annimmt, das alles sei ein Argument für ungenauen, in Ahnungen schwelgenden oder gar dumpfen Umgang mit Gedichten, hat mich gründlich mißverstanden.

Die Tanten und die Taten

Wir saßen beieinander, eine Runde von Lehrerinnen, und erzählten uns, welche Gedichte in Kinderzeiten und dann lebensbegleitend wichtig für uns waren.

»Mein Vater hat mir, als ich gerade lesen konnte, einen Vers in mein Poesiealbum geschrieben:

> Wichtig sind nicht nur die Taten,
> sondern auch die Gedanken,
> welche die Taten begleiten.

Er hatte aber mit seiner erwachsenen Handschrift geschrieben, und all meine Kinderjahre las ich:

> Wichtig sind nicht nur die Tanten,
> sondern auch die Geschenke,
> welche die Tanten begleiten.

Erst später, als ich – längst erwachsen – noch einmal in mein Poesiealbum schaute, las ich, was da wirklich stand.«

Wir haben sehr gelacht, als wir das hörten. Doch je länger ich diese Geschichte kenne, desto mehr macht sie mich traurig. Hat denn der Vater seiner Tochter nicht vorgelesen, was er ihr mitgeben wollte? War es ihm gar nicht ernst damit? Oder mochte er mit dem Kind nicht über so Ernstes, wie es dieser Vers meint, sprechen? Lesen Kinder Gedichte immer anders?

In der Familie wissen wir oft wenig über das, was uns im Innersten bewegt. Scheu und Scham hindern uns, darüber zu reden. Man sagt: In der Familie ist man sich zu nah.

In manchen Familien kann man tiefere Gefühle nur teilen, wenn alle miteinander Choräle singen. Das geschieht im Gottesdienst und erlaubt dem Einzelnen, die Scham zu überspringen, weil das Singen angeordnet ist.

Ich will darum vorsichtig sein damit, Eltern zu versprechen, sie könnten mit ein paar Tricks ihre Kinder um ein Gedicht versammeln, das ihnen selbst lieb ist und das sie mit den Kindern teilen möchten. Wenn im Miteinander Gefühle tabu sind, könnte das sehr peinlich werden.

Das sollte man bedenken, bevor man sich darüber kränkt, daß Kinder nicht über Gedichte reden wollen.

Das Reden*müssen* über Gedichte kann eine Zumutung sein: Denn wenn ein Dichter etwas gesagt hat, was uns als Wahrheit tief berührt, macht es uns stumm. Wenn wir trotzdem darüber reden, mögen wir uns bald lächerlich vorkommen, weil alles, was wir sagen, unbeholfen und ungenau ist gegenüber dem, was im Gedicht schon gesagt ist.

Wenn wir so vorlesen, daß wir denken und fühlen, was wir sprechen, ohne dabei auf Betonung zu achten, teilen wir wahrscheinlich mehr von uns und unserer Wahrnehmung eines Gedichts mit, als wenn wir versuchen mit eigenen Worten zu sagen, was wir meinen. Was da zu sagen ist, hat ja der Dichter für uns schon viel besser, gültiger, beziehungsreicher gesagt, als wir das jemals könnten.

Das sogenannte sinngestaltende Lesen, das Lesen mit Betonung, ist meist wie ein Tönen durch eine Maske und ein Greuel. Es will ständig zeigen und beweisen, was der Vorlesende weiß, und es schreibt dem Zuhörer vor, wie er die Worte zu verstehen habe. Es panzert sie.

Mir hat eine Kollegin einmal nach der Lesung einer Geschichte gesagt: »Sie haben ziemlich monoton gelesen. Ich lege ja immer großen Wert auf Betonung. Aber komisch: Es ist mir, als ich Ihnen zuhörte, sehr viel Eigenes in den Sinn gekommen, Gedanken und Gefühle, und ich habe die Geschichte, glaube ich, sehr gut verstanden. Merkwürdig!«

Mir war beim Vorlesen gewesen, als spräche ich für mich, und ich spürte doch, wie die Worte meine Zuhörer anrührten. Solche seelische Berührung ist immer ein Wagnis, weil sie uns erschüttert und bloßstellt. Stoßen wir dabei auf Taubheit oder gar Abwehr, werden wir verletzt und ziehen uns zurück, verschließen uns. Wird die Berührung angenommen und erwidert, stärkt das unser Vertrauen in die Gemeinschaft mit anderen Menschen und in den eigenen Wert.

Kinder zu ermutigen, so zu lesen und einander zuzuhören, heißt, ihre Seele zu weiten und zu stärken. In der Schule können wir solche guten Erfahrungen leichter als in der Familie zur Aufgabe machen, weil es da eine selbstverständliche Tradition des Stillhaltens und Zuhörens gibt. Aber die gibt es in vielen Familien auch, sie reißt nur oft zu früh ab.

Ein Gedicht im Unterricht ist eine Aufgabe. Man soll es lesen, auswendig lernen, interpretieren, soll seine Schönheit und seinen tiefen Sinn erfassen und darüber reden. Was aber, wenn man das nicht mag, wenn sich im Innern etwas dagegen sträubt? Als Schüler kann man bestenfalls stillhalten und die anderen reden lassen. Schlimmstenfalls muß man etwas schreiben, was benotet wird. Eine Qual!

Ich will nicht verhehlen, daß ich das nicht nur aus der eigenen Schulzeit kenne, als ich selber Äußerungen apportieren sollte zu Gedichten, die ich gerade erst aufgenommen hatte und in mich einsinken lassen wollte, woran man mich offenbar hindern wollte.

Ich habe mir selbst auch schon als Lehrerin den Unmut von Kindern zugezogen mit dem Auftrag, etwas über ein Gedicht zu schreiben. Sie haben dann an dem Gedicht herumgemäkelt, weil sie es nicht wagten, mich mit meinem Ansinnen dumm und lästig zu nennen.

Wenn ich sie aber bat, ein Gedicht vorzulesen, waren sie gerne dazu bereit. Mein Rat: »Sprich so, daß du selbst hörst und spürst, was du sagst.« Manche Kinder sind mir in ihrer nachdenklichen Haltung beim Vorlesen im stillen Kreis unvergeßlich rührend in Erinnerung. Wohlgemerkt: nachdenklich und nachempfindend lasen sie.

Viele Eltern lesen ihren Kindern vor, etwa vor dem Schlafen. Meistens sind es leichte Geschichten. Es könnten auch Gedichte sein. Wenn sie kurz sind, kann man sie an einem Abend wiederholt lesen und immer mehr heraushören und immer tiefer hineinhorchen. Längere Gedichte könnten Tag für Tag beschließen. Und man braucht dabei keine Sorge zu haben, daß ein Gedicht, das einem selber lieb ist, für Kinder vielleicht zu schwierig wäre. Wir Erwachsenen geben ihnen ja auch andere Rätsel auf, die sie neugierig oder nachdenklich machen, und richten uns nicht ganz und gar kindertümlich her.

Gedichte, die über den Alltag hinausreichen, stiften eine Verbindung zwischen uns und unseren Kindern, die hält, auch wenn der Alltag mit seinen Konflikten uns später auseinandertreibt.

Meiner Tochter hatte ich, als sie drei Jahre alt war, ein Gedicht neben ihr Kopfkissen an die Wand gehängt: »Zum Einschlafen zu sagen«. Das habe ich ihr oft vorgelesen, wenn sie sich das wünschte. Es blieb jahrelang dort hängen. Neulich entdeckte sie es in der Sammlung für meine Anthologie »Im Mondschein wächst das Gras«. Sehr scharf fragte sie: »Was machst du damit?« Und dann verbot sie mir, dieses Gedicht, ihr Gedicht, in die Anthologie aufzunehmen. Sie ist sehr großzügig, darum befremdete mich diese Weigerung, zu teilen. Ich wußte aber auch vorher nicht, daß ihr dieses Gedicht soviel bedeutet. Es hat sie all die Jahre begleitet, getröstet und beschützt.

Ich hatte eine Großmutter, die viele, auch sehr lange Gedichte auswendig wußte. Wenn sie Kartoffeln schälte oder stopfte und gutgelaunt war, dann sagte sie uns vielleicht »Die Glocke« von Schiller auf oder »Der Handschuh«. Das war in den Wirren der Nachkriegszeit, unsere strengsorgende Großmutter führte ein herbes Regiment. Sie schlachtete die Kaninchen. Sie bestand unter allen Umständen darauf, daß die Petersilie für die Kartoffeln ganz fein geschnitten würde. Sie verlangte, daß wir das Schwarzsauer äßen, vor dem uns grauste, weil es gesund wäre. Sie hat mir in die Bündchen meiner Fausthandschuhe mit einem Rest Angorawolle ein molliges, zärtliches Futter gestrickt. Sie hat im Winter meine Bettdecke an den Kachelofen gehalten, bevor sie mich damit zudeckte. Vor allem aber hat sie mir Gedichte aufgesagt und mir damit das Herz aufgetan.

Als meine Tochter dreizehn Jahre alt war, sah sie bei mir das Buch von Peter Hamm »Welches Tier gehört zu dir?«, eine Anthologie mit Gedichten und Prosastücken über Tiere. »Ach, das hast du auch? Darin les' ich in der Schule, wenn ich Freistunde hab', das steht da in der Bibliothek. Da ist ein Gedicht drin, das les' ich immer, das ist so schön.« Und dann las sie mir »Das Kalb« von Justinus Kerner vor.

Als kleines Mädchen hatte sie vor jedem Teller mit Fleisch gefragt, von was für einem Tier das sei. Und sie weigerte sich, Kalbfleisch zu essen, weil das Tierchen doch auch hätte großwerden wollen. Jetzt fragte sie nicht mehr danach, aber das Gedicht zeigte mir, daß die Liebe des kleinen Mädchens immer noch in ihr lebendig war.

Daß sie dieses Gedicht liebt, macht mir natürlich das Herz schwer, aber es hat bei mir auch viel Respekt für sie geweckt. Respekt für meine Tochter, die ich viel zu oft zu kennen und zu verstehen meine.

Das Kalb

Du Tier, im dunklen Stall geboren,
Eh' du des Lebens recht bewußt,
Greift dich ein Schlächter bei den Ohren
Und reißt dich von der Mutterbrust.

Dein großes Auge fromm und helle,
Sieht da die Au zum erstenmal,
Doch angstvoll; denn des Hunds Gebelle
Treibt rastlos dich durchs grüne Tal.

Bald binden sie dir deine Glieder,
Sie achten nicht dein Angstgeschrei,
Man wirft dich auf die Schlachtbank nieder
Und schneidet dir den Hals entzwei

Doch bei dem letzten Hauch der Kehle
Ein Glanz aus deinem Auge spricht:
»In mir auch wohnet eine Seele,
Für mich auch hält ein Gott Gericht.«

Justinus Kerner

»Wenn Goethe eine Tante gehabt hätte, wäre der Faust nicht geschrieben worden. Die Tante hätte ihn übertrieben gefunden.« Dieser Satz von Kurt Tucholsky kam mir in den Sinn, als eine Frau erzählte, sie habe als Jugendliche in der Schule den Faust für sich entdeckt. Er habe sie seither begleitet, habe ihr geholfen, das eigene Leben zu verstehen und ihm eine Richtung zu geben.

Ich singe mit allen meinen Klassen »Es war ein König in Thule« und freue mich dabei auf den Augenblick, wenn die Kinder später einmal im Theater sitzen und hören werden, wie Gretchen im Gefängnis dieses Lied singt. Dann wird ihnen, da bin ich sicher, einfallen, wie ernst sie das eigene Leben genommen haben, als sie selbst mit den Schulfreunden dieses Lied sangen.

In der Schule können, dürfen, sollten wir Kindern Gedichte, Prosa, Dramen anbieten als etwas, das groß ist und sie ganz persönlich angeht. Letzteres geschieht oft ganz unvermittelt. Es ist möglich, weil wir einander nicht so nah sind. Sie sitzen uns ja auch nicht allein gegenüber. Die Gruppe kann dem, der sich durch einen Text im Persönlichsten berührt fühlt, Deckung bieten. Und wer schweigen möchte, darf.

Wir Erwachsenen wollen auch den guten Augenblick abwarten, in dem wir etwas von uns, von unserer Liebe, unserem Ergriffensein preisgeben. Wir mögen auch nur unter Freunden von uns selbst reden, wenn wir wissen, daß wir gehört werden.

Es ist so einfach: Wir können die Literatur, die uns etwas bedeutet, mit Kindern teilen, indem wir sie vorlesen oder auch mehrfach vorlesen lassen, ohne daß viel darüber geredet wird. So erklärt sich auch ein schwierigerer Text, weil jeder, der ihn für andere liest, sein persönliches Verständnis mit lautwerden läßt.

Seltsam, im Nebel zu wandern

Als ich meinen vierzigsten Geburstag feiern wollte, schrieb ich in die Einladung an die Freunde und Freundinnen:

»Ich wünsche mir von jedem Gast ein Gedicht.
Suche eins aus, das Du gerne mit mir teilen möchtest.«

Nie habe ich so gespannt meinen Gästen die Tür geöffnet, wie diesmal, nie so neugierig Geschenke ausgepackt, wie ich diesmal Rollen, Umschläge und Mappen öffnete und las, was da für mich stand. Jedes Gedicht zeigte mir einen Menschen, den ich lange kannte, in einem neuen Licht.

Alle Blätter habe ich sofort in der Wohnung aufgehängt, so daß jeder sie lesen konnte. Im Laufe des Abends kam immer mal wieder jemand zu mir und fragte: »Du, wer hat denn das Gedicht dort mitgebracht?« Ich hab' es natürlich verraten und dann beobachtet, wie der Frager sich einem Menschen näherte, der ihm durch sein Mitbringsel interessant geworden war, mit dem er nun sprechen wollte.

Vor vielen Jahren hat mir ein Mädchen, die Nicola, morgens in der Schule ein Geschenk überreicht: ein Blatt schwarzes Tonpapier, zusammengefaltet, drinnen ein Gedicht, das ich seit langem liebte, in ihrer Schrift. Als ich es las, schaute sie mir zu und sagte: »Das hab' ich gefunden und da hab' ich gedacht, das gefällt dir, und ich hab' es für dich abgeschrieben.«

Wieviel wußte dieses Kind von mir, ohne daß ich es je gesagt hatte? Woher wußte es das? Was wußte es von Einsamkeit? Vielleicht hat Nicola mir mit ihrem Geschenk gesagt: In diesen

Versen spricht ein Dichter von etwas, was ich kenne, und in dir bin ich einem Menschen begegnet, der auch von dorther kommt.

Im Nebel

Seltsam, im Nebel zu wandern!
Einsam ist jeder Busch und Stein,
Kein Baum sieht den andern,
Jeder ist allein.

Voll von Freunden war mir die Welt,
Als noch mein Leben licht war;
Nun, da der Nebel fällt,
Ist keiner mehr sichtbar.

Wahrlich, keiner ist weise,
Der nicht das Dunkel kennt,
Das unentrinnbar und leise
Von allen ihn trennt.

Seltsam, im Nebel zu wandern!
Leben ist Einsamsein.
Kein Mensch kennt den andern,
Jeder ist allein.

Hermann Hesse

Als Nicola mir dieses Gedicht geschenkt hat, wußte ich: Es ist richtig, Kindern schon in der Grundschule Gedichte von Hesse zu geben.

Was mich bewegte, als meine eigene Tochter eines Tages mit fünfzehn Jahren von der Schule heimkam und mir begeistert »Im Nebel« vorlas, froh, daß sie das auswendig lernen sollte, kann ich nicht beschreiben. Wie mit einem geheimen Band fühle ich mich mit vielen Menschen verbunden, die auch dieses Gedicht lieben. Zwei dieser Menschen sind für mich sichtbar geworden. Und wenn ich verrate, daß das geheime Band in meiner Vorstellung blauseiden ist, darf der Leser entscheiden, ob das nun schon Kitsch ist. Man erlebt derlei ja sehr verschieden.

Eine kleine Studie in Verschiedenheit war es, als ich einmal im Frühling mit Kindern im Botanischen Garten im Freigelände war. Die Tulpen, Stiefmütterchen und Magnolien blühten, es war etwas kühl und windig, aber die Sonne wärmte doch auch.

Die Gärtner fegten Blütenblätter zusammen.

Meine Kinder hatten ein paar Tage vorher ein Gedicht über den Frühling auswendig gelernt und mit soviel Andacht aufgesagt, daß mir wieder einmal die leidtaten, die solche Augenblicke, wie sie mir in der Schule beschert werden, nicht miterleben können. Daraus entstand die Idee, die Kinder das Gedicht an Erwachsene verschenken zu lassen, die auch gerade der Freude an Pflanzen hingegeben wären.

Also schrieb jedes Kind das Gedicht sehr schön auf ein Blatt, das wurde dann eingerollt und mit einem wie Perlmutt schimmernden Band umwunden.

Der erste Beschenkte war einer der Gärtner. »Darf ich Ihnen ein Gedicht schenken?« Die Frage hatten wir uns vorher zurechtgelegt. Er wollte es haben, zog seine Arbeitshandschuhe aus, klemmte sie unter den Arm, rollte sorgsam das Gedicht aus, las es langsam und lächelte dann. Was noch gesprochen wurde, konnte ich nicht hören. Ich hab nur von Weitem zugesehen, wie da zwei Buben vor einem lächelnden Gärtner standen, der ihnen eben noch ganz fremd war, und mit ihm über ein Gedicht ins Gespräch kamen. Sie hüpften zurück zu mir. »Er hat sich gefreut! Er will es aufheben!«

Ein anderer Gärtner hatte kein Interesse, wollte das Gedicht gar nicht in die Hand nehmen. Als sich zum drittenmal ein Kind an ihn wandte, nahm er die Rolle aber doch entgegen, las das Gedicht und gab es zurück. Was er gesagt hat, weiß ich nicht.

Ein dritter Gärtner nahm das Gedicht gerne, unterhielt sich auch ein Weilchen mit den Kindern, wußte dann aber nicht, wohin mit dem Blatt, als die Kinder weggegangen waren. In die

Jackentasche ließ es sich nicht leicht stecken. Er bückte sich und wollte es in einen Eimer mit Unkraut legen. Er sah sich dabei um, niemand schien ihn zu beobachten. Trotzdem zögerte er, das Blatt loszulassen, zog es wieder aus dem Eimer, bekam dann doch die Jackentasche auf und schob vorsichtig das Blatt hinein.

geschrieben von Lucien Koch

April

Das ist die Drossel,
die da schlägt,
der Frühling,
der mein Herz bewegt;
ich fühle,
die sich hold bezeigen,
die Geister
aus der Erde steigen.
Das Leben fließt
wie ein Traum –
mir ist wie Blume,
Blatt und Baum.
Theodor Storm

Wenn eine Kindergruppe zusammengehört wie die Kinder dieser Klasse, sind auch Zurückweisungen, die Erfahrung von Fremdheit, wo man Freundlichkeit schenken wollte und erwartete, zu ertragen. Diese Erfahrung wird ausbalanciert durch die Begegnung eines anderen Kindes aus der Gruppe mit einem Menschen, der sich zuwendet und öffnet. Er muß nicht gleich Geld hergeben, wie es auch zweimal geschah.

Andrea, die den Pegasus auf dem Titel des Buches gezeichnet hat, fanden wir auf einer Bank sitzen mit einer Schwester in Ordenstracht vom Krankenhaus gegenüber dem Botanischen Garten. Sie unterhielten sich über Blumen und Enten und Gedichte. Die Schwester hatte vier unserer Röllchen in der Hand, alle hatte sie gelesen und wieder mit dem Frühlingsband verschlossen. Sie wunderte sich, wie schön die Kinder geschrieben hatten und sagte uns: »Ein Blatt häng ich mir an die Wand, die anderen schenk ich weiter an Patienten, die lange krank sind. Ich häng es ihnen ans Nachtkastl.«

Von mir für dich

Als wir einmal vor Jahren zum Muttertag »Mamalade« gekocht hatten, verlangten die Kinder zu Himmelfahrt, zum Vatertag, wir sollten auch »Papalade« kochen oder sonst ein schönes Geschenk basteln.

Die verordnete, von der ganzen Klasse auswendig gelernte Mutterverklärung ist mir noch aus Kindertagen zuwider. Als Kind hab ich mich unbehaglich gefühlt mit »Ich hab doch nichts so lieb, so lieb/wie dich, mein Mütterlein...« und versucht, diesen Sumpf forsch zu überspringen. Widerwille und Widerstand waren mir erst möglich, als ich erwachsen war. Und nun bastle ich mit meinen Schulkindern nicht nur für den Muttertag, sondern auch für den Vatertag!

Einmal habe ich einen großen Stapel Gedichtbücher mitgebracht, habe sie in den Kreis auf den Teppich gelegt und erklärt: »Ihr solltet jetzt jeder aus einem der Bücher ein Gedicht aussuchen. Ihr könnt auch im Leseordner suchen und eins auswählen, das wir schon zusammen gelesen haben. Es sollte dir gefallen und deinem Vater wahrscheinlich auch. Dann kannst du es abschreiben, sehr schön auf ein besonderes Papier. Das wird dann aufgeklebt auf ein farbiges Tonpapier. Du kannst es verzieren oder dazu zeichnen. Und dann kannst du es deinem Vater schenken.« (Daß ich vom »Ihr« zum »Du« wechsle, ist alter Lehrerbrauch.)

Gleich kam die Frage: »Kann ich auch selber ein Gedicht schreiben?« Natürlich war das auch möglich, und fünf Kinder entschieden sich für diese Möglichkeit. Vier entwarfen ein Gedicht mit dem Pegasus, von dem ich vor Wochen erzählt hatte. Auch das Pferd aus der »Abendstrophe für Kinder« von Wolfgang Bächler taucht da auf.

Kommt der Pegasus zu dir ins Bett,
kommst du aus dem Bett gekrochen.

Dann steigst du auf ihn,
und ihr fliegt weg,
so fern, so fern.

Und zur Morgendämmerung bringt
er dich zurück zum Bette,
und Mama weckt dich auf
zur Schule.

Marina

Der Vater

Mein Vater
ist ein guter Arzt!

Doch wenn ich sag:
»Nun lies mir vor!«
dann sagt er:
»Nee, jetzt nicht!«
und geht
zum Telephon.

Felix

Christian wählt:

Besuch bei den Forellen

In unserm Fluß
hinter der Stadt,
in einer Brühe,
häßlich verdreckt,
habe ich Fische gesehen,
die sind geschwommen,
den Bauch nach oben,
verreckt.

Den Fluß hinauf
bin ich gewandert
bis in die Berge.
Flinke Forellen
sah ich dort schwimmen
in einem Wasser,
glasklar,
wie es bei uns einmal war.

Josef Guggenmos

Er schreibt es auf beide Seiten eines Blattes mit farbigen Linien. Auf der Vorderseite malt er eine dunkle Wolke und Blitze quer über den ersten Vers, auf der Rückseite eine Sonne und ihre Strahlen über den zweiten Vers.

Zwei Buben entscheiden sich für »ottos mops« von Ernst Jandl, zwei andere für »Ich ging im Walde« von Goethe. Das haben wir gerade als Lied gelernt und ich habe erzählt, daß dies ein Gedicht mit einer doppelten Bedeutung ist, daß es symbolisch von Goethes Liebe zu Christiane Vulpius erzählt. Josef wählt ein »Gruselett« von Christian Morgenstern. Isabell findet »Sommer« von Ilse Kleberger. Patricia entscheidet sich für »Auf einem Baum ein Kuckuck saß«, auch das singen wir manchmal. Anna und Alenka stöbern in einem Buch von Robert Gernhardt. Die eine wählt:

Der Raum so hell,
das Bett so leer, …

Die andere, ihr Vater hat Sorgen, so schien mir in letzter Zeit, schreibt für ihn ab:

Hast du Ärger mit der Welt,
wird sie täglich frecher –
es gibt wen, der zu dir hält:
ruf die weißen Rächer.

Haben sie den Ruf gehört,
kann sie nichts mehr halten.
Weder Berg noch Fluß noch Stein
noch Naturgewalten.

Schon stehn sie vor deiner Tür,
um dir zu erklären:
»Sag den andern, wir sind hier –
falls sie wieder stören!«

Robert Gernhardt

Sabine ist ganz glücklich, als sie bei Jandl dies gefunden hat:

reihe

eis
zweig
dreist
vieh
füllf
ächz
silben
ach
neu
zink

Sie hat Schwierigkeiten mit dem Rechtschreiben, plagt sich red-
lich, stolpert aber immer wieder in Fehler, die sie sich selbst
nicht erklären kann. Sie zeichnet zum Gedicht einen Hut, zwei
Bananen, drei Äpfel usw. und ist am Ende sehr froh und stolz
über ihr Werk. Leider freut der Papa sich gar nicht. Sabine ist am
nächsten Tag ordentlich geknickt deswegen und ziemlich böse
auf ihn. Er hat gemeint, sie habe die Zahlen falsch geschrieben.
Er hat gar nicht verstanden, welche zauberhafte Erlösung es für
sie war, diese abstruse Zahlenreihe bei einem echten Dichter zu
finden. Ich muß ihr erzählen, daß Jandl Lehrer war. Und ich
sollte wohl mit ihrem Vater sprechen und bei ihm um Verständnis für die Tochter werben.

Am meisten rührt mich Semas Wahl. »Ich erwache« von Hans
Arp ist sehr lang, sie schreibt es geduldig und sehr konzentriert.
Es paßt zu ihr, zu den Gedanken, die sie manchmal äußert. Mir
kommt es jetzt ein bißchen türkisch vor, wenn ich es durch
Semas Augen betrachte. Sie legt es dem Papa unters Kopfkissen
und läßt ihn suchen. »Es hat ihm sehr gefallen. Er hat es gelesen
und mir dann einen Kuß gegeben.« Das erzählt sie am nächsten

Tag und ist sehr stolz auf sich und ihren Papa, der lange nicht so gut Deutsch spricht, wie sie selbst.

Ich erwache

Flügel aus Liebe sind mir gewachsen!
Sie sind kühl wie die Blätter an Wasserfällen.
Meine Flügel werden groß und stark.
Bald werde ich mich aus dem Nest der Gottesferne
schwingen können,
mitten in die singenden Himmelsvögel hinein.
Immer stärker werden meine Flügel.
Immer schimmernder wird mein Gefieder.
Mit meinen mächtigen Flügeln
werde ich bald die Höhe und die Tiefe
durchfliegen können.
Da schießen plötzlich Schatten empor
und spotten mich grausam aus.
Ich erwache.
Ich bin unbefiedert und nackt
wie ein Vogel, der aus dem Ei schlüpft.
Ich höre mich schluchzend sagen:
Alle meine Ernten sind Schaum.
Es klagt aus dem Hoffnungslosen.
Die finstere Schattenkrone, die auf der Welt lastet,
will sich nicht heben.
In den gottlosen Gründen schimmert kein Stern.
Wo sind die veilchenblauen Auen des Himmels?

Hans Arp

Ich will alle Gedichte für die Väter zusammenfassen in einem Heft, das dann alle Kinder mit heimnehmen können. Wenn sie lesen, was die anderen gewählt haben, werden sie einander erkennen. Und wenn die Väter daheim das ganze Heft lesen, werden sie bisher verborgene Möglichkeiten der Beziehung zu ihrem eigenen Kind entdecken.

Der Pomeranzenbaum

Im Botanischen Garten in München steht ein alter Pomeranzenbaum. Um 1790 wurde er von Amerika nach Europa gebracht. Er hat seinen Platz im ersten der großen Gewächshäuser gleich neben dem Eingang. Das ganze Jahr trägt er orange Früchte im dunklen Laub und im Frühjahr auch weiße Blüten wie aus Porzellan. Sie duften. Wenn ich vor dem blühenden Baum stehe, ist mir, als atmete ich Freude und Weisheit.

Wir waren fast zwei Stunden in den Gewächshäusern – vierundzwanzig Kinder der zweiten Klasse, unsere Studentinnen Eva und Karin und ich Lehrerin. Die Kinder hatten gestaunt und gefragt, hatten die Namensschilder exotischer Pflanzen gelesen, hatten gezeichnet und Notizen gemacht, abgefallene Blätter und Blüten gesammelt, sich wie im Urwald gefühlt und schließlich entschieden, das Haus mit dem rieselnden Wasser, den großen Farnen, dem vielfältigen Moos und dem schmalen Weg unterm Laubgewölbe, das sei das Paradies.

Bevor wir wieder heimgingen, blieben wir alle vor dem Pomeranzenbaum stehen. Ich erzählte seine Geschichte, zeigte

das alte Schild mit Namen und Herkunft, ließ die Kinder den Duft der Blüten atmen und erklärte die Verwandtschaft der Pomeranzen, der Bitterorangen mit den Apfelsinen, die wir im Winter so gern essen.

Die Kinder standen dem Baum wie einer Person gegenüber, für die das Wort Erich Kästners gilt:

>*Mit Bäumen kann man wie mit Brüdern reden
und tauscht bei ihnen seine Seele um.*«

In der Straßenbahn meinte Eva, es gäbe ein Gedicht Goethes über eine Pomeranze, sie wolle es suchen und uns mitbringen. Am nächsten Tag brachte sie außerdem ein Gedicht mit, das ihr Mann geschrieben hatte, als er unserem Baum begegnet war.

Nun der Plan: Eva spricht mit den Kindern über dieses Gedicht, Karin dann über das Goethegedicht. Und wirkliche, duftende, glänzende, saftige, eßbare Orangen sollten auch dabei sein. Aber zuerst einmal wollten beide ihr Gedicht für die Klasse schön groß und entgegenkommend setzen und drucken in unserer Klassendruckerei.

Die Kinder saßen dann ein paar Tage später mit Eva im Kreis auf dem großen Teppich vorn wie immer, wenn sie gemeinsam etwas Wichtiges erfahren oder besprechen. Vier Kinder durften die Augen schließen, bekamen etwas Unbekanntes in die ausgestreckte Hand gelegt und sollten tastend, wägend, schnuppernd erraten, was das wohl sei: eine Orange. Sie beschrieben, woran sie die Frucht erkannt hatten. Dann wurde gemeinsam ergänzt, was man bemerkt, wenn man sie anschaut.

Alle erinnerten sich an die Pomeranzen im Botanischen Garten und Eva erzählte, daß sie einige Zeit vor unserem Besuch mit ihrem Mann dort gewesen sei und er später ein Gedicht geschrieben habe. Das lese sie nun zweimal vor. Die Überschrift läßt sie weg.

Ein Klassiker
(Im Botanischen Garten)

Nimm diesen
Pomeranzenbaum dort –
mehr als zweihundert Jahre alt
treibt er noch immer
Frucht um Frucht –

Doch sein Alter, das Schild
mit dem lateinischen Namen ...

Keiner wagt es
die Hand auszustrecken.

Also fallen
die überreifen Orangen
unberührt
auf den Kies

verfaulen langsam
unter den Blicken
ehrfürchtiger
Betrachtung

Hier etwas aus dem Gespräch mit den Kindern:

Eva: Was ist dem Dichter am Pomeranzenbaum so aufgefallen,
daß er ein Gedicht darüber schrieb?
– Er sieht nicht so alt aus, er hat einen schmalen Stamm.
Eva: Das hast du bemerkt. Aber kommt das auch in dem Gedicht
vor?
– Nein.
– Er trägt Früchte, obwohl er so alt ist.
– Der Baum ist traurig, weil niemand seine Früchte ißt.
– Man darf sie nicht pflücken.
– Das würde dann ja jeder tun.
– Und der Wächter paßt auf.
– Wenn alle die Früchte essen würden, wäre der Baum gar nicht
mehr so schön.

– Wir durften ja auch keine Blumen pflücken im Botanischen Garten.

– Das ist alles nur zum Anschauen.

– Wenn man die Früchte antippt, könnten sie schon runterfallen.

Eva: Was denkt der Dichter darüber, daß niemand die Früchte ißt?

– Er findet es schade und traurig.

– Man könnte sie doch essen.

Eva: Zwei Stimmungen, zwei Gedanken drückt er aus.

– Er hat Ehrfurcht vor dem Baum, weil er so alt ist.

– Und so schön. Man muß vorsichtig sein, damit er so schön bleibt.

– Aber es ist doch schade, daß seine Früchte verfaulen.

Jetzt bekamen je zwei Kinder eins der großen Blätter mit dem von Eva gedruckten Gedicht. Sie lasen es mehrmals, zuerst leise für sich, dann für alle zum Zuhören!

– Ist das denn ohne Reim auch ein Gedicht?

Eva: Es gibt gereimte und ungereimte Gedichte. Jüngere Gedichte sind oft ungereimt, und dieses ist ja ganz jung.

– Das mit dem Kies stimmt.

– Es gab doch gar keine verfaulten Früchte am Boden.

– Als wir da waren, hingen alle Früchte am Baum.

Eva: Als mein Mann und ich dort waren, saß auf der Bank vor dem Baum ein Rentner. Er hat uns erzählt, er käme jeden Tag her und oft lägen reife Früchte unter dem Baum, die dann zu faulen begännen und irgendwann weggeräumt würden. Noch nie habe er erlebt, daß jemand eine Pomeranze gegessen habe.

– »Nimm diese« versteh ich nicht.

– Der Baum soll ein Beispiel sein.

– Und was heißt »Ein Klassiker«.

– Jemand, der schön schreiben kann.

– Und der viel Phantasie hat.

Eva: Die Klassiker sind unsere großen Dichter, Goethe und Schiller zum Beispiel. Sie lebten vor zweihundert Jahren.

– Der Pomeranzenbaum ist auch zweihundert Jahre alt.

– Er wurde vor zweihundert Jahren gepflanzt.

– Als die Klassiker auch gelebt haben.

Eva: Heute lobt jeder die Klassiker. Viele Menschen haben Bücher von ihnen im Schrank stehen, aber sie nehmen sie kaum einmal in die Hand, um darin zu lesen, sich daran zu freuen und über das Gelesene nachzudenken, obwohl es für uns alle bestimmt ist.

– Der Pomeranzenbaum ist auch ein Klassiker, weil ihn auch niemand anfaßt.

– Die Pomeranzen schaut man auch nicht so genau an, sonst bekommt man Lust, sie zu essen.

Eva: Da heißt es »unter den Blicken ehrfürchtiger Betrachtung«. Wovor hat man Ehrfurcht?

– Vor dem Alter.

– Vor dem Wächter.

– Nein, vor dem hat man Angst.

– Man hat Angst, die Pomeranzen kaputtzumachen, wenn man sie anfaßt.

– Man hat Ehrfurcht vor dem Pomeranzenbaum, weil er eigentlich hier gar nicht wächst, nur in anderen Ländern.

– Ganz weit weg.

– Man sieht ihn hier so selten.

Eva: Und was sollten wir mit den Pomeranzen tun?

– Essen!

Das haben wir dann mit den Orangen getan, die Eva mitgebracht

hatte. Wir haben ihre Schale sorgsam geritzt und vom Frucht-
fleisch gelöst, haben das Innere behutsam geöffnet, die so
entstandenen »Blüten« ringsum angeboten und dann miteinander jeder sein Teil der Frucht mit Andacht verzehrt.

Ich wollte gern noch etwas von den Gedanken der Kinder aufgeschrieben und damit festgehalten wissen. »Wenn jemand ein
Gedicht schreibt, wünscht er sich, daß es Leser finde, die
innehalten, nachdenken oder sich freuen. Aber wenn das wirklich geschieht, erfährt der Dichter, der einsam an seinem Tisch
sitzt, nichts davon. Das ist schade. Dies Gedicht hat euch
gefallen. Es hat viele Gedanken in euch geweckt. Wäre es nicht
schön, etwas davon aufzuschreiben, was Eva mit heimnehmen
kann als Brief an den Dichter?«

Keine Frage, das wollen die Kinder gleich tun.

Franzi kaut lange am Bleistift und erklärt mir, sie versuche
auch so Dichterworte zu finden. »Es ist sehr traurig, aber
trotzdem schön. Es ist so weich wie Schnee, so weich wie Seide.
Die Worte rinnen hindurch, man spürt Gefühle, man spürt, wie
du dich angestrengt hast. Du bist in Gedanken versunken, du
denkst sehr über den Orangen Apfelsinen Pomeranzen Baum
nach.«

Das schreibt sie dann.

Am nächsten Tag erzählt Eva, wie sehr der Dichter sich über
die Briefe gefreut hat. Für jedes Kind hat sie eine eigene Antwort
mitgebracht. Vor dem Verteilen stecke ich die Blätter in
Umschläge, die erst geöffnet werden sollen, wenn man Muße
hat, den Brief aufmerksam zu lesen. Am nächsten Tag erzählen
die Kinder, wie sie sich daheim zurückgezogen und ihre Antwort gelesen haben. Viele können sie uns auswendig hersagen.

Pomeranzen sind eigentlich Bitterorangen, die man, wo sie
zum Verbrauch geerntet werden, zu Likör oder Marmelade

verarbeitet. Nichts für Kinder. Wir haben später Marmelade aus süßen Orangen gekocht. Weil sie nicht fest werden wollte, wurde sie in Joghurt gerührt.

Und natürlich haben alle Kinder daheim gefragt und geschaut, ob es etwa ein Buch der Klassiker gäbe. Axi hat sich die Bände von Herder, die seit Jahren ganz oben im Regal verstaubten, herunterstellen lassen, hat Herder zu seinem Lieblingsdichter erklärt und immer mal wieder ein bißchen in ihm gelesen. Er erzählt uns davon, und ich erzähle etwas über Goethe und Schiller.

Als Karin dann das Goethegedicht über die Pomeranze ankündigt, sind alle Kinder neugierig. Wieder sitzen sie im Kreis und werden still. Karin trägt zweimal auswendig vor.

An seine Spröde

Siehst du die Pomeranze?
Noch hängst sie an dem Baume;
Schon ist der März verflossen,
Und neue Blüten kommen.
Ich trete zu dem Baume
Und sage: Pomeranze,
Du reife Pomeranze,
Du süße Pomeranze,
Ich schüttle, fühl, ich schüttle,
O fall in meinen Schoß!

Johann Wolfgang von Goethe

– Ich dachte, ich müßte die Pomeranze sehen.
– Der redet mit der Pomeranze.
– Der schüttelt. So. Und dann fällt sie runter. So. (Alle ahmen das nach.)
– Das ist wie im Schlaraffenland, da redet man auch mit den Bäumen.
– Da fällt sie runter und schält sich.

– Als wenn der Mensch ein Baum wäre.

Karin: Kennt ihr das, daß man mit Dingen spricht?

– Man spricht mit Puppen.

– Ich hab' mal eine alte Frau gesehen, die hat mit einem Baum gesprochen.

– Ich spreche auch mit Bäumen.

– Mit Tieren kann man auch sprechen.

– Wenn ich allein bin, rede ich mit unserer Katze.

Karin: Der Dichter spricht zu dem Baum und zu uns.

– Mein Papa redet immer mit dem Hund.

– Ich hab' mal gesehen, wie eine Frau, ganz komisch, mit ihrer Tasche geredet hat.

Karin: Das tun Menschen, die sehr allein sind. – Wie klingt es dann im Gedicht, wenn der Mensch mit der Pomeranze spricht?

– Traurig.

Jetzt werden die Drucke ausgeteilt und ganz oft wird das Gedicht vorgelesen, fast von jedem Kind. Immer wieder wird die Pomeranze geradezu inbrünstig angefleht.

– Was heißt denn »seine Spröde«?

– Sie hat gute Teile und schlechte Teile.

– Sie macht so! (Alissa schüttelt sich und zieht sich dann ganz in sich selbst zusammen.)

Ute: Spröde ist man, wenn man sich sträubt und ziert, weil man nicht will. Schaut mal die Lena an. Lena schmiegt sich an, sobald sie spürt, daß sich ein Arm um sie legt. Und der Maxl, der wird dann ganz steif.

– Maxl ist spröde.

– Und Lena gar nicht.

– Der Baum ist spröde, weil er die Pomeranze nicht runterfallen läßt.

– Die Pomeranze! Die hält sich oben fest, die will nicht loslassen.

Um den Kindern zu zeigen, welche Fülle von Gedichten es gibt, die nur darauf warten, im Laufe der Zeit von ihnen entdeckt zu werden, bringe ich eine dicke Anthologie mit in die Schule: Deutsche Dichtung, herausgegeben von Peter Conrady, mit hunderten von Gedichten vom Mittelalter bis zur Gegenwart, nach dem Geburtsjahr der Verfasser chronologisch geordnet.

Ich schlage das Buch an verschiedenen Stellen auf, lese vor, was sich da findet und erzähle etwas über die Entstehungszeit oder den Dichter, wenn ich etwas dazu weiß. Es ergibt sich, daß die Klassiker nicht am Anfang deutscher Dichtung stehen, daß es auch vorher schon Gedichte bei uns gab, die überliefert wurden. Die frühesten sind in einem Deutsch verfaßt, das wir nur mühsam verstehen können, in Alt- oder Mittelhochdeutsch. Die hat man dann ins Neuhochdeutsche übersetzt.

Weil alle neugierig sind auf dieses Buch, beschließen wir: Jedes Kind wird in den nächsten Wochen in der Freiarbeitszeit bei den Klassikern oder auch späteren Verfassern ein Gedicht suchen, das ihm selbst wirklich gut gefällt. Dieses Gedicht wird es dann in unserer Druckerei setzen und für alle Kinder der Klasse drucken.

Für mich beginnt eine Zeit des Lernens. Was nun geschieht, habe ich von diesen Kindern nicht erwartet, obwohl wir in fast zwei Jahren schon einen langen Weg miteinander gegangen sind, und ich meinte, sie zu kennen.

Jedes Kind sitzt irgendwann einmal bis zu zwei Stunden über dem Conrady, liest und blättert, legt Zettelchen ein, um so eine Auswahl bereitzuhalten, überprüft die schließlich und entscheidet: Dies, dies und kein anderes soll m e i n Gedicht sein!

Sie wissen, wieviel Arbeit das Setzen, Drucken und Absetzen macht, aber sie zögern nicht, auch lange Gedichte auszuwählen. Sie besprechen sich mit Freunden, entscheiden dann aber ganz eigenständig. Vor allem aber wählen sie viele Gedichte aus, die ich ihnen nicht zugetraut, nicht zugemutet hätte.

Am Ende bedrucke ich für jedes Kind eine Mappe mit dem Vers von Eichendorff:

> Schläft ein Lied in allen Dingen,
> die da träumen fort und fort,
> und die Welt hebt an zu singen,
> triffst du nur das Zauberwort.

In dieser Mappe tragen sie am letzten Tag des zweiten Schuljahres die ganze Gedichtsammlung zusammen mit dem Jahreszeugnis heim. So endet unsere gemeinsame Zeit.

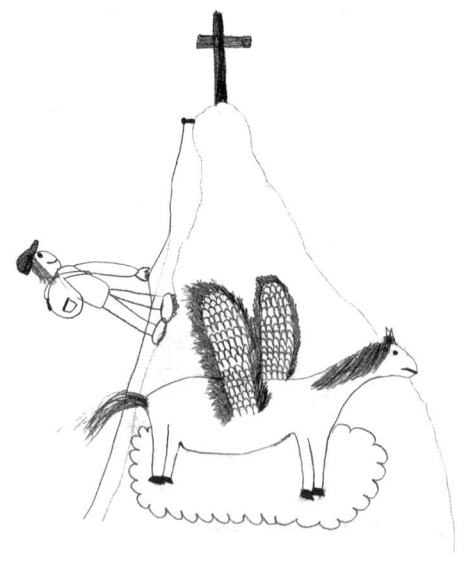

Später einmal habe ich die Blätter aus meiner Mappe ohne Erklärung in einem Kreis von Grundschullehrerinnen verteilt und gebeten, man möge die Gedichte auswählen, die eindeutig für Kinder geeignet seien. Nur drei wurden da genannt: »Über allen Gipfeln ist Ruh«, »Ein großer Teich war zugefroren« und »Hoffnung«. Alle drei sind von Goethe. Eine Kollegin meinte, das Gedicht in ihrer Hand könnte sie sich wohl auch für Kinder denken, es sei nur arg traurig, und las uns vor:

Traurigkeit

Die mir noch gestern glühten,
Sind heut dem Tod geweiht,
Blüten fallen um Blüten
Vom Baum der Traurigkeit.

Ich seh sie fallen, fallen
Wie Schnee auf meinen Pfad,
Die Schritte nicht mehr hallen,
Das lange Schweigen naht.

Der Himmel hat nicht Sterne,
Das Herz nicht Liebe mehr,
Es schweigt die graue Ferne,
Die Welt ward alt und leer.

Wer kann mein Herz behüten
In dieser bösen Zeit?
Es fallen Blüten um Blüten
Vom Baum der Traurigkeit.

Hermann Hesse

Als ich dann erzählte, daß alle verteilten Gedichte von Kindern ausgewählt wurden, geschah rings im Kreis dasselbe, was mit mir geschehen war, wenn ein Kind mir sein Gedicht zeigte: Ich las es wie ein Kind und fand einen Zugang, eine Beziehung zu dem Gedicht, den ich als Erwachsene nicht gehabt hätte. Wie kann das sein?

○ Der erwachsene Anspruch, das Gedicht zu verstehen, wie der Dichter es gemeint hat oder wie es die Germanistik interpre-tiert oder unsere früheren Deutschlehrer es von uns verlangt hätten, schweigt.

○ Wir sind unbefangener, wenn wir auf der Spur eines Kindes nicht mehr verstehen wollen, als dieses vielleicht verstanden hat. Das ist überraschend viel, auch wenn es sich nur aus einer Zeile, einer Wendung oder einem Bild des Gedichts ergibt.

○ Wir assoziieren freier, auch persönlicher als sonst.

○ Ganz selbstverständlich sprechen Gefühle mit.

○ Was wir nicht verstehen, darf im Dämmer, im Bereich der Ahnungen bleiben, kann warten, freut uns oder berührt uns fremd oder wehmütig, ohne daß wir uns zu einer Erklärung dieser Tatsache gedrängt fühlen.

○ Wir dürfen den schönen Klang der Worte genießen, ohne nach ihrem Sinn zu fragen.

Im Anhang kann man alles lesen, was die Kinder sich ausgesucht haben. Hier sei aus der Sammlung nur noch ein Gedicht zitiert. Es bezeugt, daß Tod und Vergänglichkeit, Düsternis und Schau-der, Sehnsucht und Traum in der Sammlung überwiegen, obwohl das keine Kinderthemen sind. Sie sind eher das Nichtzu-gelassene, Nichterwünschte im Kinderleben. Nicht zugelassen und nicht erwünscht von den Eltern, von den Kindern aber gleichwohl erlebt.

In den Gedichten wird es sagbar, erkennbar, wird zur Erfah-rung, statt übersehen, geleugnet und verdrängt zu werden. Es mag sein, daß es in unserer Sammlung so stark vertreten ist, weil es sonst nicht zum Thema werden darf. Es hält dem den Kindern verordneten Bild der Welt die Waage.

Außerdem: Es sind selten Glück, Wohlleben und Einver-ständnis, woraus große Dichtung entsteht, sondern unerfüllte

Sehnsucht, Schmerz und Einsamkeit. Und es gibt viel mehr Gedichte über den Mond als über die Sonne, über die Nacht als über den Tag, über den Herbst als über den Sommer. Nur in den für Kinder geschriebenen Gedichten scheint sehr oft die Sonne.

Unsere Kinder stellen wir uns gerne glücklich vor, glücklich spielend im warmen Sommersonnenlicht. Daß sie auch frösteln und erstarren in Kälte, Leid und Angst, das möchten wir leugnen. Wenn sie Gedichte auswählen, die auch und bevorzugt die düsteren, schweren Seiten des Lebens spiegeln, zeigen sie uns, daß sie diese Verleugnungen nicht wollen oder nicht brauchen, auch wenn sie im Alltag uns zuliebe mitmachen.

Schlußstück

Der Tod ist groß.
Wir sind die seinen
lachenden Munds.
Wenn wir uns
mitten im Leben meinen,
wagt er zu weinen
mitten in uns.

Rainer Maria Rilke

Golden tropft Blatt um Blatt

Der Sommer ging zu Ende, grad so, wie die Dichter es uns beschrieben haben. Am 21. September gab ich meinen Schulkindern, die seit zwei Wochen in der zweiten Klasse waren, ein Blatt mit einem Gedicht von Hermann Hesse mit nach Hause, Aufgabe: »Lest euch das mal durch, vielleicht zweimal oder dreimal. Manches werdet ihr wohl nicht verstehen, morgen könnt ihr mich fragen. Wenn es euch gefällt, geb ich es euch vielleicht auf Karton gedruckt zum Aufhängen mit heim.«

September

Der Garten trauert,
Kühl sinkt in die Blumen der Regen.
Der Sommer schauert
Still seinem Ende entgegen.

Golden tropft Blatt um Blatt
Nieder vom hohen Akazienbaum.
Sommer lächelt erstaunt und matt
In den sterbenden Gartentraum.

Lange noch bei den Rosen
Bleibt er stehen, sehnt sich nach Ruh.
Langsam tut er die großen,
Müdgewordenen Augen zu.

Hermann Hesse

Am nächsten Tag, dem Tag des Herbstanfangs, kamen wir erst nach Mathe und Rechtschreiben zu unserm Gedicht.

– Kommt mal mit eurem Blatt auf den Teppich!

Da saßen sie dann im Kreis, und es wurde fast andächtig still.

– Möchtet ihr etwas dazu sagen?
– Ich möchte es gerne vorlesen.
– Das ganze Gedicht?
– Das ganze Gedicht!

Das zu üben war ja gar nicht Aufgabe gewesen, aber Gabi trug es uns sehr schön vor!

– Ich hab' es meiner Mama vorgelesen, und meinem Papa auch am Abend, weil es so schön ist.

Viele Kinder hatten es daheim jemandem vorgelesen, fast alle wollten es auch bei uns im Kreis einmal lesen, mit ihrer eigenen Stimme, ihren Gefühlen und Gedanken, auf ihre besondere Weise.

– Warum gefällt es euch denn so gut?
– Weil es so traurig ist und aber so schön!
– Weil da so schöne Wörter drin sind.
– Dann soll jetzt jeder im Kreis einmal die Stelle, den Satz vorlesen, der ihm am besten gefällt.

Nun hören wir einzelne Worte, einzelne Sätze, jedes immer von einem Kind als Herzstück des Gedichts empfunden und uns dargeboten. Jedes Kind, das hier Worte Hermann Hesses spricht, erzählt dabei unwillkürlich, unbewußt auch etwas von sich, öffnet sich. Ich bin fast überwältigt von soviel Liebe und Vertrauen, die der Welt, dem Dichter, den Freunden in der Klasse, dem Gedicht und auch mir gelten.

Dann erzähle ich, was ich von Hermann Hesse weiß, wie er es auch oft schwer gehabt hat in der Schule, daß seine Eltern ihn fortschickten, weil sie nicht mit ihm auskommen konnten, wie sie es wollten, daß er viel Schweres im Leben zu erdulden hatte und hart gearbeitet hat, z. B. in der Fürsorge für Kriegsgefangene, die er mit Büchern versorgte, daß ihn alles Schwere nicht endgültig entmutigt und zerstört hat, daß er daran gewachsen ist und uns ein großes, berühmtes Werk hinterlassen hat.

– Ich denke mir, daß ihr, wenn ihr groß seid, noch viel von ihm lesen werdet. Ich hoffe es!

Da meldet sich ein Kind:

– Kriegen wir jetzt das Gedicht für zu Hause? Du hast gesagt, vielleicht.

Ich wollte es keinem Kind aufdrängen. Aber sie wollen es alle haben und im Kinderzimmer aufhängen.

Als die Blätter verteilt sind, kommt einer der Buben, der Rauheste in dieser Klasse, noch einmal zu mir:

– Du, Ute, den Hermann Hesse, den ... also, ich find das so toll, ... das, Gedicht, weißt du ... Wie Michael Jackson!

Ich muß etwas verblüfft geschaut haben, denn er setzt nochmals an:

– Naja, der ist schon anders. Aber irgendwie doch auch so!

Das ist ein äußerstes Lob von einem Buben, der im Jahre 1987 versucht, dem großen, halbwüchsigen Bruder ähnlich zu werden.

Ich habe diese Geschichte so ausführlich erzählt, weil sie ein Beispiel sein soll für glückliche Begegnungen zwischen Kindern und Gedichten in der Schule.

Wohlgemerkt:

Wir haben nichts analysiert oder interpretiert oder auch nur besprochen.

Wir haben ein Gedicht miteinander ganz gründlich und immer wieder mit anderen Augen wahrgenommen, sind ihm gemeinsam gegenübergetreten, haben es uns zu eigen gemacht durch Lesen, Vorlesen, Zuhören.

Das Gedicht, auch das ist wohl wichtig, stand ganz für sich auf einem Blatt, schön wie ein Bild, einladend. Und der Augenblick im Jahr, der letzte Sommertag, war genau gewählt.

Günstig war wohl auch der Zeitpunkt des Schuljahresbeginns. Ein Jahr vorher hatten diese Kinder begonnen, lesen zu lernen. Das war noch ganz gegenwärtig. Jetzt fing wieder ein Schuljahr an, Zeit, sich erneut und frisch nach Großem zu strecken.

Sprich, damit ich dich sehe

Woher ich den Mut nahm, einen Auftrag des Bayerischen Rundfunks anzunehmen, mit Kindern über Gedichte zu sprechen, die Gespräche aufzunehmen und dann kurze Sendungen daraus zu schneiden, weiß ich nicht. Jemand hat es mir zugetraut, und ich habe Gedichte ausgesucht, die mir gefielen. Oft erst unmittelbar vor dem Gespräch mit den Kindern – es waren meine ehemaligen Schulanfänger, nun acht bis vierzehn Jahre alt, – ist mir mit Schrecken eingefallen, daß ich ja gar nicht wußte, was zu erarbeiten wäre. Ich war nur neugierig darauf, was die Kinder wohl sagen würden.

Immer erfuhr ich von ihnen etwas, womit ich nicht gerechnet hatte, nicht rechnen konnte, weil Dinge zur Sprache kamen, die Kinder nicht vor sich hertragen. Immer auch habe ich nach dem Gespräch das Gedicht mit neuen Augen gelesen.

Mit anderen über ein Gedicht zu sprechen, das einem selber gefällt, ist ein Wagnis. Wird es den anderen auch gefallen? Wird es auch in ihnen Bilder und Gedanken wecken, über die sie froh sind, die sie gerne mit mir teilen möchten? Wird sich das, was wir denken und empfinden, überhaupt so in Worte fassen lassen, daß wir einander nicht mißverstehen?

Oft ist das Gespräch ein gemeinsames Suchen, ein Tasten und Schwebenlassen, Nachdenken und Schweigen. Am Ende ist man klüger und reicher und weiß kaum, wie es dazu gekommen ist. Vor allem: Man weiß mehr über das Gedicht und seinen Gegenstand, mehr auch voneinander.

Das Gespräch über ein Gedicht muß zu keinem Schluß kommen. Wenn man daran teilnimmt, zuhört oder auch nur eine Niederschrift liest, wird man danach das Gedicht offener, lebendiger, sprechender finden.

Die Gesprächsausschnitte, die im folgenden zu lesen sind, zeigen, was grundsätzlich im Gespräch mit Kindern über Gedichte möglich ist. Es sind Ausschnitte aus Gesprächen im kleinen Kreis mit einer vertrauten Erwachsenen, die keine bestimmten Erwartungen hat, die Zeit läßt, sich dem Gedicht mit Muße und immer wieder zu nähern, es auch lange zu beschweigen, wenn nichts reif zum Sagen ist.

Das Tasten und Schweigen ist hier nicht abgebildet. Gestrichen ist auch, was in bloßen Worten langweilig ist, weil es ohne das, was im Gespräch dem Gegenüber durch Blicke, Gesten, Haltungen und Tonfall gesagt wird, zu mager bleibt.

Die Gedichte von Ivan Blatny und Selma Meerbaum-Eisinger gehörten zu den ersten, über die ich Sendungen mit Kindern machte. Später ergänzte ich die Studiogespräche durch Ideen, wie man dem Gedicht und seinem Gegenstand anders als durch reden näherkommen könnte.

Was ich dann von den Menschen erzähle, die die Gedichte geschrieben haben, kann einen weiteren Zugang öffnen. Ich hoffe, es weckt auch die Neugier auf ganze Werke und Dichtung überhaupt.

Das Gewicht der Bienen,
die im Kelch verschwunden,
wird des Stengels Schwingung
deutlich dir bekunden,
so wie Dichterworte
ein Gewicht verraten,
ob sie leicht geraten,
wenn sie warm und herzhaft
deinem Mund entschweben
und die andre Seele
dir es dankt mit Tränen.

Ivan Blatný

Aus dem Gespräch mit Petra, Nina und Jan

Petra: Einige Sachen übersieht man einfach. Wenn man normalerweise das Leben so dahinlebt, dann übersieht man die Sachen. Aber wenn man das mal im Gedicht so liest, und angenommen, es ist etwas ganz Fremdes, angenommen, es sind Tiere, die sind so wie wir, dann merkt man erst richtig, wie die Menschen normal sind.

Nina: Vielleicht bedeutet »daß sie warm geraten«, daß man sich damit identifizieren kann oder daß man auch an andre Leute denkt.

Petra: Wenn man sich das mal genau überlegt, dann ist das ja eigentlich ein Vorgang, der nicht alltäglich ist, sondern das ist ja auch, ich weiß nicht, wie ich das erklären soll...

Nina: Vielleicht etwas Alltägliches, wo man noch nie so darauf geachtet hat.

Petra: Genau!

Ute: Was aber wert ist, betrachtet zu werden, und was schön ist, wenn man dem zusieht.
Und eine Biene, wenn man die Fliegen sieht, scheint fast gewichtslos zu sein. Aber wenn sie in eine Blüte schlüpft, die auf einem sehr feinen Stengel sitzt...

Petra: Dann wackelt der Stengel auch. Also hat sie doch ein Gewicht.

Ute: Haben Worte ein Gewicht?

Petra: Ja! – Wenn sie zum Beispiel im Gedicht stehen, dann
         sind sie genauso, wie wenn die Biene in die Blume
         reinfliegt, sozusagen, die hat ja auch ein Gewicht.
         Und wenn man die Worte in einem Satz zusammen-
         stellt, dann haben sie auch ein Gewicht.

Nina: Aber es kommt auch darauf an, ob sie ein Gewicht
         haben, in welcher Stimmung man gerade ist.

Ute: Ich glaube auch nicht, daß hier gemeint ist, daß sie
         im Satz ihr Gewicht spüren lassen.

Petra: Im Sinn: Eher im Sinn. Man kann ja so'n Gedicht
         einfach lesen, einfach drüberlesen. Aber wenn man
         sich das dann durch den Kopf gehen läßt, hat das bei
         mir wenigstens 'ne andre Wirkung, als wenn ich's
         nur einmal lese.

Jan: Nach einem Gedicht oder so, da liegen bestimmte
         Wörter kräftig im Kopf, und dann muß ich immer
         wieder dran denken und dann werden sie ganz
         schwer, finde ich, ganz schwer, und vielleicht mit
         dem Kelch, daß das der Kopf ist und der Körper der
         Stengel ist.

Ute: Und die Worte entsprächen dann …

Jan: … der Biene.

Ute: Ja.

Nina: Die dann schwer werden.

Jan: Die werden wahnsinnig schwer.

Ute: Was bewegt sich dann? … Der Körper?

Jan: Der Mund.

Ute: Schau mal genau hin!

Jan: Die Seele! Ich glaub', dann spürt man sie auch erst richtig, wenn man ein bestimmtes Wort im Kopf hat und das will nicht raus, und du denkst immer wieder dran und dann wird's doch sehr schwer.

Nina: Wenn's auch am Anfang einem so leicht erschienen ist wie 'ne Biene.

Petra: Ich meine, daß vielleicht die Seele dafür dankbar ist, die Seele ist ja sozusagen auch leicht, die spürt man ja gar nicht. Und mit dem Gedicht, glaub' ich, daß sie dann auch ihr Gewicht bekommt.

Ute: Spürbar.

Petra: Spürbar wird, ja.

Nina: Ich glaube, daß man unbewußt sich dann besser fühlt. Vielleicht braucht die Seele auch irgendwas, wie der Körper das Essen, worüber man nachdenken kann. Wenn man nichts hat, dann wird man krank, obwohl einem nichts fehlt, aber trotzdem...

Petra: Ich denke öfter über so Gedichte nach, weil, mir macht das Spaß und ich brauch' manchmal was, wo ich mich dran festhalten kann.

Nina: Wo man sich denkt: Die anderen lachen mich aus, wenn ich das sage. Dann fühlt man sich nicht mehr so alleine, wenn man es offen zugibt. Denn oft trägt man so Gefühle mit sich rum, und man traut sich nichts zu sagen, weil man Angst hat, daß man deswegen ausgelacht wird.

Petra: Wenn das Gedicht z. B. über Menschen geschrieben wird, dann kann ich mir den Menschen viel besser vorstellen, als wenn er mir z. B. vorgestellt wird. Mit dem Gedicht, da kann ich mich so richtig in den Menschen reindenken.

Nina: Vielleicht ist es auch so, daß ich ein Gefühl find, das ich noch gar nicht kannte.

Jan: Dann denkt man mehr darüber nach.

Nina: Vielleicht ist man da erschrocken, wenn man merkt, daß einer so gut über einen Bescheid weiß.

Ute: Die Nicola hat mir mal ein Gedicht mitgebracht, das hatte sie irgendwo gefunden, hatte das abgeschrieben, sehr schön, und aufgeklebt und noch ein bißchen verziert und hat gesagt, wie sie das gesehen hat, hat sie das Gefühl gehabt, das müßte mir gefallen. Und es gibt nichts, womit Nicola mir so gut hätte zeigen können, daß sie mich versteht, und auch, daß sie sich sicher Gedanken gemacht hat und mich sehr ernst genommen hat.
Für mich ist das eine Art Freundlichkeit, die ... ja, eigentlich ist es das, worum es sich für mich überhaupt lohnt, mit Menschen zusammen zu sein.

Jan: Aber ich glaub', das gibt es nur in der Grundschule. Weil, wenn man jetzt in der Oberschule ist, da lernt man die Lehrer gar nicht richtig kennen, sondern da kommen sie rein, geben ihre Stunde und gehen wieder raus, gehen nach dem Lehrplan, und damit hat sich die Sache. Aber richtig kennenlernen tut man die gar nicht.

Siehe, wir sind in der Landschaft der neuen Wiederholungen,
und die Stadt auf den Hügeln unter uns
    tritt aus dem Morgen wie aus einem Bade heraus …
Du gehst nackt durch die Weinberge,
    und durch dein Haar fliegen Vögel,
durch den dunklen Fluß des Flötenholzes.
Siehe, wir sind in der Landschaft der neuen Wiederholungen,
und die Stadt auf den Hügeln tritt aus dem Morgen
    wie aus einem Bade heraus …
Es ist ein Herbstfest, der Wald wird rot,
    und langsam verglüht er.
Tische aus Eichenholz von Wein durchtränkt
    warten auf Gäste aus der Ferne.
Gaukler kommen und gehen.
Die Locken ihrer Frauen sind noch verstreut
    in den Städten der Vergangenheit.
Dort, wo die Locken die silbernen Türme berühren
und ihnen zu neuem Glanz verhelfen,
bis sie sich in die Melodien der Balkone verfangen
und duften in den Parkanlagen.
Ach, welche Entfernung, Schwalben.
Ach, welche Regenfäden, welche Seen,
ihr, die blauen, die sich vereinen.
Dann kommt der Abend. Nacht.
Und es ist süß zu denken, daß ihre Schlafstellen
    in dieser Stadt sind,
und ihre Stimmen, die klingen wie von Vögeln aus der Fremde …
Die verschneite Stadt beginnt zu fliegen
bis der Atem sie in ein Geheimnis hüllt.
Die Frühlingsstadt mit einer Träne der Liebe.
Die Sommerstadt, in deren Bassins die Fische
    Rosen erblühen lassen.
Die Stadt der Mondflossen.
Die Herbststadt, die hinabsteigt über das Treppenhaus
    in einen leeren Garten.
Zerrissene Vorhänge decken die Dinge
kaum sichtbar.
Die Herbststadt – eine Frau, die winkt,
bis das Auge sie verliert am Ende der Treppe.
O Glockenform der Schultern.
O Stadt der Verwandlungen.

Ivan Blatný

Über Ivan Blatný

»Ivan Blatný mochte an diesem Tag Mrs. Frances Meacham nicht enttäuschen. Er hat sich Gewalt angetan, hat sich zu etwas zwingen lassen, wozu er sich sonst nicht mehr zwingen läßt: in Ordnung zu sein. Mrs. Meacham hatte ihn gebeten, einen zivilisierten Eindruck zu machen. Und so hatte der scheue 61jährige Mann diesmal seinen Schopf unter der Wasserhahn gehalten und versucht, die der Drangsalierung längst entwöhnten Haarwirbel einzuebnen. Eine Schnittwunde an der Backe signalisiert seinen Kampf mit der Rasierklinge, den die Bartstoppeln gewannen. Er hat vorzeitig aufgegeben.

Are you satisfied? fragt Ivan Blatný, staatenloser Tscheche, … Und sicher ist Mrs. Meacham nicht zufrieden. Er auch nicht. Und ich ebensowenig. Ich hätte ihn lieber so angetroffen, wie er im St. Clement's Hospital im englischen Ipswich wirklich lebt. Der Dichter im Irrenhaus, vergessen von seinem Volk und längst totgeglaubt, gibt sein erstes Interview. Vor 33 Jahren hatte er sich in London von einer tschecho-slowakischen Delegation abgesetzt und war so der stalinistischen Verfolgung, die kurze Zeit später über sein Land hereinbrach, entkommen.«

So beginnt Jürgen Serke in seine Buch »Die verbannten Dichter« von seinem Besuch bei Ivan Blatný zu erzählen, diesem Mann, der 1947, nicht einmal dreißig Jahre alt, als einer der Großen der tschechischen Poesie galt, und dann verschwunden ist. Verschlungene Zufälle haben Serke bei einem Kongreß in den USA ein Bändchen mit Gedichten Blatnýs in die Hände gespielt. Es ist erschienen in einem tschechischen Exilverlag in Kanada, dessen Verleger eines Tages ein Päckchen von Mrs. Meacham erhielt. Ein Päckchen mit den Gedichten eines Mannes, der sich in panischer Angst in England ins Irrenhaus geflüchtet hatte, dort im Schlafsaal sein Bett und kein abschließbares Fach oder Schränkchen hatte, sein Taschengeld jahrzehntelang mit dem Schrubben von Fußböden, mit Botendiensten in der Anstalt und mit Teppichknüpfen verdiente, der nachts auf der Toilette schrieb, weil nur dort Licht und Ruhe war und er keinen anderen Platz für sich hatte. Jahrzehntelang hatten die ordnungsliebenden Wärter seine Gedichte fortgeworfen, bis Mrs. Meacham kam, pensionierte Krankenschwester mit Liebe zur tschechischen Sprache, seine Gedichte vor den Wärtern rettete und einen Verlag suchte, der wenigstens einige davon drucken würde.

Ivan Blatný beklagte sich nicht, die Anstalt war seine Zuflucht. Am Tag des Besuchs spricht er von einem »Gefühl des Glücks. Das habe ich sehr oft am Morgen. Glück, daß ich lebe. Ich stehe um sechs Uhr auf. Ich bekomme eine Tasse Tee. Dann sitze ich. Ich muß nicht das Bett machen. Ein anderer Patient aus einer anderen Abteilung macht es. Danach sitze ich wieder und habe verschiedene Gedanken. Wenn ich ganz aufrichtig bin, muß ich sagen, auch sexuelle. Heute sah ich eine Frau. Ich wollte ein Gedicht über sie schreiben. Ich ging das Papier holen. Dann war ich zu müde, um zu schreiben. Und dann sind sie gekommen.«

Ivan Blatný schrieb in vier Sprachen, oft von einer in die andere springend. Deutsch war die Sprache seiner Wünsche, weil die Großmutter Deutsch sprach und er ihr seine Kinderwünsche anvertrauen konnte. Vor seiner Flucht waren vier Bände mit Gedichten von ihm erschienen; was er später geschrieben hat, ist verloren oder, soweit gerettet, noch immer nicht veröffentlicht. Die beiden hier zitierten Gedichte, übersetzt von Robert Fuchs bzw. Rainer Kunze, lassen ahnen, welches Unrecht das ist.

Ivan Blatný ist am 5. August 1990, nach der politischen Wende in seiner Heimat, in England gestorben.

Meeresstille

Ich seh' von des Schiffes Rande
Tief in die Fluth hinein:
Gebirge und grüne Lande
Und Trümmer im falben Schein
Und zackige Thürme im Grunde,
Wie ich's oft im Traum mir gedacht,
Das dämmert alles da unten
Als wie eine prächtige Nacht.

Seekönig auf seiner Warte
Sitzt in der Dämm'rung tief,
Als ob er mit langem Barte
Über seiner Harfe schlief';
Da kommen und gehen die Schiffe
Darüber, er merkt es kaum,
Von seinem Korallenriffe
Grüßt er sie wie im Traum.

Joseph von Eichendorff

Aus dem Gespräch mir Marie, Bettina und Robert

– Wie im Märchen.
– Ja, glaub' ich auch.
– Das gibt's nicht, das ist ganz klar.
– Das ist schön, aber wenn man sich das vorstellt, weil's so schön ist unterm Wasser, wenn man taucht im Meer oder so, dann is's auch so schön. Wenn man sich vorstellt, daß man da schön leben könnte, mit den ganzen Korallen und so.
– Ja, aber in solchen Unterwasserfilmen sieht man ja, daß das nicht stimmt.
– Es stimmt total viel nicht. Mußt halt daran glauben, ist doch schön.
– Ich find's auch schön, wenn man taucht und alle Pflanzen und Fische und so sieht.
– Die Pflanzen machen dann einen so unheimlichen Eindruck, wenn alles im Wasser sich so bewegt und lebendig aussieht.
– Hier ist ja nicht so viel beschrieben. Der König ist da und wie sieht sein Reich aus?
– Lauter Korallen! Und er sitzt in Korallen, macht alles mit Korallen...
– Gebirge und so grüne Lande von Wasserpflanzen.
– Und zackige Türme im Grunde.
– Und Felsenriffe.
– Richtige Wälder von Türmen.
– Lauter Höhlen mit Quallen drin und mit Fischen. Und das sieht man gar nicht. Wenn man da runterschaut, denkt man: Das ist ja langweilig! Und wenn man dann schön hinschaut, dann sieht man die ganzen Muscheln und Krebse...
– Wie stellt ihr euch den Seekönig vor?
– Mit 'ner Krone und 'nem roten Mantel.

– Grün!
– So Art Fisch.
– Mit lauter Schuppen und ganz eklig.
– Nicht eklig! Mit 'ner Krone halt, grünes Gesicht, langen Bart, roten Mantel, und halt so Flossen, so wie 'ne Nixe halt ihr Hinterteil hat.
– Und glitschig!
– Glitschig tät ich mir nicht vorstellen!
– Und dick.
– Ja, genau! Sehr dick!
– Mit Knollennase.
– Knollennase?
– Und ein Zepter aus Muscheln.
– Und lauter Pickel.
– Pickel?
– Ja, ganz kleine grüne. Der ist schon uralt, der ist uralt.
– Und die Haare?
– Grün. Seealgen.
– Mit Seetang überdeckt.
– Und die bewegen sich so ganz langsam mit dem Wasser.
– Ich glaub', der ist nicht nett.
– Bitte?
– Der ist bestimmt nicht nett.
– Nicht nett?
– Doch, das glaub' ich sicher.
– Wieso meinst du das?
– Wenn er schon so grün und glitschig ist.
– Aber du hast ihn dir so grün und glitschig ausgedacht.
– Ja mei! Aber der ist nur herrscherisch.
– Ich stelle ihn mir schon nett vor!
– Was ist nett an ihm?
– Na, ich stell mir sein Wesen nett vor.

- Und hier heißt es:
  »Als ob er mit langem Barte
  über seiner Harfe schlief.«
  Das heißt: dieser Seekönig musiziert!
- Ja.
- Singt er auch?
- Natürlich! Stürme und Wellen!
- Er singt Stürme und Wellen? Tolle Idee.
- Ja, wenn er singt, dann wellt es so durch seine Musik.
- Dann tobt das Meer.
- Oder, wenn es tobt und er will's ruhig haben, dann singt er ganz ruhig.
- Wenn er Lieder singt und ein Instrument spielt, dann kann er nicht böse sein.
- Genau.
- Natürlich.
- Einer, der böse ist, ist doch nicht 24 Stunden am Tag böse.
- Genau.
- Zwischendrin hat er auch mal Zeiten, wo er freundlich ist und z.B. singt.
- Nein!
- Doch, stell' ich mir schon vor.
- Aber nur, wenn kein anderer da ist.
- Da muß ja keiner…
- Oder er ist nur nett zu andern Bösen.
- Könnte auch sein! –
  Was mich noch fasziniert, sind diese Türme:
  »zackige Thürme im Grunde«.
- Vielleicht wohnen da seine Freunde oder Helfer oder Diener.
- Seine Familie.
- Da wird der Seekönig sicher ein Schloß haben, wo die alle drin wohnen.

– Ja, aus Korallen.

– Seine Untertanen, die kleinen Fische.

– Was soll er essen?

– Tang.

– Iii!

– Fische.

– Fische glaub' ich.

– Nein, Fische! Der wohnt in 'nem Meer und züchtet sich da lauter Fische, daß sie schön rumschwimmen, und da wird er sie doch nicht aufessen.

– Da ißt er halt Tang und Algen.

– Meeresalgen.

– Ich stelle mir vor, daß er Tang ißt.

– Das ist doch so eklig!

– Ja, und?

– Wenn er schon so eklig ist ...

– ... dann muß er ganz eklig sein!

– Gut!

– Haben diese Türme in eurer Vorstellung Dächer?

– Ja! So spitze Dächer.

– Wenn ich mir das so vorstelle ... Ich hab ja schon gesagt, daß seine Untertanen drin wohnen, da wird der König wohl keine Dächer anschaffen.

– Das ist doch genauso, als wenn dein Papa dir kein Dach über'n Kopf gibt.

– Und wenn du noch'n spitzes Dach draufhast, dann sticht's den Schwimmer wenigstens, der's zertrampelt.

– Ich glaub', daß er sowieso nur Menschen nicht mag, weil seine Untertanen sind ja nur nett zu ihm, weil er ist ja König. Aber wir wissen das ja nicht.

– Unter Wasser, da braucht man ja eigentlich kein Dach.

– Da regnet's sowieso nicht rein ...

– Der will bestimmt über alles herrschen, und deswegen gefallen ihm die ganzen andern Tiere überhaupt nicht. Deswegen läßt er auch mal'n Schiff versinken, weil er uns nicht mag.

– Vielleicht überlegt er dann: »Soll ich sie untergehen lassen oder nicht?«

– Ich glaub' nicht, daß er sie untergehen läßt, wenn er sie grüßt.

– Und wenn er sie nicht untergehen läßt, dann winkt er sie weiter.

– Wenn ihr ein Bild dazu malen würdet, welche Farben würdet ihr wählen?

– Rot.

– Vor allem grün und blau.

– Orange.

– Orange Fische.

– Und rosa und so, für die Korallen.

– Aber schwarz tät ich auch verwenden.

– Ich glaub', orange oder rot oder rosa, das paßt da nicht so gut. Das ist ja trüb.

– Da muß man halt alles ganz matt...

– Ich glaub' eher, daß da nur so grün, blau und vielleicht 'n bißchen schwarz...

– Und 'n bißchen silber vielleicht.

– Silber ist schön!

– Oder gold?

– Gold nicht!

– Es handelt sich um einen König!

– Silber ist toll! Und blau.

– Wenn die Schiffe untergehn, sind da lauter Goldmünzen und Silbermünzen, und dann machen die sich da ihren Schmuck.

– Das steht nicht im Gedicht.

– Ja mei, es steht viel nicht im Gedicht!

Nach der Begegnung mit diesem Gedicht

Das Reich des Meerkönigs, die Welt unter Wasser, könnte ehemals ein Teil unserer Welt gewesen sein. Wenn man sich niemals unter Wasser hat umsehen können, wie wir das heute tun, liegt es auch nahe, sich dorthin versunkene Welten zu phantasieren. Man kann das aber auch umkehren, um dann die eigene Welt verfremdet neu zu erleben.

* Verdunkle dein Zimmer und »setze es unter Wasser« mit grünen und blauen Tüchern oder Papieren vor den Lampen.

* Einfacher: Betrachte deine Umgebung durch grünes oder blaues Seidenpapier, Plastik oder Glas.

* Schreibe eine Geschichte: »Meine Welt versinkt«.

* Baue in einen Schuhkarton eine Welt unter Wasser mit einem Guckloch und einem Deckel, der das Licht durch blaugrünes Papier hineinfallen läßt.

* Mische Unterwasser-Farben und male ein wäßriges Bild vom Reich des Meerkönigs.

* Erfinde Musik und Gesang, die Stürme und Wellen erregen und beruhigen können.

* Suche Märchen und Sagen von Meerwesen, lies sie und lies sie vor.

Über Joseph Freiherr von Eichendorff

Er wuchs auf einem Schloß in Schlesien auf, nur war das nicht so prachtvoll, wie wir es uns gleich vorstellen wollen, eher ein größeres Gutshaus. Von dieser geliebten Heimat blieb ihm kein Wohlstand, aber tausendfältige Erinnerungen an die Natur, an das heitere Leben im Kreise von Familie, Freunden und Gästen, und eine beständige Sehnsucht nach dem verlorenen Glück.

Er muß ein wildes, mutwilliges und heftiges Kind gewesen sein. Seine Schwester erzählt: »Zwischen seinem 14. und 15. Lebensjahre bekam er plötzlich während der Nacht einen merkwürdigen Anfall, den sich niemand zu erklären vermochte. Er sprang plötzlich aus dem Bett, rang die Hände, weinte, schluchzte und schrie so überlaut, daß das Schloßpersonal in Bewegung und Schrecken geriet. Man glaubte, er sei irrsinnig geworden, da er weder sprach noch verstand, was man zu ihm redete. Seinem Hofmeister Herrn Heinke kam plötzlich der Gedanke, ihn durch Klavierspiel zu besänftigen, und wunderbarerweise gelang ihm dies. Er fing an zu zittern, fiel leichenblaß aufs Kanapee und schlief endlich ein. Dieser Anfall dauerte ungefähr eine Stunde. Der Doktor fand ihn bereits im tiefsten, gesundesten Schlafe, ohne Anzeichen irgendeiner Krankheit. Es muß wohl ein Traum gewesen sein, der ihn derart zur Verzweiflung brachte. Beim Erwachen wußte er nichts von dem Vorgefallenen...

Dann entsinne ich mich noch meiner Todesangst, wenn er mit mir, ich ihm auf der Brust sitzend, über die Oder schwamm, was meist abends bei Mondschein geschah, während der Papa ängstlich am Ufer zusah und meine immer mutige Mutter uns auslachte.«

Später dann, als er nicht mehr auf dem Lande leben konnte, hat er doch möglichst am Stadtrand gewohnt. Er hat sich in seinen Zimmern immer gerne mit kleinen Tieren umgeben, zeitweilig wohnte ein Zaunkönig bei ihm. Und er trug oft eine kleine zahme Schlange in der Brusttasche mit sich.

Aus dem wilden Jungen wurde ein bescheidener, pflichtbewußter Mann, der sich nicht gern in Szene setzte. Als Beamter arbeitete er fast dreißig Jahre unauffällig in unteren Stellungen.

Er schrieb Novellen und Romane und Gedichte, die seither viele Menschen durch ihr ganzes Leben begleiten als eine romantische Seelenspeise und ein Trost in der Einsamkeit. Und aus vielen seiner Gedichte sind Lieder geworden, die uns allen gehören wie Volkslieder.

Joseph Freiherr von Eichendorff wurde geboren am 17. März 1788 auf Schloß Lubowitz in Schlesien und starb am 26. November 1857 in Neisse.

Gefunden bei Eichendorff

Kapitel von meiner Geburt

Der Winter des Jahres 1788 war so streng, daß die Schindelnägel auf den Dächern krachten, die armen Vögel im Schlaf von den Bäumen fielen, und Rehe, Hasen und Wölfe ganz verwirrt bis in die Dörfer flüchteten. In einer Märznacht desselben Winters gewahrte man auf dem einsamen Landschloß zu L: ein wunderbares, geheimnisvolles Treiben und Durcheinanderrennen treppauf, treppab, Lichter irrten und verschwanden an den Fenstern, aber alles still und lautlos, als schweiften Geister durch das alte Haus. Mein Vater ging in dem großen, von einer Wachskerze ungewiß beleuchteten Tafelzimmer auf und nieder, von Zeit zu Zeit horchte er bald in die Nebenstube, bald in den tiefverschneiten Hof hinaus; dann trat er unruhig ans Fenster, hauchte die prächtigen Eisblumen von den Scheiben und betrachtete den weiten gestirnten Himmel. Endlich!, – rief mein Vater, eilig vor die Haustür hinausstürzend. Eine auf Kufen gesetzte, festverschlossene altmodische Karosse dunkelte aus dem dicken Dampf der Pferde, wie aus einem Zauberrauch, in welchem der Kutscher seine erstarrten Arme gleich Windmühlflügeln hin und her bewegte.

Bitte, Herr Doktor – sagte mein Vater, selbst den Kutschenschlag öffnend –, Sie sind wohl gar drin eingeschlafen? – Auf Ehre, ein klein wenig!, war die Antwort und aus dem Wagen erstaunlich fix sprang zu aller Verwunderung anstatt des erwarteten Doktors ein langer, schmaler Kerl den niemand kannte, in einer ganz knappen, verschlossenen Livrei, aus welcher beim hellen Mondschein sein Ellbogen glänzte, daß einen innerlich fror, wenn man ihn ansah. Mein Vater betrachtete ihn voller Erstaunen, der Fremde nahm schnell eine Handvoll Schnee und rieb sich damit die halberfrorene Nase, der Kutscher fluchte, der Schnee knirschte unter den Tritten, der Hofhund bellte – da wurde ich in der Stube neben dem Tafelzimmer geboren.

(Fragment, gekürzt)

Liedchen

Die Zeit vergeht.
Das Gras verwelkt.
Die Milch entsteht.
Die Kuhmagd melkt.

Die Milch verdirbt.
Die Wahrheit schweigt.
Die Kuhmagd stirbt.
Ein Geiger geigt.

Joachim Ringelnatz

Aus dem Gespräch mit Jan, Julia, Olli und Katharina

Ute: Joachim Ringelnatz. Sagt euch der Name etwas?

Mehrere: Nee.

Julie: Den Namen hab' ich noch nie gehört.

Ute: Das war auch nicht sein bürgerlicher Name, sondern sein Pseudonym.

Olli: Rufname, kann man sagen.

Jan: Spitzname.

Katharina: Künstlername.

Ute: Richtig. – Eigentlich hieß er Hans Bötticher. Er hat sich Ringelnatz genannt ...

Olli: Vielleicht ist er gebissen worden! (Gelächter)

Jan: Du denkst immer das Grausamste.

Ute: Soviel ich weiß, hat er sich Ringelnatz genannt, weil ihm die Seepferdchen so gut gefallen haben. Seepferdchen hat er besonders gern gehabt. Einmal sehen die besonders putzig aus. Und außerdem war er lange Zeit Matrose, und da liegt das nahe mit dem Seepferdchen. Jetzt zeig' ich euch mal das Gedicht!

Jan: Darf ich's vorlesen? (Er tut es)

Julia: Also, da vergeht die Zeit. Er hat sich halt gedacht, was im Laufe der Zeit passiert, daß das Gras halt frisch und dann verwelkt ist; die Milch, die muß ja irgendwann auch sauer werden, wenn man sie nicht trinkt; und die Kuhmagd, die ist ja nicht unsterblich.

Katharina: Und der Geiger geigt, weil sie gestorben ist.

Olli: Da wird alles sauer und verdirbt alles, das paßt ja gar nicht rein. Da ist alles so schön blühend, stell' ich mir das vor.

Julia: Da entsteht's ...

Olli: Und da hörts dann wieder auf. Aber ich finde, der Satz »Die Wahrheit schweigt«, das paßt da nicht rein. Das gehört da ausgewechselt. »Das Gras welkt«.

Ute: Lies mal so vor, wie du meinst, das würde besser sein.

Olli: Die Zeit vergeht.
Die Wahrheit schweigt.
Die Milch entsteht.
Die Kuhmagd melkt.

Die Milch verdirbt.
Das Gras verwelkt.
Die Kuhmagd stirbt.
Ein Geiger geigt.

Jan: Das würd' sich aber nicht reimen, da müßt' man andere Wörter nehmen.

Robert: Ich finde auch, eher beim zweiten Teil, da verdirbt's, und beim ersten ...

Jan: Da entsteht's.

Olli: Aber ich würd' das überhaupt umdichten.
            (Gelächter)

Ute: Wie würdest du's umdichten?

Olli: Ich find', das paßt irgendwie nicht. Also mir gefäll's
            nicht so gut.   (Unklares Gemurmel)

Ute: Ja, wieso gefällt's euch nicht?

Jan: Mir schon!

Julia: Es ist nicht so verständlich.

Olli: Es hat keinen Zusammenhang. Es erzählt immer von
            was anderm: Zuerst von der Zeit, dann vom Gras,
            dann von der Milch, dann von der Kuhmagd.

Robert: Das reimt sich auch nicht, find' ich.

Jan: Verwelkt – melkt, vergeht und steht… Das ist
            immer so gemacht, daß der zweite Satz dann…

Robert: Ach ja: verwelkt, melkt…

Olli: Aber wenn du dann schaust: »Die Kuhmagd melkt«
            und »Die Kuhmagd stirbt« – das paßt wieder zusam-
            men. – Ich glaub', der erzählt da vom ganzen Jahr,
            was da alles schon passiert.

Jan: »Die Zeit vergeht.« Das könnte ein Jahr sein.

Katharina: Vielleicht weil die Zeit schon so lange vergangen ist,
            da lebt keiner mehr auf dem Hof und dann verdirbt
            eben alles und die Kuhmagd stirbt auch noch.

Julia: Wenn alle tot sind, dann kann keiner mehr eine
            Wahrheit sagen oder eine Lüge sagen.

Ute: Dann schweigt die Wahrheit.

Jan: Und niemand kann mehr die Kuh melken und niemand auf die Milch aufpassen.

Katharina: Oder vielleicht ist das Leben die Wahrheit und der Tod eben nicht so wahr, sondern eher Phantasie.

Olli: Oder daß es immer wieder von vorn anfängt, sie sterben und dann geht das Gedicht wieder von vorne an.

Julia: Aber wieso »Liedchen«? Da oben steht ja »Liedchen«.

Olli: Vielleicht ist es ein Lied.

Jan: Sing's halt mal!

Olli: Ich weiß ja nicht, wie die Melodie dazu geht.

Ute: Mach dir eine.

Olli (singt):
Die Zeit vergeht.
Das Gras verwelkt.
Die Milch entsteht.
Die Kuhmagd melkt.

Die Milch verdirbt.
Die Wahrheit schweigt.
Die Kuhmagd stirbt.
Ein Geiger geigt.

Ute: Olli, im Unterschied zu dir – aber vielleicht hast du es dir ja schon anders überlegt: Mir gefällt das, bloß wenn man mich zwingen würde, zu sagen, warum, dann wüßte ich eigentlich nicht, wieso.

Jan: Das kann keiner so schnell nachmachen.

Ute: Lauter ganz einfache Sätze.

Olli: Immer mit drei Wörtern.

Ute: Jeder Satz zeichnet ein Bild. Olli, wie stellst du dir
            die Kuhmagd vor?

Olli: Daß sie grad im Gras war und wollt' grad die Kuh
            melken, und dann ist sie gestorben, und dann liegt
            sie im Gras.

Jan: Daß die Kuhmagd im Sarg liegt und der Deckel ist
            noch auf.

Robert: Sie liegt im Bett und schläft.

Katharina: Wie sie im Bett liegt und stirbt, und wie alle um sie
            rumstehn und traurig sind.

Julia: Weil sie schon vorher krank ist, und da haben sich
            alle Sorgen gemacht, und dann schläft sie ein und
            dann stirbt sie.

Ute: »Ein Geiger geigt.« – Was denkt ihr euch dazu?

Olli: Ah ja. Daß, wie die Kuhmagd im Gras liegt, also wie
            ich mir das vorstell', daß da so eine Menschenmenge
            rumsteht, und da ist ein Geiger und geigt, so ein
            Abschiedslied.

Jan: Ein Geiger, der einsam auf der Wiese steht unter
            einem Baum und der so geigt auf seiner Geige – ein-
            sam.

Katharina: Ich stell' mir vor, auf einem Podest oder so, da steht
            ein Geiger, der geigt, oder am Sarg.

Jan: Als Denkmal.

Julia: Ich stell' mir das in der Kirche vor.

Olli: Ich stelle mir das noch vor, daß der vielleicht am Grabstein dorten steht und da auch geigt.

Ute: Während der Beerdigung?

Olli: Hm.

Ute: Und ich stelle mir immer vor, der sitzt alleine auf dem Scheunendach und geigt. Warum weiß ich nicht. – Ja, aber was stellen wir uns vor zu dem einen Satz, »Die Wahrheit schweigt«?

Katharina: Vielleicht einen Geist.

Jan: Irgendwie eine Wahrheit, die einfach schweigt.

Ute: Versuch das mal zu schildern.

Jan: Das kann man nicht.

Katharina: Vielleicht wie sie grad im Sarg liegt und ihr Geist steigt auf und der ist ganz schweigsam.

Julia: Daß alle Leute nicht mehr reden.

Jan: Ich stell' mir die Wahrheit einfach ganz dunkel vor, ganz schwarz.

Olli: Daß sie noch nicht wissen, an was sie gestorben ist, daß die Wahrheit einfach noch nicht da ist.

Katharina: Vielleicht sind alle ganz besorgt. Die lieben sie so. Und der Arzt, der weiß, daß sie bald stirbt, aber er will es ihnen nicht sagen, weil er es nicht übers Herz bringt, und sagt ihnen, daß sie wieder gesund wird.

75

Robert: Oder daß einfach nicht mehr gesprochen wird.

Olli: Aber dann hat das doch nichts mit der Wahrheit zu tun. Wenn nicht gesprochen wird, dann ist es ja auch keine Wahrheit.

Katharina: Aber wenn gesprochen wird, sind's auch manchmal Lügen.

Jan: Ich kann mir zum zweiten Absatz jetzt eine Geschichte vorstellen. Die Milch verdirbt deswegen, weil die Kuhmagd krank ist. Und der Doktor schweigt eben, weil er weiß, daß die Kuhmagd stirbt. Und dann stirbt sie auch, und dann steht ein Geiger am Grab und geigt.

Ute: Und wie ist die Stimmung von dem Ganzen?

Mehrere: Traurig.

Jan: Finster.

Olli: Der Geiger könnt der Robert sein.

Ute: Robert, du spielst ja Geige. Denkst du bei dem Geiger auch an dich selber?

Robert: Wo ich das gelesen hab', schon.

Ute: Wo würdest du geigen dann, wenn du das wärst?

Robert: Weiß ich nicht.

Ute: In dieser Geschichte?

Katharina: Zu Hause.

Jan: Auf einer Wolke im Himmel.

Olli: Ich würd' einfach so für mich hin geigen.

Ute: Alleine?

Olli: Hm. Daß ich einfach irgendwo hingehe, wo keine Menschenseele ist...

Ute: Aufs Dach!

Olli: Daß ich mir dann das spiel', daß meine Traurigkeit vorbeigeht.

Katharina: Wir haben am Anfang gar nichts gewußt dazu, und jetzt ist es 'ne kleine Geschichte.

Ute: Ja. Aber: Ist das, was wir rausgefunden haben, der Sinn von dem Gedicht? Man kann sich doch auch was ganz anderes dazu denken.

Nach der Begegnung mit diesem Gedicht

✳ Singe dies »Liedchen« ganz oder nur einen, dir wichtigen Satz, den dann aber immer wieder.

✳ Lies, schreibe, singe die Sätze des Gedichts in anderer Reihenfolge und dann wieder so, wie Ringelnatz sie zusammengefügt hat. Spüre den Unterschieden nach, die sich da ergeben.

✳ Bilde dreigliedrige Sätze, in denen man wie hier die Zeit verrinnen fühlt.

✳ Erweitere die Sätze und beobachte, ob sie dadurch an Fülle und Kraft gewinnen, ob sie mehr erzählen als in der kurzen Form.

✳ Nimm eine Zeile des Gedichts als Titel für eine Geschichte, eine Nachdenkerei, ein Bild.

✳ Suche unter Menschen, die du kennst oder triffst, solche, denen der Name Ringelnatz ein Begriff ist. Welche Texte kennen sie, was wissen sie von ihm? Kennen sie auch dieses Gedicht?

Lustig quasselt der seichte Bach.
Steinchen scheppern darüber flach.
Stumm gegen die Wellchen steht ein Stein,
Sieht – wie mir scheint –
Ernst aus und verweint.

Denn es macht traurig, unbequem zu sein.

Joachim Ringelnatz

Über Joachim Ringelnatz

Er hieß eigentlich Hans Bötticher, »Ringelnatz« war sein Pseudonym. Das legte er sich aber erst zehn Jahre nach seinem ersten Auftritt zu, als er schon 36 Jahre alt war.

Als Hans Bötticher ging er in Sachsen zur Schule, sehr ungern und mit wenig Erfolg. Er träumte zuviel und heckte Streiche aus. Einmal, im sechsten Schuljahr, geht er in der Pause aus der Schule fort, um eine Völkerschau zu besuchen, die im Zoo gastierte. Von einer Samoanerin, die ihn fasziniert, läßt er sich am Unterarm tätowieren, kehrt stolz in die Schule zurück – und fliegt aus dem Gymnasium. An Weihnachten stellt sich heraus, daß der Christbaumschmuck zu Hause fehlt. Er hatte ihn der Samoanerin geschenkt, und sie schmückte sich für ihre Auftritte mit Tannenzapfen, Schneekugeln und einem kleinen Nikolaus.

Mit achtzehn Jahren, als seine Schulzeit zu Ende ist, erscheinen seine ersten Arbeiten in »Auerbachs Kinderkalender«.

Im selben Jahr (1901) beginnt seine Zeit als Seemann; zunächst als Schiffsjunge, dann als Matrose auf großen Segelschiffen kommt er bis nach Westindien. Er wird geschunden und gequält, muß schuften und hungern, ist manchmal arbeitslos und immer wieder verlassen in der Fremde. Aber er hat sich diesen Beruf ausgesucht, er lernt und schlägt sich durch und schreibt später Bücher über seine Not und seine Abenteuer. Am Ersten Weltkrieg nimmt er als Soldat der Marine teil, auch darüber schreibt er später. Dann macht er eine Kaufmannslehre, und schließlich beginnt seine Karriere als Kabarettist in München im »Simplizissimus«.

All die Jahre war er kaum ein Sohn, der seinen Eltern Freude machte. Aber er mußte wohl seinen eigenen, verschlungenen Weg gehen, um Ringelnatz zu werden, ein Dichter, der sehr vielen Menschen Freude schenkte. Wenn sie ihm zuhörten oder seine Gedichte lasen, lernten sie, die Welt mit seinen Augen zu sehen, das Schöne und das Traurige wie er zu empfinden.

Auch wenn man Ringelnatz liest, über die Jahre immer wieder andere Gedichte und Texte, jedesmal ist es, als habe man ihn vorher noch nicht, noch nicht richtig gelesen. Sein Name, Ringelnatz, erinnert an das Seepferdchen, das die Seeleute auch zärtlich Ringelnaß nennen.

Karl Schnog, der wie er im Kabarett auftrat, hat ein Huldigungsgedicht für Ringelnatz geschrieben.

Mit Ringelnatz in einem Programm

Es geht ein stummes Leuchten von ihm aus
Und sehr viel kindlich-schrille Güte.
Kommt er zum Auftritt, kommt er wie nach Haus
Mit einer knisterfremden Zuckertüte.

Bevor er zögernd auf das Bühnchen tritt,
Muß er erst vielen etwas Liebes sagen.
Oft bringt er jüngst verehrte Rosen,
Die die Kollegen dann wie Orden tragen.

Es riecht nach Meer um ihn und nie nach Buch.
Wenn man ihn hört, hat man ihn nie gelesen.
Und geht er ab, ist's leer, als sei Besuch
Aus fremden schönen Ländern dagewesen.

Hans Bötticher wurde 1883 in Wurzen in Sachsen geboren und starb 1934, kaum fünfzig Jahre alt, in Berlin. Kurz vorher hatten die Nazis ihm verboten, weiter aufzutreten.

Im Winter zu singen

Die Jäger spannen die Tellereisen,
Die Füchse entwischen.
Der Südost nietet die letzte Spalte
Über Aalen und Fischen.

Aus Lappland flogen die roten Drosseln,
Ihre Stimme fällt weich wie Schnee.
Kein Messer schneidet den Schlaf der Erde,
Auch der Maulwurf tut ihr nicht weh.

In weiser Ohnmacht werden die Larven
Für andere Zeiten bewahrt.
Den trächtigen Schafen wächst das Euter,
Den Ziegenböckchen der Bart.

Wilhelm Lehmann

Aus dem Gespräch mit Christian, Franzi, Kathrin und Theodor

Ute: Wovon erzählt das Gedicht?

Christian: Von Stille. Vor allem von Schlaf. Von Lebewesen, die schlafen wollen. Da ist nichts Beunruhigendes drin oder Lautes, sondern alles ganz, ganz ruhig.

Theodor: Nur am Anfang, da ist es halt bißchen wild, wie dann die bösen Menschen kommen und dann die Falle stellen und dann wie die Füchse vor Angst fliehen. Irgendwie stell' ich mir da so eine Musik vor, eine wilde Musik.

Christian: Der Schnee fällt. Und mittendrin, da zerreißt das Bild, das ruhige, und die Jäger kommen und stellen die Tellereisen auf und spannen sie und warten, bis die Füchse kommen. Dann wird es wieder ruhig, ganz ruhig, und dann plötzlich – bumm, bumm – kommen die Füchse und wittern das und laufen dran vorbei. Und dann wird es wieder ganz still, weil die Füchse weggelaufen sind.

Ute: Und wie ist es bei den Aalen und Fischen?

Kathrin: Daß sie unter Wasser sind und daß das Wasser ihnen Wärme gibt.

Franzi: Die meisten Fische leben ja nicht ganz nah an der Wasseroberfläche, sondern weiter unten.

Ute: Und oben ist 'ne Eisschicht.

Kathrin: »Kein Messer schneidet den Schlaf der Erde, auch der Maulwurf tut ihr nicht weh.«

Ich stell' mir das so vor, wie wenn man einen haut, oder wenn man sich in'n Finger schneidet. Und der Maulwurf, wie wenn man gestreichelt wird.

Ute: Aber das mit dem Messer passiert ja gar nicht. Da steht ja »Kein Messer schneidet den Schlaf der Erde«.

Kathrin: Ja, daß die aufpassen, daß das Messer nicht kommt.

Ute: Ist in dem Gedicht mehr vom Drinnen oder vom Draußen die Rede?

Theodor: Mehr vom Draußen.

Franzi: Eigentlich von beidem! »Die Jäger spannen die Tellereisen, / die Füchse entwischen.« – Das ist draußen. »Der Südost nietet die letzte Spalte / über Aalen und Fischen.« – Das ist drinnen. Und das andere ist wieder draußen und dann immer wieder drinnen. Das eine ist in der Erde drin und im Wasser drin, das andere ist draußen im Schnee.

Kathrin: Die Mitte.

Franzi: Zwei Zeilen sind draußen und dann wieder drinnen. – Der Südost ist draußen, und die Fische sind im Wasser drinnen.

Ute: Da ist gleichzeitig Geborgenheit.

Theodor: Dann die Vögel draußen, die Drosseln, und was unter dem Schnee ist, unter der Decke, ist wieder drinnen.

Ute: Es ist, als ob da eine Spannung wäre zwischen dem Draußen und dem Drinnen, es ist beides gleichzeitig da. Und man fühlt beides gleichzeitig.

Merkwürdig ist, wenn ich dieses Gedicht lese, hab' ich jedesmal was Bestimmtes in der Nase. Dann meine ich immer, ich könnt' was riechen. – Du schnüffelst wie ein Fuchs. –

Kathrin: So nach Fichtennadeln.

Christian: Nach Erde riecht es auch. Nach Erde und Maden und nach Lebewesen.

Theodor: Also ich kann irgendwie gar nichts riechen. Ich kann mir nicht vorstellen, daß ich was rieche.

Ute: Du stellst dir eher Töne vor.

Theodor: Ja, so ungefähr. – Einmal schnelle, einmal leise, einmal langsame.

Franzi: Glocken für den Schnee, wie er herunterkommt.

Kathrin: Und »Die Jäger spannen die Tellereisen« – das ist wie so'n Tusch.

Christian: Geklirre von aufeinanderschlagendem Eisen.

Kathrin: Trommeln! Und dann »Die Füchse entwischen« – den Tusch.

Christian: Sie hauen ab. Stapf, stapf durch den Schnee.

Franzi: Erst ganz leise und langsam stapfen, dann wird's immer lauter und schneller.

Ute: Hättet ihr denn Lust, so ein Gedicht auswendig zu lernen?

Kathrin: Nee.

Ute: Stell' ich die Frage anders: Fändet ihr das schön, das Gedicht auswendig zu können?

Mehrere: Ja. (Lachen)

Kathrin: Aber lernen möcht' ich's nicht.

Theodor: Können ja, aber irgendwie lernen …

Christian: Naja.

Ute: Da ist es doch wunderbar, wenn man Lehrer hat, die einen zwingen, eine Mühe auf sich zu nehmen, damit man dann etwas kann und dann froh ist, daß man es kann.

Kathrin: Ah ja!

Ute: »Im Winter zu singen« – Wieso singen?

Christian: Da jetzt einer über das singt. Der Winter ist ganz leise, fällt herab, und singt über all das.

Franzi: Aber im Winter, wenn ich da allein draußen bin, da würde ich mich das gar nicht trauen, in die Stille hinein loszusingen.

Theodor: Ein kleines leises Summen vielleicht.

Christian: Man singt auch noch, wenn man Angst hat.

Ute: Wenn du dir das Gedicht anschaust: Ist das ein Lied der Angst oder der Fröhlichkeit?

Theodor: Mehr der Fröhlichkeit.

Kathrin: Und der Angst.

Ute: Wieso?

Kathrin: Ja: »Die Jäger spannen die Tellereisen …«

Ute: Aber: »Die Füchse entwischen!«

Christian: Aber zuerst hat man doch Angst.

Franzi: Die Angst ist »Die Jäger spannen die Tellereisen«. Und wenn man liest oder hört »Die Füchse entwischen«, dann ist man richtig froh.

Kathrin: Aber wenn man jetzt bloß »Die Jäger spannen die Tellereisen« gelesen hat, dann kommt es einem etwas schaudrig vor.

Ute: Aus Lappland flogen die roten Drosseln, ihre Stimme fällt weich wie Schnee ...

Christian: Sanft und fröhlich.

Ute: »Kein Messer schneidet den Schlaf der Erde, auch der Maulwurf tut ihr nicht weh!«

Kathrin: Sanft und fröhlich.

Christian: Und etwas ...

Franzi: Angst. Gefährlichkeit.

Ute: Ihr merkt das sehr deutlich, daß dieses Messer eine geheime Bedrohung bedeutet.
Und dann im letzten Vers ist ganz deutlich die Rede von dem Leben, das wieder beginnen wird.

Kathrin: Fröhlich.

Ute: Also ist das ein Lied voll Fröhlichkeit und Einverständnis. Er empfiehlt uns vielleicht, das zu singen, weil es doch manchmal entsetzlich kalt und ungemütlich ist im Winter. Und dann ist es ganz gut, wenn man so ein Lied hat, das einen erinnert an all das, was gut ist dran.

Nach der Begegnung mit diesem Gedicht

Wilhelm Lehmann erzählt hier vom stillen und verborgenen Leben in einer Winterlandschaft, das man eher ahnt und spürt als deutlich sieht.

✳ Male ein Bild in hellen, grauen Tönen, in dem der Schnee alles Leben bedeckt. Man sieht es nicht, du weißt aber, was da ist.

✳ Überlege und schreibe auf, was alles außer dem, was Lehmann erwähnt, im Winter weiterlebt, wenn alles tot zu sein scheint.

✳ Male dir aus, wie ein Fuchs erlebt, daß die Jäger Fallen aufstellen, die Füchse aber entwischen. Schreibe auf, wie der Fuchs erzählen würde!

✳ Schreibe auf, was die roten Drosseln, die aus Lappland kommen, zu erzählen haben.

✳ Lest das Gedicht mit Untermalung durch Instrumente vor. Laßt die Untermalung vorher und nachher allein hören.

Über Wilhelm Lehmann

Er wurde in Südamerika geboren, in Puerto Cabello, einer Hafenstadt in Venezuela. Aber die Mutter fuhr mit ihm und dem etwas jüngeren Bruder nach Deutschland zurück, und auch der Vater folgte bald. Es gelang ihm aber nicht, in Deutschland eine Arbeit zu finden, mit der er seine Familie hätte ernähren können. So kehrte er wieder nach Südamerika zurück und überließ seiner Frau die Sorge für die Kinder.

Die Mutter mußte sehr hart arbeiten, sie kam aus den Sorgen nicht heraus. Und Wilhelm, der ein unzuverlässiger Schüler war, in vielen Fächern – besonders in Mathematik – erfolglos, vermehrte ihre Sorgen. Auch als Student tat er jahrelang nicht, was sie von ihm erwartete. Und schließlich heiratete er gegen den Willen der Mutter eine Frau, die fünfzehn Jahre älter war als er selber, obwohl er noch gar keinen rechten Beruf hatte. Die Mutter war wohl auch verbittert, weil ihr Ältester trotz all ihrer Mühen um seine Erziehung nicht so fleißig und pflichtbewußt, so auf Ehrbarkeit bedacht war wie sie selber, sondern dem liederlichen Vater nachzuschlagen schien.

Dann wurde Wilhelm Lehrer. In seinen Erzählungen sind die Helden oft Lehrer, die an der Schule leiden. Es ist doch merkwürdig, daß einer, der als Schüler von der Schule und vielen Lehrern enttäuscht war, der schreibt, die Lehrer seien in seiner Schulzeit die natürlichen Feinde der Schüler gewesen, selbst Lehrer wird, weil ihm kein anderer Beruf behagt oder offensteht.

In seinem autobiographischen Bericht »Mühen des Anfangs« erzählt Lehmann aus seiner Kinderzeit in Wandsbek so, daß man glauben kann, damals sei er ein paar Jahre lang glücklich gewesen. Das heimatliche Haus stand in einer bäuerlichen Landschaft, und die Kinder konnten sehr frei umherstreifen.

»Meine Wirklichkeit war der große, zauberische Garten. In seinem Gehege blühte es mächtig-zart, so allumfassend … Ich war ein besessener Pflanzenfreund: ein kleiner Stachelbeerbusch, den ich in Kugelform hielt, Kakteen, Monatsrosen, ein roter Oleander, die bunten Winden am Drahtzaun … waren mein Entzücken … Die dicke Frau Wiemann kam herüber, um mein Beet zu besehen. Ihrem Mann zürnte ich, weil er einen von mir gefangenen grünen Zeisig hinter meinem Rücken freiließ – denn ich wußte, daß ich Tier und Pflanze liebte, in sie hineinwuchs und in ihre Gefangenschaft die Freiheit zauberte, die sie brauchten … Im Schatten der Planke hausten Erdkröten. Ich sammelte sie. Ich schlug sie beileibe nicht wie jenes Kind im Märchen mit dem Löffel auf den Kopf; ich sah ihnen in die glänzenden, braunen Augen. Schnecken waren unser liebstes Spielzeug, wir sortierten sie nach ihrer Farbe, pflanzten Stäbe in die Ritzen des alten Gartentisches und sahen zu, welche unter ihnen ihr Haus zuerst hinaufschöbe. Wir bauten uns unter den harzschwitzenden Kirschbäumen Holzverschläge und hielten darin Kaninchen und Meerschweinchen … Nach dem Sommerplatzregen saßen wir auf der Veranda, sahen das Gewitterwasser versickern, atmeten lustvoll den Aufbruchsgeruch der warmen Erde. Ich zeichnete gern Kühe und Pferde, legte mich zwischen die Kühe auf der Weide … Pflichten, Gebote der Mutter, Hilfe in der Hauswirtschaft, die Schule selbst empfand ich als Störung! Den Schulranzen abgeworfen, der Garten empfing mich; er hatte so sehnsüchtig auf mich gewartet, wie ich auf ihn. Auch die Straße, das Gehölz, die Stadt taten mir gut; denn Wandsbek gegen die Jahrhundertwende lächelte als ein Idyll. Vom Marktplatz klingelte eine Pferdebahn gemächlich am Gehölz vorbei …«

Wilhelm Lehmann wurde am 4. Mai 1882 in Puerto Cabello (Venezuela) geboren, und er starb am 17. November 1968 in Eckernförde.

Gefunden bei Wilhelm Lehmann

An einem Oktobermittwoch gab Koldewey in der vierten, auf dem oberen Flur gelegenen Klasse die letzte Stunde des Tages. Er war schon grauhaarig, gewöhnlich aber noch der Lebendigsten einer [...]

Er gehörte seit mehr als zwei Jahrzehnten der Schule an, half schon ihren Grundstock bilden. Jetzt ältelte er. Sein Gesicht verlor den sonst stets aufmerksam gespannten Ausdruck. Er ging langsam aus der Klasse. Wo am Ende des Flurs die Treppe begann, stand, in die Ecke gedrückt, mit schlecht schließender Tür, ab und zu wohl geplündert, ein alter Glasschrank, der für den Biologen bestimmt war. Rumpelig und schadhaft füllten ihn ausgestopfte Tiere, glatt gespannte, lackierte Fischleiber und Muscheln, Seeigel unten, dann Vögel, Vogelnester, ausgeblasene Eier, ein großer Grünspecht, ein Pirol mit ausgebreiteten, verstaubten Flügeln, die ihr ursprüngliches Goldgelb nur noch vermuten ließen, Bälge von Eichhörnchen, Gürteltier, Zapfen von Kiefern und Zedern. Die vom Leben Gelösten waren zur Erstarrung bestimmt, die moderne Biologie wollte nichts mehr von ihnen wissen, man hatte den Schrank aus Mangel an Platz hier untergebracht an lärmiger Ecke. Koldewey hatte gehört, daß er demnächst verschwinden sollte. Ein Blick hinein bedeutete ihm gleichwohl eine Erholung. Unter seinen Augen stand das unnatürlich Belebte natürlich auf. Sah er den Biologen mit einem Bündel sommerlichen, rotköpfigen Erdrauchs oder das Eichhörnchenmodell unter dem Arm dem Unterricht zustreben, so beneidete er ihn. Die Menschen starben ab, ein anderer Teil des irdischen Bezirks lebte auf. Er hatte sogar einmal selbst Biologie gegeben, obwohl er Sprachlehrer war. Aber die Praxis verwandelte die Lust in Unlust, denn die Schüler malträtierten die Pflanzen oder witzelten über die Tiere, und die Versunkenheit, aus der er sprach, galt nur sich.

(aus: »Der Abgesang«, zuerst erschienen 1947)

Ein Fichtenbaum steht einsam
Im Norden auf kahler Höh'.
Ihn schläfert; mit weißer Decke
Umhüllen ihn Eis und Schnee.

Er träumt von einer Palme
Die, fern im Morgenland,
Einsam und schweigend trauert
Auf brennender Felsenwand.

Heinrich Heine

Aus dem Gespräch mit Katrin, Stefan, Theodor und Steffi

Katrin: Also ich glaube, dieser Fichtenbaum, der träumt davon, daß er dasteht wie eine Palme, daß es warm ist und überall schön, und bei ihm, da schneit es und ist kalt. Und sicherlich träumt eine Palme davon, daß sie dasteht wie der Fichtenbaum und in Eis und Schnee gehüllt ist.

Stefan: Ob die Palme aber das so schön findet, in Eis und Schnee gehüllt zu sein?

Theodor: Vielleicht mal ganz schnell mal so sein wie die Fichte und dann, wenn's zu kalt wird, dann schnell wieder zurück.

Ute: Wie sollen die das machen?

Theo: Ja, das ist schwer für einen Baum.

Steffi: Sie können es zwar nicht tun, aber sie können weiter davon träumen.

Ute: Was tut die Palme?

Katrin: Sie trauert.
Vielleicht ist da weit und breit Wüste, und sie allein steht in der Mitte, und weit und breit ist sonst nichts außer dieser Felsenwand.

Theodor: Die Palme, die findet es vielleicht im Süden, weil's so schön warm ist, doch schön. Und die Fichte würde auch gerne rübergehen, und dort wären sie dann ein Paar oder so, oder wären halt zusammen, nicht alleine dann.

92

Ute: Wessen Idee ist denn das mit der Palme?

Stefan: Die vom Fichtenbaum.

Kathrin: Ich glaube, der Fichtenbaum träumt, er wäre eine Palme, einsam und ...

Ute: Es heißt: »Er träumt *von* einer Palme«.

Steffi: Das würde ich, glaub' ich, auch tun. Wenn ich alleine irgendwo im Schnee stehe, dann würde ich mich auch nach jemand sehnen.

Ute: Kennt ihr das? Daß man allein ist und sich nach jemandem sehnt?

Stefan: Eigentlich schon.

Theo: Ja.

Ute: Der Fichtenbaum träumt, daß die Palme einsam trauert.

Stefan: Und vielleicht gibt's die Palme, und sie träumt vom Fichtenbaum.

Ute: Man kann sich das gar nicht vorstellen, daß es die nicht gibt.

Stefan: Hm!

Ute: Heinrich Heine war ein Deutscher, der aber nicht in Deutschland leben durfte einen großen Teil seines Lebens. Er ging nach Frankreich, wobei man dazusagen muß, daß er auch Frankreich sehr geliebt hat. – Gibt es da einen Zusammenhang?

Stefan: Ja. Die Palme ist in einem Land und die Fichte ist in einem Land, und die Fichte ist in einem Land und da, wenn er in Deutschland ist, sehnt er sich vielleicht nach Frankreich, und wenn er in Frankreich ist, sehnt er sich nach Deutschland.

Theo: So kann es auch bei der Fichte sein: Wenn sie in der Wüste ist bei der Palme, daß sie sich wieder nach Hause sehnt.

Katrin: Oder er ist jetzt in Frankreich, und er sehnt sich, daß seine Verwandten, seine Tante oder seine Großmutter, jetzt daheim sitzen und an ihn denken.

Ute: Wie nennt man das, wenn man sich so sehnt?

Stefan: Heimweh!

Theo: Wenn ich mal woanders bin, wenn es mal so ist, dann hab' ich Heimweh, und wenn ich zu Hause bin, dann hab' ich auch Heimweh.

Steffi: Da lag ich abends im Bett und da hatte ich auch Heimweh, eigentlich nur nach meinen Eltern, aber die lagen im Schlafzimmer neben mir, aber trotzdem.

Ute: Hattest du das Gefühl, es fehlt was.

Steffi: Ja!

Ute: Und du müßtest woanders sein.

Steffi: Hm!

Stefan: Wenn man von den Eltern geschimpft wurde und schon früher ins Bett geschickt wurde, dann könnte man Heimweh kriegen. Nach Ruhe vielleicht, nach Geborgenheit oder so.

94

Ute: Wenn du dir das aussuchen könntest, wer wärst du
           dann, der Fichtenbaum oder die Palme?

Steffi: Ich wär der Fichtenbaum.

Stefan: Ich auch.

Katrin: Ich die Palme.

Ute: Steffi, kannst du das begründen?

Steffi: Im Morgenland ist es ja immer heiß, und die Palme
           steht da auch ganz einsam, und dann im Norden, da
           ist auch mal Sommer, und da ist es nicht so heiß.

Katrin: Aber da, da regnet's ja auch oft, im Norden, und es
           schneit.

Stefan: Wenn man unterm Schnee ist, dann ist es eigentlich
           ziemlich warm, weil die Wärme nicht rauskann.

Steffi: Die Fichte ist ja auch ein Nadelbaum, eigentlich ein
           Winterbaum, sie ist nicht empfindlich gegen Schnee
           und Eis.

Ute: Ein Wort kommt in beiden Versen vor.

Katrin: Einsam! Beide sind einsam, und jeder wünscht sich,
           glaube ich, einen Partner. – Einen Freund. – Eine
           Freundin.

Steffi: Ja, um sich auch aussprechen zu können. Ich weiß
           zwar jetzt nicht, ob das hier bei den beiden gehen
           würde, aber ...

Stefan: Sie sind beide ganz verschieden.

Steffi: Ich könnte keinen Chinesen verstehen, und das ist
           genauso: eine Fichte und eine Palme.

Ute: Wozu muß man miteinander sprechen?

Stefan: Sonst verreckt man innerlich, weil dann ist man so einsam und hat keinen mehr, und dann stirbt man innerlich.

Theo: Wenn man so einsam ist, ja.

Steffi: Wenn ein Baum vielleicht Sorgen hat von den beiden, und er kann sich mit niemandem darüber aussprechen, das erdrückt ihn auch dann. Dann frißt er das alles in sich rein und dann ...

Katrin: Stirbt er!

Ute: Stirbt er an den Sorgen.

Steffi: Hm!

Ute: Aber man spricht dann ja nicht nur über Sorgen miteinander.

Stefan: Auch über etwas anderes zum Beispiel, etwas Lustigeres, erzählt Witze, lernt was Neues kennen dabei.

Ute: Stefan hat gesagt, wenn man niemanden hat, mit dem man sprechen kann, dann verreckt man. Er hat nicht »stirbt«, sondern »verreckt« gesagt, weil er meint, das ist ein ganz elender Tod. Ihr habt alle sofort genickt und zugestimmt. Und ihr seid noch so jung. Ich frag' mich: Woher wißt ihr das?

Steffi: Wenn man ein Geheimnis hat, und irgendwie was Schlimmes, was man nicht sagen kann, dann merkt man das ja eigentlich selber, daß man dann doch drüber reden will.

Theo: Wenn man nicht sprechen kann… man kann mit sich selbst sprechen, aber was nützt das schon!

Stefan: Man will auch etwas erzählen.

Theo: Es ist nicht nur das Reden, es ist auch, damit man jemand anderen sieht, oder damit man mit ihm spielen kann oder solche Sachen halt, also nicht nur zum Sprechen. Man braucht irgendwie auch eine Person.

Ute: Aber hier ist von Bäumen die Rede.

Stefan: Bäume können das vielleicht. Sie tun es nicht gerne, aber sie können es.

Nach der Begegnung mit diesem Gedicht

✳ Hier sind zwei Weltgegenden einander gegenübergestellt: der Norden und das Morgenland. Was fällt dir zum Norden, was zum Morgenland ein?

✳ In welchem der beiden Bäume würdest du dich eher wiederfinden? Oder kannst du dir dich selbst als einen ganz anderen Baum vorstellen? Beschreibe, wie er aussieht, wo er steht, was ihn umgibt, was er empfindet.

✳ Magst du den Fichtenbaum zeichnen? Oder die Palme? – Versuche es einmal nur mit dem weichen Bleistift.

✳ Was kann ein Fichtenbaum im Norden von einer Palme wissen? Was weiß die Palme im Morgenland von ihm?

✳ Lies das Gedicht mehrmals halblaut. Du wirst merken, daß die beiden Verse sich verschieden sprechen.

✳ Ein Wort kommt in beiden Versen vor: einsam. Welche anderen Worte fallen dir ein, die dazugehören?

✳ Dies ist wohl ein Lied der unerfüllbaren Sehnsucht. Hast du auch Sehnsüchte? Sind sie erfüllbar? Magst du mit jemandem darüber sprechen, oder träumst du nur davon?

Mein Herz, mein Herz ist traurig,
Doch lustig leuchtet der Mai;
Ich steh, gelehnt an der Linde,
Hoch auf der alten Bastei.

Da drunten fließt der blaue
Stadtgraben in stiller Ruh;
Ein Knabe fährt im Kahne
Und angelt und pfeift dazu.

Jenseits erheben sich freundlich
In winziger, bunter Gestalt
Lusthäuser und Gärten und Menschen
Und Ochsen und Wiesen und Wald.

Die Mägde bleichen die Wäsche
Und springen im Grase herum;
Das Mühlrad stäubt Diamanten,
Ich höre ein fernes Gesumm.

Am alten grauen Turme
Ein Schilderhäuschen steht;
Ein rotgeröckter Bursche
Dort auf und nieder geht.

Er spielt mit seiner Flinte,
Die funkelt im Sonnenrot,
Er präsentiert und schultert –
Ich wollt, er schösse mich tot.

Heinrich Heine

Aus dem Gespräch mit Florian, Anka, Gabi, Beatrix und Gisela

Florian: Also, der da rumlehnt, der ist ziemlich traurig, glaube ich.

Ute: Was sieht er alles?

Florian: Einen Jungen, der pfeift und angelt.

Anka: Der sitzt im Kahn.

Florian: Und er sieht so einen rotgeröckten Knaben.

Gabi: Und so Stadtgraben, und Landschaft mit Bäumen, und Ochsen, und Mägde, die da waschen.

Florian: Und dann sieht er auch noch was mit schleifen: Da schleift jemand was, Diamanten oder irgendsowas.

Ute: Das Mühlrad stäubt Diamanten.

Gabi: Ich glaub', daß das so kleine Tropfen sind, die aussehen wie Diamanten.

Anka: Ja, die glitzern im Sonnenschein.

Gabi: Ich glaube, daß das ziemlich alt sein muß, weil es da noch eine Burg gibt und weil da noch welche wohnen, weil sonst würde es ja nicht bewacht werden.

Beatrix: Vielleicht vorm Ersten Weltkrieg oder so.

Florian: Vielleicht ein bißchen früher.

Ute: »Rotgeröckt«, das würde man heute nicht mehr sagen ...

Kinder: Nee!

Florian: Und das Schilderhäuschen auch noch. Das Mühlrad gibt's ja auch heute nicht mehr sehr viel.

Gabi: Und mit den Mägden, daß sie gebleicht haben, die Wäsche, das macht man jetzt auch nicht mehr.

Florian: In der Waschmaschine macht man das.

Gabi: Ich find' es komisch, warum er will, daß diese Wache ihn totschießt.

Florian: Er ist halt traurig.

Anka: Aber da steht gar nicht, warum er so traurig ist.

Gisela: Er fühlt sich halt drinnen traurig, aber draußen, zum Angeln, fühlt er sich halt fröhlicher.

Florian: Er angelt ja nicht.

Mehrere: Ach ja. Stimmt.

Ute: Kennt ihr das? Daß außen alles fröhlich ist, und in dir alles traurig?

Alle: Ja! Ja.

Gisela: Dann gefällt einem das Außen auch nicht mehr.

Florian: Manchmal eigentlich schon. Wenn man innen auch traurig ist, gefällt es einem erst recht.

Ute: Und was ist dann mit der Traurigkeit?

Florian: Die ist im Innern von ihm.

Gisela: Er möchte nicht mehr leben, weil er halt auch so traurig ist, weil er was sieht, was er auch gern möchte, und das hat er nicht, kann er sich nicht leisten, und da will er nicht mehr leben.

Anka: Am Anfang ist ein Satz, der ganz traurig ist. Und am Schluß ist wieder ein Satz, der ganz traurig ist. Und sonst ist alles recht lustig.

Gabi: Vielleicht ist er traurig, weil er nicht angeln darf, oder solche Sachen machen kann. Ich glaub', daß der auch irgendwo dabeisein möchte, weil er das so erzählt, daß das alles so schön ist.

Beatrix: Oder er ist so arm und kann es sich nicht leisten, sich ein Boot zu kaufen.

Anka: Er kann sich ja auch ans Ufer setzen und angeln.

Florian: Wenn er kein Geld hat, sich eine Angel zu kaufen?

Gabi: Aber vielleicht darf er's nicht. Daß die Eltern es nicht erlauben, weil sie Angst haben, daß etwas passiert.

Florian: Ja, vielleicht kann es ja auch von zu Hause sein, daß er zu Hause irgendwas hatte.

Gisela: Oder er hat sich was gewünscht, was die Eltern sich halt nicht leisten können.

Gabi: Oder er hat was gemacht, wo er jetzt drüber nachdenkt, und er meint jetzt, daß er das nicht hätte machen sollen.

Beatrix: Es kann ja auch sein, daß er schon von zu Haus traurig ist, und dann geht er halt zur Linde, vielleicht weil er da öfter mal war, und überlegt. Und dann sieht er das und dann denkt er: Warum kann ich da nicht auch sein, ich möchte auch so gern angeln und lustig sein, nicht traurig.

Gisela: Er denkt sich, er hätte es auch anders sagen können zu Hause, was er halt falsch gemacht hat.

Florian: Oder ihm ist irgendwas passiert und er weiß nicht, wie er es seinen Eltern erklären soll, und dann muß er sich halt bei der Linde überlegen, was er sagen könnte.

Ute: Versteht ihr das, daß einem dann da so zumute ist?

Alle: Ja!

Anka: Vielleicht kann er nicht verstehen, warum die andern alle so glücklich sind, wenn er traurig ist.

Gisela: Vielleicht können seine Freunde sich mehr leisten.

Anka: Bei mir passiert das schon manchmal, aber wenn ich mir zum Geburtstag was wünsche, dann legen meine Eltern halt zusammen, dann krieg' ich das schon.

Gabi: Vielleicht ist es auch so, daß er nicht zu Haus Ärger gekriegt hat, vielleicht mit Freunden, und er kriegt von seinen Eltern vielleicht sehr viel geschimpft, wenn er auch bloß wenig angestellt hat. Wenn er traurig ist, daß die dann nicht mit ihm reden und daß er dann überlegt, wie er denen das erklären soll.

Gisela: Vielleicht denkt er auch, seine Freunde, die sagen zu ihm: Du kannst dir ja überhaupt nichts leisten! Du hast ja überhaupt nicht, was wir alles haben.

Gabi: Vielleicht sagen sie auch: Wenn du keinen Ball hast, dann spielen wir nicht mit dir, weil jetzt alle einen Ball haben und du hast jetzt keinen.

Ute: Ich hab' das immer so verstanden, daß der Kummer hat, Liebeskummer, als erwachsener Mann. Ich bin nicht auf die Idee gekommen, daß Kinder, wenn sie das Gedicht hören oder lesen, denken, das sei ein Kind, was da so furchtbar traurig ist.

Beatrix: Ich glaube, daß alle mit dem Kahn angeln fahren, und er ist darüber traurig, daß er nicht fahren darf, und er schämt sich, weil die anderen das alle schon können, weil sie es schon gelernt haben von ihren Eltern, aber er kann es ja nicht lernen, weil er kein Boot hat, keinen Kahn hat.

Gisela: Oder er überlegt, wenn er jetzt noch klein wäre und seine Eltern lebten noch, dann würde er jetzt kriegen, was er haben möchte.

Ute: Was ich eben gemeint habe, ist, daß die meisten Erwachsenen, und da muß ich mich jetzt einschließen, sich keinen rechten Begriff davon machen, daß man als Kind auch oft ganz verzweifelt und traurig ist.

Florian: Aber eigentlich müßten sie es ja wissen, die Erwachsenen, sie waren ja selber auch mal Kinder.

Gisela: Das ist mir auch vor kurzem erst so gegangen: Ich weiß gar nicht mehr, warum ich traurig war, aber ich war halt im Innern traurig, und im Äußeren fröhlich, aber ich wußte gar nicht, wegen was ich traurig war.

(Später hat eins der Kinder gesagt, einen wirklichen Kummer vertraue es den Eltern niemals an, die wollten den dann nur wegtrösten, und dann sei alles nur noch schlimmer. Alle anderen haben genickt, als sei das eine Grundwahrheit des Kinderlebens.)

Über Heinrich Heine

Harry Heine – so hieß er ursprünglich – wuchs auf in Düsseldorf als das älteste von vier Kindern. Seine Mutter ließ ihm Violin-, Tanz- und Zeichenunterricht geben. Seinen kleinen dürren Tanzmeister hat er eines Tages in der Wut aus dem Fenster geworfen, er landete auf einem Misthaufen.

Mit seinem Geigenlehrer kam er gut aus. Als die Mutter eines Tages in den Unterricht kam, um den Sohn und seinen Lehrer für das schöne Geigenspiel zu loben, das sie von draußen gehört hatte, mußte sie entdecken: Nicht Harry spielte, sondern sein Lehrer. Harry hörte ihm versunken zu. So hatten sie ein Jahr Unterricht verbracht. »Schade, daß du mich störst«, rief Harry, »die Töne der Musik kamen meiner Idee zu Hilfe und ich war eben im Begriff, ein schönes Lied zu dichten«.

Einmal mußte er bei einer öffentlichen Schulfeier Schillers Gedicht »Der Taucher« deklamieren. Als er zu der Stelle kam »Und der König der lieblichen Tochter winkt...«, nahm mitten in der ersten Reihe ein hoher Gast mit seiner schönen Tochter Platz. Harry starrte das Mädchen wie eine überirdische Erscheinung an, stockte, verstummte und sank in Ohnmacht. Einer von Heines Biographen schildert diese Szene so, als sei dem Rektor und der Mutter nicht recht klar gewesen, ob Harry seine Ohnmacht nur gespielt hatte, weil er seinen Text vergessen hatte und sich nicht blamieren wollte.

Jedenfalls war er immer schon sehr empfänglich für Gefühle, besonders, wenn sie in Versen ausgedrückt waren. Später hat er mit seinem »Buch der Lieder« Menschen in aller Welt zu Tränen gerührt.

Keine andere Gedichtsammlung der Welt ist schon zu Lebzeiten des Dichters so häufig gedruckt, vertont und in fremde Sprachen übersetzt worden.

Nach der Schule versuchte Harry es erfolglos mit einer Kaufmannslehre, dann studierte er. Er reiste und schrieb über seine Erfahrungen unterwegs. Er nahm, als er vom jüdischen zum christlichen Glauben übertrat, den Namen Heinrich an. Weil er in Deutschland als Jude nicht die Anstellung fand, die er erhofft hatte, ging er nach Paris.

Am Ende seines Lebens war er jahrelang furchtbar krank, eine Lähmung breitete sich immer mehr in seinem Körper aus. Er war hilflos und vereinsamte, aber seinen Witz, seine Fähigkeit, auch unter Tränen über sich selber zu lachen, verlor er nicht. Als der Arzt ihm einmal Besserung für das Frühjahr versprach und ein Besucher meinte: »Herr Heine hat den Frühling so schön gefeiert, daß der Frühling wohl etwas für ihn tun müßte«, erwiderte Heine: »Ich habe das Meer auch sehr schön besungen und bin immer seekrank gewesen.«

Heinrich Heine wurde 1797 in Düsseldorf geboren und starb 1856 in Paris.

Anemonen am Ostersamstag

Wie die Frauen
Zions wohl dereinst beim matten Grauen
Jenes Trauertags beisammenstanden,
Nicht mehr Worte, nur noch Tränen fanden,

So noch heute
Stehen, als in ferne Zeit verstreute
Bleiche Zionstöchter, Anemonen
In des Nordens winterlichen Zonen.

Vom Gewimmel
Dichter Flocken ist ganz trüb der Himmel.
Traurig stehen sie, die Köpfchen hängend,
Und in Gruppen sich zusammendrängend.

Also einsam,
Zehn und zwölfe hier so leidgemeinsam,
Da und dort verstreut auf grauer Öde,
Weiße Tüchlein umgebunden jede,

Also trauernd,
Innerlich vor Frost zusammenschauernd,
Stehn alljährlich sie als Klagebildnis
In des winterlichen Waldes Wildnis.

Christian Wagner

Aus dem Gespräch mit David, Barbara und Eva

David: Es stellt sich die Frage, welcher Trauertag da gemeint ist.

Ute: Was meint ihr?

David: Der Ostersamstag kommt nur in Frage.

Barbara: Ich würde eher sagen, daß da Karfreitag gemeint ist, die Kreuzigung von Christus, und daß sie da halt zusammenstehn und trauern.

David: Ich glaube, das soll so ein Vergleich sein, zwischen der Zeit, wo Jesus gekreuzigt wurde, verglichen mit der heutigen Zeit, wo die Juden halt sehr verstreut sind auf der Welt, und es steht ja auch da »in des Nordens winterlichen Zonen«.

Ute: Barbara, du sagst Karfreitag; wann ist Christus dann wieder auferstanden.

Barbara
und Eva: Am Ostersonntag.

Ute: Also ist der Ostersamstag auch noch ein Trauertag.

Barbara: Ja, das sind zwei Trauertage.

David: Man fragt sich natürlich, warum der Autor gerade den Ostersamstag gewählt hat für das Gedicht. Er hätte ja auch den Karfreitag nehmen können.

Barbara: Vielleicht ist es der Karfreitag.

David: Der Titel heißt: »Anemonen am Ostersamstag«.

Ute: David, die Trauer über ein schreckliches Ereignis hat ja auch verschiedene Phasen, dann wenn es passiert oder gerade geschehen ist …

David: Ist meistens Entsetzen darüber, was passiert ist. Später kommt man dann so in sich und überlegt, *was* passiert ist.

Ute: Und wenn man sich die Anemonen dazu vorstellt, so stumm und zart und sehr verletzlich …

David: Auch so viele auf einem Fleck, wie es ja auch da beschrieben ist: »und in Gruppen sich zusammendrängend« … Es sind sehr viele Wörter, die einen traurig machen, so: »dunkel«, »bleich« kommt da vor, »trüb«, »traurig« …

Eva: »Köpfchen hängend« –

David: »zusammenschauernd« –

Eva: »Graue Öde« –

Ute: Ein Wort kommt da vor, das habe ich noch nirgendwo gehört oder gelesen.

David: »leidgemeinsam«.

Ute: Und diese zwei Zeilen: »Also einsam, / Zehn und zwölfe hier so leidgemeinsam« – versucht das mal zu klären, was das bedeutet.

Barbara: Daß sie alle das gleiche Leid ertragen.

Eva: Aber es doch halt anders ertragen, in sich alleine mit sich tragen, aber doch in der Gruppe sind, die alle das gleiche Leid haben.

David: Ich glaub', daß da ein Vergleich hergestellt wird zwischen diesen Anemonen, die praktisch als einzige Blumen in der Kälte im Wald stehen und den überhaupt einsamen Menschen, die irgendwo, von allen verlassen sind und halt einsam sind.

Barbara: Ich glaub', das ist auch ein Vergleich zwischen den zarten Anemonen, klein und ... gegenüber von der traurigen und einsamen Welt.

Ute: Sie sind da wie ausgesetzt.

David: Verstreut, irgendwie willkürlich, nicht mit Absicht.

Ute: Und ausgeliefert der Kälte und dem Grauen.

Eva: Wehrlos.

David: Also mich erinnert das wirklich sehr an die Juden, auch im Dritten Reich.

Ute: Das ist aber vorher geschrieben.

David: Es ist ganz egal, auf wen man es bezieht, man kann es auch auf alte Menschen beziehen, die allein in irgendeiner Wohnung leben und alleine sind und niemand kümmert sich um sie.

Ute: Manchmal geht's jedem so.

David: Mitleid empfindet er gegenüber den Anemonen und den Frauen.

Barbara: Ich versteh' das nicht ganz. Wie Mitleid, wie meinst du das?

David: Ich glaub', daß niemand so ein Gedicht schreiben könnte, wenn er nicht Mitleid empfinden würde mit den dargestellten Personen, wenn er sich nicht mit ihnen identifizieren könnte, sich in die reinversetzen könnte.

Ute: Ich würde meinen, daß ihn die Geschichte der Kreuzigung und die Vorstellung, was in den Menschen vorgegangen ist, die das miterlebt haben, sehr berührt hat, und es ihn ähnlich berührt, wenn er so im zeitigen Frühjahr durch den Wald geht, und Anemonen sieht, die als erste Blumen dort stehen und oft schon blühen, wenn es sehr, sehr kalt ist.

David: Wahrscheinlich ist es gerade der Beginn der Auferstehung, wo es alles beginnt, seinen Anfang zu nehmen, wie es auch im Frühjahr ist, daß die Knospen praktisch fast schon ganz auf sind, aber der Winter ist noch nicht ganz vorbei. Darum meint er vielleicht gerade den Ostersamstag.

Ute: Und nicht den Karfreitag.

David: Weil das dann der Winter wäre, praktisch, im übertragenen Sinne, auf die Jahreszeiten übertragen.

Eva: Ja, aber ich weiß nicht, ich kann mir da nicht so 'nen Reim draus machen, warum er das nun am Ostersamstag geschrieben hat.

Ute: Der Ostersamstag, der verweist bereits auf etwas.

David: Ja, auf die Auferstehung.

Ute: Auf den Ostersonntag.

David: Und es wird ja alles so etwas dunkel beschrieben, schon wie am Abend vor dem Ostersonntag.

Ute: Und Blumen, und gerade die ersten Blumen im Frühjahr, sind für uns nicht ein Symbol für Trauer, sondern für …

Eva und
David: Freude.

David: Freude auf den Sommer, der jetzt kommt.

Ute: Und Hoffnung auf den Frühling.
Wenn wir das so betrachten, ist es doch nicht so traurig.

Barbara: Nein.

Ute: Grad die Anemonen sind sehr zarte Blumen, aber sehr, sehr starke Blumen auch.

Barbara: Das sind Frauen bestimmt auch!

Eva: Weil sie von außen her zart scheinen, aber doch die Kraft haben, das Kalte zu überstehen.

David: Ich glaub', daß der Autor absichtlich nicht seine ganzen Gedanken gleich verraten hat, sondern wollte, daß der Leser sich selbst nochmal Gedanken macht über das, was er da sagen wollte, sonst rauscht es so vorbei.

Barbara: Es klingt auch viel schöner …

Ute: Er bringt zwei Bilder zusammen in einem. Es gibt da eine Bewegung aus der Vergangenheit ins Heute …

David: Auch in die Zukunft: »so noch heute« – ich kann mir vorstellen, daß es auch noch morgen so ist.

Nach der Begegnung mit diesem Gedicht

✳ Christian Wagner hat viel in der Bibel gelesen. Suche im
Neuen Testament die Absätze auf, die ihm in den Sinn
gekommen sein mögen, als er die Anemonen im winterlichen
Wald sah.

✳ Das Gedicht besteht aus vier Sätzen. Schreibe es einmal
fortlaufend ab, ohne den Zeilenfall des Gedichtes zu beachten. Wie liest es sich nun? Vergleiche mit der Gedichtform.

✳ Versuche, das Thema des Gedichtes in einzelne Worte zu
fassen, etwa »Klage«, »Verlassenheit«, ...

✳ Suche dir den Vers, die Zeile, die dir in diesem Gedicht am
wichtigsten, am liebsten sind.

✳ Stelle einzelne Teile des Gedichtes neu zusammen, so daß
Gedanken und Bilder sich aus dem Ganzen herauslösen.

✳ Am Ende lerne das Gedicht auswendig, oder lies es noch
mehrmals langsam aufmerksam.

✳ Du findest auf der nächsten Seite ein anderes Gedicht Wag-
ners über die Anemonen. Welches von beiden gefällt dir
besser?

✳ Stell dir vor, daß deine Seele nach deinem Tode wandert. In
welcher Blume möchtest du weiterleben?

113

Gefunden bei Christian Wagner

Anemonen

Sag, woher kommen
Die schönen, die frommen,
Die Tausend und Abermillionen
Weißgekleideter Anemonen?

»Wir sind die Kindlein, die abgeschieden
So frühe hinieden;
Nun wohnen wir oben
Im Vaterhause da droben.«

Was tut ihr nun hier
Im Waldesrevier,
Ihr lieblichen Kleinen
Beim Frühlingserscheinen?

»Drum dürfen wir fort,
Jedes an seinen Heimatort;
Auf Ostern da wird Vakanz gegeben,
Drei Wochen lang welch ein Freudenleben!«

»Und drum sind wir hier
Im Waldesrevier
Alle weiß gekleidet. Mägdlein wie Söhnlein
Mit goldenen Krönlein.«

Zeitlosen

Es muß schon spät sein, spät sein in der Nacht,
Daß sich die Spinnerinnen fortgemacht;
Die Knaben und die Mädchen und das Kind
Längst in die Kammer schlafen gangen sind.

Nur zwei der Kinder haben keinen Schlaf,
Sie spielen noch mit Schäfer und mit Schaf;
Doch Mutter löscht das Licht, und so allein
Will keines mehr am Tisch das Letzte sein.

Die Spinnerinnen, die soeben fort,
Zeitlosen sind es, die verwelkt, verdorrt;
Die Kinder, die vom Spiel nicht wollen gehn,
Sind Glockenblümchen, die am Hange stehn.

Über Christian Wagner

»Wie ich dazu komme, als einfacher Landmann Gedichte zu schreiben, fragen mich die Leut. – Ich weiß es selbst nicht, oder richtiger gesagt: Weil ich muß. – Jede Blume erzählt mir ihre Geschichte, und vollends wann ich durch den Wald gehe. – Ja! du heiliger, geliebter Wald! Tagelang wollte ich in dir verweilen, ohne je müde zu werden, dich anzuhören, und mir von dir erzählen zu lassen. Aber manchmal empfinde ich schwer, daß der von Feldarbeit ermüdete Leib nicht hören und sehen kann ...« »Wie ich eigentlich zum Dichten gekommen bin, weiß ich selbst nicht. Schon in meiner Jugend hatte ich größeren Genuß allein zu sein, als mit meinen Altersgenossen mich herumzutreiben und war deshalb ihr Gespött.« So schrieb Christian Wagner über sich selber.

Er übernahm die Landwirtschaft des Vaters mit Schulden, hat zeitlebens sehr karg in zwei Stübchen gelebt und ist immer arm geblieben. Den Weg bis nach Stuttgart machte er auch im Alter noch zu Fuß, das sind 17 Kilometer. In seinem Dorf Warmbronn, wo heute eine Straße seinen Namen trägt, blieb er ein Außenseiter. Freundschaft und Anerkennung fand er bei den Lesern, die ihn daheim aufsuchten oder zu Vorträgen einluden.

Christian Wagner glaubte an Seelenwanderung, spürte in Pflanzen und Tieren die Nähe von Verstorbenen und fühlte sich mit ihnen verbunden. Das hat ihn getröstet, und Trost brauchte er. Seine erste Frau gebar ihm vier Kinder, zwei Buben und zwei Mädchen. Alle vier lebten nur kurze Zeit, und ihre Mutter starb bei der Geburt des letzten Kindes. Mit seiner zweiten Frau hatte er drei Kinder, die ihm blieben, aber er verlor die Frau, die wahnsinnig wurde und in einer Anstalt starb.

Christian Wagner durfte in den späten Jahren seines bescheidenen Lebens nach Italien fahren, Freunde und Bewunderer

115

haben ihm die Reise bezahlt, von der er viele seiner eigenartigen Gedichte mitbrachte. Auch sein Wunsch, das Haus, in dem er seine zwei Stübchen hatte, möge erhalten bleiben, hat sich erfüllt: Es gibt dort nun das »Christian Wagner Museum«. In seinem Testament hatte er geschrieben: »Es sollte ein Ort sein, wo bei Schneefall in strengem Winter Vögel gefüttert werden.«

Christian Wagner wurde 1835 in Warmbronn bei Stuttgart geboren und starb dort 1918.

das ohr

hallo, ich bin das ohr.
können sie mich hören?
ich imitiere
den schlag der uhr.

und jetzt
versetzen sie sich bitte auf die straße,
ich bin pferd
und milchwagen.

mein kollege
liegt auf ihrem arm
und schläft schon.

gestatten sie
dass ich mich zurückziehe
in ihren wecker.

ernst jandl

Aus dem Gespräch mit Anna, Martin, Sabine und Alissa

Ute: Wer spricht in dem Gedicht?

Mehrere: Das Ohr.

Ute: Hast du es schon mal gehört?

Anna: Nee. Ich nicht, so richtig, daß es sich mit mir unterhält.

Ute: Bist du überhaupt bekannt mit deinem Ohr, Anna, mit deinen Ohren? Hast ja zwei davon.

Anna: Nö.

Martin: Ja gut, ich kenne sie schon. Aber ich weiß nicht, was sie für Gedanken haben.

Sabine: Ich weiß, wie sie ausschauen, aber ich weiß nicht, was die da drinnen machen.

Martin: Sie können ja Karten spielen oder sonst was. (Lachen)

Alissa: Pokern.
           Oder mit Hammer und Amboß: Pch, pch! Und mit Steigbügel Pferd spielen.   (Lachen)

Ute: Ihr habt das Ohr gerade durchgenommen in der Schule.

Martin: Heute früh.

Ute: Heute früh! – Wenn man sagen würde, eines von deinen Ohren wär das und spricht so, welches von deinen Ohren wär das, das linke oder das rechte?

Alissa: Das rechte. Rechts ist meine Schokoladenseite.

Anna: Das linke.

Martin: Bei mir mal abwechselnd. Ich weiß nicht so recht.

Ute: Ist ja komisch, daß es nur heißt »das Ohr«.

Anna: Sind ja schließlich zwei Ohren.

Alissa: Das Trommelfell ist doch für beide Ohren das gleiche, oder nicht?

Ute: Oh, Alissa, da hast du heute morgen nicht so gut aufgepaßt! Jedes Ohr hat ein eigenes Trommelfell.

Alissa: Aber das Gehirn nicht.

Ute: Das müssen sie sich teilen. Da treffen sie sich und pokern, oder wie. (Lachen) Es fängt an: »Hallo, ich bin das Ohr, können sie mich hören.« (Lachen)

Anna: Können sie mich hören! Das Ohr fragte: Können sie mich hören.

Alissa: Das Ohr stellt sich selber vor.

Martin: Normalerweise sagen wir: Das ist mein Ohr, meine beiden Ohren.

Sabine: Das hab' ich noch nie gesagt: Hallo, hier, schau mal, hier, das ist mein Ohr.

Anna: Nee, hallo, ich bin dein Ohr. Sagt man ja nicht.

Ute: Vielleicht hörst du es bloß nicht.

Martin: Das Ohr ist ja nur dazu da, daß es alles mitkriegt, was von außen kommt, nicht sich selbst.

Ute: Wenn ihr euch den Text anschaut ...

Alissa: Ist alles klein!

Martin: Aber schön geschrieben.

Ute: Schöne Schrift, meinst du. Aber alles klein.

Martin: Ja, ist doch egal.
           Man kann's ja lesen.

Ute: Genau. Aber egal?

Anna: Morgen schreiben wir alle in der Schule alles klein!

Ute: »ich imitiere den schlag der uhr.«

Alissa: Was ist denn »imitiere«?

Anna: Das Ohr macht den Schlag der Uhr nach.

Alissa: Da müßt' es ja Zauberkräfte haben.

Ute: Und dann im zweiten Vers: »ich bin pferd und milchwagen.«

Sabine: Man stellt sich ein Ohr vor und dann das als Pferd und Milchwagen.

Anna: Und dann plötzlich zwei Sachen: ein Pferd und ein Milchwagen.

Alissa: Es sind ja zwei Ohren.

Ute: Können sich streiten, wer Pferd ist und wer Milchwagen: Ich will Pferd sein! So wie ihr beim Spielen. Ist für euch doch völlig normal, hin und wieder Pferd zu sein.

Martin: Ja. Aber Milchwagen!

Anna: Man kann sich auch nicht vorstellen, daß man plötzlich vier Räder hat und da rumgezogen wird.

Ute: Aber vielleicht hat das Ohr ein bißchen mehr Phantasie als ihr.

Martin: Stimmt.

Ute: Wer ist der Kollege? Mein Kollege?

Anna und   Das andre Ohr!
Sabine: Das liegt auf dem Arm, also so, und schläft. Chrr!

Alissa: So wie's der Martin macht. Aber das liegt ja auf
der Hand.

Ute: Meinst du, das schnarcht?

Anna: Das hören wir ja nicht, also können wir das nicht
wissen.

Ute: Aber du hast es dir gleich so ausgedacht, daß es
schnarcht. – Und dann im letzten Vers: »gestatten sie
dass ich mich zurückziehe in ihren wecker?«

Sabine: Damit es am nächsten Tag den Wecker wieder hören
kann, zum Aufstehen.

Ute: Was ist eigentlich mit den Ohren, wenn ihr schlaft?

Alissa: Also, egal ob du wach bist, oder ob du schläfst, die
hören trotzdem. Bloß ich hör' und die andern hören
halt nichts.
Die Ohren sind halt die meiste Zeit wach.

Sabine: Manchmal hör' ich in der Nacht auch Geräusche,
obwohl ich schlafe.

121

Ute: Aber wenn du richtig schläfst?

Martin: Dann nicht. Dann schläft bei mir alles.

Anna: Dann hört man nichts.

Alissa: Aber wenn man schlummert, dann hör' ich viel!

Ute: Vielleicht sind deine Ohren dann erst recht lebendig.

Anna: Vielleicht schläft das Gehirn und die Ohren nicht.

Martin: Aber eigentlich kann das Ohr nicht schlafen, weil: das geht nicht zu.

Anna: Kann man ja keinen Deckel drauftun und dann kommt da nichts mehr rein.

Alissa: Oder Watte.

Anna: Und wenn man sich die Ohren zuhält, so, dann kriegt man immer noch was mit.

Ute: Wenn man ganz fest reindrückt, da hört man meistens... Mach mal! Mach mal!

Anna: Da hört man so'n komisches Rauschen.

Sabine: Wie'n Wasserfall hört sich das an.

Ute: Aber da ist keiner. Ist da einer?

Sabine: Nee!

Ute: Oder Pferd und Milchwagen? Mal horchen!

Anna: Es ist auch so ein Gepolter, wie Donner.

Martin: Wie ein Milchwagen auf der Steinstraße, leer.

Anna: Wie Getrappel von Pferden.

Ute: Hört ihr, wenn ihr abends einschlaft, auch noch
            Geräusche?

Martin: Ja.

Anna: Ich hör' immer meine Uhr, die tickt so laut.

Ute: Was für eine Uhr ist das?

Anna: 'ne große Wanduhr.

Sabine: Oder wenn die Mama im Wohnzimmer fernschaut,
            das hört man auch.

Martin: Oder wenn du Hamster hast, dann machen die am
            Abend auch Remmidemmi. Der hat drei Hamster,
            der Maxl, und die machen die ganze Nacht lang
            durch. Immer wieder: quietsch, quietsch, klapper,
            klapper.

Ute: Vielleicht unterhalten die sich mit seinem Ohr.

Martin: Wer weiß.

Alissa: Zum Beispiel:
            Herr Ohr rechts, wie geht's ihnen denn?

Anna: Sie sind ja krank, Herr Ohr links. Sie haben ja
            Schnupfen, sie brauchen ein Ohrtaschentuch.

Sabine: Vorstellen kann man sich das schon.

Martin: Weil das Ohr hört uns, aber wir das Ohr nicht.

Sabine: Wenn wir jetzt reden, dann hören wir uns ...

Ute: Und wer weiß, was das Ohr sich dabei denkt.

Martin: Alles mögliche.

Anna: Das denkt vielleicht dann: Das hättest du nicht sagen sollen! oder so.

Sabine: Da ist es beleidigt.

Ute: Und hört nicht mehr richtig hin. – Mich wundert's, daß keiner von euch etwas darüber gesagt hat, daß es in diesem Gedicht keine Reime gibt.

Anna: Das hat mich schon gewundert.

Martin: Also das hörst du ja schon am Namen »Jandl«. Das gab's damals noch nicht.

Ute: Das versteh ich jetzt nicht.

Alissa: Ein neumodischer Name.

Anna: Jandl, das hört sich irgendwie so an wie Mandl.

Ute: Du meinst, wenn einer Jandl heißt, ...

Sabine: Kann er keine Gedichte machen, die sich reimen.

Alissa: Ich hab' noch nie ein Gedicht gesehen, das keinen Reim hatte.

Anna: O doch, ich schon.

Martin: Jetzt sind die zum Teil faul, die so Gedichte machen. Weil sie keinen Reim finden, machen sie's dann ohne. (Lachen)

Ute: Meinst du?

Martin: Ja, mir ist es mal fürchterlich schwergefallen, ein Gedicht mit Reimen zu machen.
Und da denk' ich, manche sind zu faul, und zwar wirklich zu faul.

124

Ute: Und warum schreibt er alle Wörter klein?

Martin: Ja, halt, da kann er nichts dafür. Das ist ja gedruckt.
          Das hat ja nicht er gedruckt.

Ute: Das war wohl seine Idee, daß man das so macht, der
          Jandl macht das immer so, schreibt alles klein.

Sabine: Vielleicht möcht' er irgendwie ungewöhnlich sein.

Martin: Irgendwas Besonderes halt.

Anna: Weil das nicht der Mensch ist, sondern das Ohr, was
          das sagt.

Sabine: Das Ohr achtet ja wahrscheinlich nicht so auf die
          Rechtschrift. Nur so wie sich's anhört.

Martin: Es kriegt ja alles mit, was wir in der Schule lernen,
          daß am Satzanfang man groß schreibt und wann man
          groß schreibt. Daß man Anredefürwörter groß
          schreibt. Das kriegt's ja alles mit. Und was man klein
          schreibt. Also müßt' es ja eigentlich rechtschreiben
          können. Vielleicht hat ja der Ernst Jandl nicht
          mitgekriegt in der Schule, daß man manchmal groß
          schreibt.

Ute: Soll ich dir was verraten? – Der war Lehrer!

Martin: Ach so. (Lachen)

Ute: Der soll das wohl gewußt haben.

Anna: Ich glaub', in der Schule hat er eher groß geschrieben
          als klein.

Ute: Meine Ohren sind ganz heiß geworden von dem
          ganzen Über-die Ohren reden.

Alissa: Meine sind ganz kalt.

Anna: Ist ja auch interessant für die Ohren, wenn wir hier dauernd über's Ohr sprechen.

Ute: Ob denen das Gedicht gefällt?

Alissa: Wenn sie kalt sind, nicht. Wenn sie warm sind, sagen sie: O, toll, ist das schön!

Sabine: Meine werden immer wärmer jetzt.

Anna: Meine werden heiß, glühend heiß! Naja, nicht glühend, aber total heiß.

Alissa: Der bittet was, und am Ende fragt er, zum Beispiel beim ersten Satz: »jetzt versetzen sie sich bitte auf die straße.« Und beim letzten Satz: »gestatten sie, daß ich mich zurückziehe.«

Anna: Also da fragt er, ob er sich zurückziehen darf.

Ute: Es ist überhaupt ein sehr höfliches Ohr!

Anna: Ja, wirklich!

Sabine: »liegt auf *ihrem* Arm« und nicht »liegt auf *deinem* Arm«.

Alissa: Aus feinerem Hause.

Ute: Genau! Das ist per Sie mit dem Menschen.

Anna: Es hat mehr Respekt.

Sabine: »können *sie* mich hören«, »versetzen *sie* sich bitte«.

Anna: »mein kollege liegt auf *ihrem* arm.«

Alissa: In jedem Vers ist ein Sie drin.

Ute: In jedem Vers wird es nochmal betont, diese Förmlichkeit. Aber da alles klein geschrieben ist, ist uns das erst mal überhaupt nicht aufgefallen, sonst würde man das Sie ja großschreiben.

Anna: Ja, stimmt!

Sabine: Ich finde die beiden ersten eigentlich am schönsten, weil es sich erst vorstellt, und dann erst zu erzählen anfängt.

Ute: Das ist eben die höfliche Art!

nach der begegnung mit diesem gedicht

in dem buch von jandl, aus dem wir dieses gedicht haben, steht als vorspruch: »mein schreibtisch ist gedeckt für alle.« dort ist das gedicht auch in einer ganz anderen, modernen type gedruckt, da jandl sich aber selber als experimenteller lyriker versteht, haben wir uns erlaubt, sein gedicht hier einmal versuchsweise in einer eher altmodischen type zu drucken.

✳ experimentiere mit dem gedicht, indem du es anders abschreibst: als fortlaufenden text, mit der üblichen groß-schreibung der namenwörter und satzanfänge, in schreib-schrift oder druckschrift, mit schreibmaschine … beobachte, wie sich das gedicht dabei verändert.

✳ suche dir ein textstück, das dir gefällt, und schreibe es in konsequenter kleinschreibung ab, was verändert sich?

✳ horche einmal mit geschlossenen augen, wie dein ohr die welt ringsum wahrnimmt.

✳ kannst du nur mit einem ohr hören und das andere schlafen lassen? versuche es! mit welchem ohr hörst du lieber?

✳ laß ein ohr, vielleicht eins mit beinen, durch bilder gehen, was erlebt es da?

✳ vergleiche die ohren deiner freunde. gibt es zwei, die sich gleichen?

✳ das ohr hier zieht sich am ende in den wecker zurück. wohin möchte dein ohr sich zurückziehen?

✳ mach sprechexperimente mit diesem gedicht.

✳ erfinde selbst einen text, vielleicht ein gedicht, das etwa so anfängt: »hallo, ich bin die nase« oder »hallo, ich bin der arm«.

✳ was möchtest du gerne herzeigen wie jandl? tu's!

Wenn in Höhlen
Trommeln dröhnen,
wenn in Schlössern
Flöten tönen
und im Walde
Hirsche röhren,
Kröten mit Gesang
betören,
Königsmörder
böse stöhnen,
Löwen sich
an Milch gewöhnen ...
soll uns niemand,
niemand stören,
weil wir wieder
Märchen hören.

Ute Andresen

über ernst jandl

er ist ein verfechter der konsequenten kleinschreibung, auch satzanfänge und namen schreibt er klein, und in seinen büchern sind selbst die angaben über verlag und herstellung klein geschrieben, offenbar besteht er darauf oder es wirkt ansteckend.

ob er als deutschprofessor am gymnasium erlaubt, daß auch seine schüler alles klein schreiben, müßte man herausfinden, man könnte ihm ja einmal schreiben, nach wien, dort lebt er.

weil er ein lebender dichter ist und es keine biographie über ihn gibt, die interessante einzelheiten aus seinem leben beschreibt, und weil er eben alles irgendwie anders zu sehen scheint als die meisten anderen menschen und es darum schwer ist, ihm wirklich gerecht zu werden, wird hier nichts weiter über ihn gesagt, als was er selber einmal geschrieben hat (s. u.).

ernst jandl wurde am 1. august 1925 in wien geboren, er war im krieg und in gefangenschaft, studierte danach germanistik und betrachtet das dritte reich und hitler als etwas, was nicht nur in deutschland, sondern auch in österreich wurzelt, soviel läßt sich wahrscheinlich objektiv sagen.

flächen überzieht
dinge verhüllt
an kleidern hängt
aus winkeln quillt
regale füllt
im lichte spielt
staub, mein verstreutes ebenbild

ernst jandl

gefunden bei ernst jandl

die ersten schritte

etwas zu machen das man herzeigen kann hat mir immer schon spass gemacht. darum habe ich als kind gern gemalt. etwas zu machen das man dann auch praktisch benützen kann oder etwas zu machen bei dem man durch lange zeit immer die gleichen bewegungen machen muß z. b. sägen oder bei dem man zuerst lauter einzelne uninteressante dinge machen muß bevor man sie zu einem einzigen ding zusammensetzen kann das dann vielleicht interessant ist hat mir nie spass gemacht. darum habe ich als kind nicht gern gebastelt. mein vater hat auch gemalt und daher hat es mein vater gern gehabt wenn ich als kind gemalt habe. aber mein vater hat alles immer ganz wirklich gemalt und dabei durch lange zeit immer die gleichen bewegungen machen müssen und immer schauen müssen ob das was er gemalt hat so war wie etwas das er nicht gemalt hat und das überhaupt nicht gemalt sondern wirklich war, und so zu malen habe ich auch probiert aber immer bald aufgehört denn so zu malen hat mir keinen spass gemacht. für mich war wirklich malen wie mein vater wirklich malte kein wirklich malen sondern wirklich malen war für mich aus der fantasie malen, das war wirklich malen. unser hausarzt dr. tittel hat gesehen was ich gemalt habe und hat zu meinem vater gesagt passen sie auf dass sein talent nicht verkümmert aber zum beruf des kunstmalers wurde ich trotzdem nie von meinen eltern ermutigt denn das ist ja kein beruf von dem man leben kann und ich habe ihn auch nicht ergriffen. es war vielleicht auch gar nicht das malen sondern das machen von etwas das man herzeigen kann das mir immer schon spass gemacht hat und das man mit allem möglichen machen kann nicht nur mit malen. wie meine mutter dann angefangen hat gedichte zu schreiben war ich noch in der volksschule und habe auch damit angefangen und sie ihr gezeigt und sie haben ihr gefallen und eines ist dann auch am sonntag im neuigkeits-weltblatt erschienen aber nur auf der kinderseite und nicht mit meinem ganzen namen sondern nur mit einer abkürzung oder meinem vornamen, es war ein gedicht über den winter. [...]

den schupp der viele kinder gehabt hat und die drei jahre im schottengymnasium mein klassenvorstand gewesen ist und immer heben und schleudern gesagt hat und später in jugoslawi-scher gefangenschaft elend umgekommen ist habe ich bei der aufnahmsprüfung in deutsch gehabt und wie ich in den aufsatz das gedicht

> das buch das ist mein liebling
> dem ich nur danken kann
> und wenn ich etwas lese
> so fühl ich mich wie n' mann
> hat man mir 's buch genommen
> sag ich: schau gib es mir
> dann les ich von manchem könig
> und manchem kavalier

das ich zu hause gemacht habe hineingeschrieben habe hat er mich gleich gefragt ob ich das gerade gemacht habe und ich habe gesagt nein zu hause und mir gedacht ob es etwas macht aber mich nicht zu fragen getraut und es hat dann nichts gemacht. jetzt denke ich mir, so wie ich es mit dem malen nicht gemacht habe hätte ich es auch mit dem schreiben nicht machen müssen, sondern hätte es, wenn ich es nicht doch mit dem schreiben gemacht hätte, auch mit etwas anderem machen können, denn was mich wirklich interessiert ist weniger das woraus es gemacht wird als dass es eine sache ist die gemacht wird damit man sie herzeigen kann, und die die leute anschauen und über die sich die einen freuen und die andern ärgern, und die zu nichts sonst da ist.

(august 1970)   (gekürzt)

Die Spitzen der Pyramiden blitzen.
Die alten Ägypter
haben triumphierend
ihr Werk vollendet
und verstummen.
Nun gähnen sie
in ein gemeinsames
elfenbeinernes Gähnkästchen
putzen ihre Augen
aus Spiegelglas spiegelblank
und verneigen sich
vor einem gewaltigen hornbewehrten
einbalsamierten Falter.
Warum sollten sie nicht
auch Atem schöpfen?
Sie schöpfen also einige Male
und begeben sich alsdann
mit frischen Kräften
jubilierend trillernd schmetternd
an den Bau der nächsten Pyramide.

Hans Arp

Aus dem Gespräch mit Antonia, Franziska, Max und Maxl

Ute: Was denkt ihr, wenn ihr das Wort DADA hört?

Mehrere: An Babys.

Antonia: Weil Babys immer Dada sagen.

Ute: Aber DADA, das ist eine bestimmte Kunstrichtung auch. Vor ungefähr siebzig Jahren, da lebten eine ganze Menge Künstler, Schriftsteller und Bildhauer und Maler, die nannten ihre Kunst DADA. Und das hatte schon was mit Kindern zu tun. Sie hatten nämlich in einem französischen Wörterbuch das Wort Dada gefunden, und das sagen französische Kinder, kleine Kinder, zu Pferd: Dada.

Franziska: Ach so, und die tun Pferde künsteln.

Ute: Alles mögliche tun sie künsteln. Der Hans Arp, von dem das Gedicht ist, das wir gleich hören, der hat zum Beispiel so kleine bewegliche Figuren gebaut und hat sie in Zürich auf der Straße hinter sich hergezogen, so wie ein Kind seine Ente hinter sich herzieht. DADA! –
Aber zum Gedicht.

Franziska: Also, in Pyramiden, wenn man da reingeht, da sind so ganz komische Gemälde oder so Steine reingemacht so, ich weiß auch nicht.

Ute: Wieso komisch?

Franziska: Das ist einfach keine deutsche Art zu malen.

Antonia: Mit so ganz tollen Augenbrauen.

Maxl: Die Gesichter, die seh'n manchmal wie Vögel, ganz verschieden, wie Tiere aus.

Antonia: Die ägyptischen Zeichnungen seh'n eigentlich fast alle gleich aus, die Gesichter.

Franziska: Die sind auch so zackig gemalt, gar nicht hier so rund, so tsch tsch!

Maxl: Die Beine, die strecken sie meistens auch wie die Hände: So, oder so.

Ute: So um die Ecke? – Was wißt ihr noch?

Antonia: Das ist große Arbeit, und daß es irgendwie so Gräber von so Königen oder Pharaonen sind.

Maxl: Warum bauen die die überhaupt? Nur für Gräber. In ein so'n Ding, in eine so'ne Pyramide passen doch abertausende Menschen rein. Es paßt natürlich mehr als ein Pharao in so eine Pyramide rein.

Franziska: Wie sind die eigentlich auf diese Form gekommen?

Ute: Das weiß ich gar nicht. – Es paßt mehr als ein Pharao in eine Pyramide rein. Allerdings. Aber: Haben die sich eine geteilt, mehrere?

Franziska: Nee.

Antonia: Dann kommen da noch die ganzen Schätze rein von denen.

Ute: Zum Teil haben sie Diener mit reingenommen.

Mehrere: Iiii! – Tote?

135

Ute: Nein, lebendige.

Mehrere: Iiii! – Die kriegen dann nichts zu essen? Die müssen dann auch verhungern?

Ute: Die mußten dann sterben.
Was beschreibt jetzt dieses Gedicht?

Antonia: Die Pyramiden sind da, und Wüste...

Maxl: Wüste und Steine und paar verdorrte Sträucher, Pyramiden und so'n paar Stände.

Ute: Und ich stell' mir da so'ne große Baustelle vor.

Franziska: Mit so ganz vielen Ägyptern. So ganz vielen Sklaven. Und die tun da so mit Steinen da so schleppen.

Ute: Und die gehen alle so eckig. (Gelächter) Und was tun diese eckigen Ägypter da auf der Baustelle?

Maxl: Die arbeiten.

Franziska: Ich hab so'n Bild gesehen, und da waren so viele Ägypter, und die haben da so einen Stein transportiert, und einer stand da auf so'ner selbstgebauten... so wie so'n Floß sah das aus, und der hat dann immer so Wasser hergeschüttet, dann tut das viel besser rutschen. Und ganz viele haben da gezogen.

Ute: Ob denen das Spaß macht?

Mehrere: Nee! Nie! Die wurden gezwungen.

Franziska: Ich würde gerne der mit dem Wasser sein in Ägypten, dann kann man sich schnell mal so ... wenn einem dann so heiß wird, dann kann man sich was drüberschütten.

Ute: Haben die das freiwillig gemacht?

Mehrere: Nee! Nie!

Franziska: Die sind da ausgewählt worden. Wer tut denn schon gern arbeiten?

Ute: Der Hans Arp sieht das offenbar anders!

Maxl: Ach so, die waren stolz darauf, daß sie sowas bauen durften!

Max: Sie freuen sich ja!

Antonia: Sie sind stolz, daß sie eine gemacht haben, und freuen sich schon, wenn die nächste fertig ist.

Franziska: Also die sind freiwillig dahingegangen! – Oder die wollten ihrem Herrscher was Gutes tun, oder weil er so gut geherrscht hat.

Maxl: Aber warum werden sie von diesem einbalsamierten Falter wieder zu neuen Kräften gebracht? – Erst »gähnend«, und dann »jubilierend, trillernd, schmetternd« an den Bau der nächsten Pyramide! Wenn ich so'n komischen Falter seh', hab' ich keine Lust darauf, eine Pyramide zu bauen.

Ute: Einen »gewaltigen, hornbewehrten, einbalsamierten Falter«, und dann ordentlich verbeugen! Wer weiß, Maxl, vielleicht fährt dann auch die Bauwut in dich.

Franziska: Ganz schnell plötzlich Stein für Stein holen.

Antonia: Aber das Gähnkästchen!

Maxl: Wie als wenn das ein Kästchen wär, wo man reingähnen tut und die Gähner sammeln tut.

Franziska: Man geht da so rein, und dann gähnt man, und dann schaut man den Falter an, und dann ist man wieder fröhlich für die nächste.

Ute: Und auch noch kostbar ist es, elfenbeinern.

Franziska: Dann ist es wahrscheinlich ein Schatz von dem...

Ute: Die Gähner?

Franziska: Nein, das Kästchen von dem Pharao.

Ute: Und warum wird da reingegähnt?

Franziska: Man kann ja nicht – haaa! – plötzlich so machen, man hält ja die Hand vor. Wahrscheinlich hat er dann immer sein Gähnkästchen vorgehalten. (Gelächter)

Ute: So wie man heute zu den Kindern sagt: »Halt die Hand vor'n Mund!« so sagte man da: »Nimm das Kästchen!«

Antonia: Aber da saugt man doch die ganzen wieder rein in den Mund, die ganzen Gähner.

Ute: Das steckt dann an.

Max: Wenn dann ganz viele Gähner da sind, mit denen wird dann was gemacht.

Antonia: Eine Gähnpyramide.

Franziska: Da gähnen dann halt alle rein, und dann ist soviel Gähnstoff drin. Und wenn man Lust zum Gähnen hat, geht man einfach rein, und dann gähnt man.

Max: Wäre doch dumm, wenn man immer zum Gähnen extra in eine Pyramide reingehen muß.

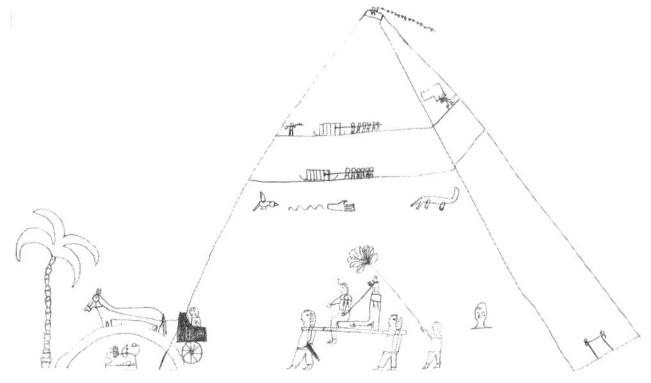

Maxl: Dann muß man ja schneller als 'ne Rakete sein, um bei der nächsten Pyramide zu sein. Die ist ja nicht überall.

Ute: Aber Kästchen kann's ja mehrere geben. In jedem Haushalt.

Franziska: Aber von den Ärmeren, die sind dann ja nicht aus Elfenbein.

Ute: Sondern?

139

Franziska: Aus Holz – Ich würde auch lieber in ein Holzkäst-
chen gähnen.

Maxl: Gähnen ist ja nichts besonders Tolles, daß man da
gleich ein Elfenbeinkästchen für haben muß, für die
dummen Gähner.

Ute: Dieses Gähnkästchen ist ein »gemeinsames« Gähnkästchen.

Max: Das muß ja ein riesiges Kästchen sein!

Franziska: Wer gähnt denn da rein?

Ute: Ja, wer gähnt rein? – »Nun gähnen sie«... Wer?

Franziska: Sie!

Max: Die Ägypter.

Franziska: Alle Ägypter aus einem Gähnkästchen?

Ute: Schau doch in den Text. Franzi!

Antonia: Die, die gerade die Pyramide gebaut haben.

Max: Aber sie dürfen doch beim Bauen nicht so müde sein,
sonst schlafen sie ein.

Ute: Sie sind doch gerade fertig mit einer.

Max: Aber wenn sie dann wieder anfangen mit einer.

Maxl: Das kapier' ich nicht. – Wenn das so'n kleines
Kästchen ist, dann fliegt doch das ganze Gegähnte
wieder alles raus.

Max: Muß man es ganz schnell zumachen, daß es nicht
entwischt.

Ute: Und wenn der nächste reingähnt?

Max: Ja, dann kommt das raus und das wieder rein. Dann
            ist immer noch soviel drin.

Franziska: Dann ist es wieder sauber.
            Und dann läßt er es noch ein bißchen offen zum
            Auslüften und dann kommt der Nächste.

Ute: Vor allen Dingen muß man bedenken, daß den
            meisten Menschen es schon zu unbequem ist, die
            Hand vor den Mund zu halten beim Gähnen. Und
            dann erst noch so'n Gähnkästchen… Ja, jetzt
            gähnst du! Wenn man bloß davon redet. – Und das
            müßte man noch rumgehen lassen, das Gähnkäst-
            chen, und warten, bis man dran ist. – Jetzt gähnt ihr
            ja alle.

Franziska: Immer beim Abendgebet, da tut der Papi plötzlich
            anfangen zu gähnen, und dann gähnt die Mami und
            dann gähn' ich und dann müssen wir wieder von
            vorn anfangen mit dem Gebet.

Antonia: Ja, Franzi, dann mußt du halt probieren, nicht zu
            gähnen, dann mußt du weiterquasseln, dann setzen
            die wieder ein.

Ute: Antonia, nicht quasseln, beten! Das ist was ande-
            res. (Gelächter und Gegähne)

Ute: Mal gucken: Haben wir da noch etwas drin, was wir
            noch nicht besprochen haben?

Antonia: Mit dem Atemschöpfen. – »Warum sollten sie nicht
            auch Atem schöpfen.« – Ist es sowas Tolles, Luft zu
            holen?

141

Franziska: Aber warum *sollen* sie? Sie schöpfen doch die ganze Zeit. Warum *sollen* sie? Warum sollen sie *jetzt* nicht Atem schöpfen? Haben sie vorher nicht geatmet?

Maxl: Vielleicht hat das was mit diesem »jubilierend, trillernd, schmetternd« zu tun, daß sie wieder aufgemuntert sind.

Antonia: Aber was ist jetzt DADA?

Ute: Das ist ein DADA-Gedicht. Genau.

Franziska: (Lacht)

Ute: Warum lachst du jetzt?

Franziska: Weiß ich nicht.

Franziska: Der schreibt aber ganz schön verrätselte Gedichte. Auf den ersten Blick kann man da gar nicht erkennen, worum es da geht.

Maxl: Ich auch, weil viel bessere Sachen gab's ja da gar nicht.

Max: Ich will nicht gern so'n schweren Stein da schieben.

Maxl: Und so'n Mann will ich auch nicht sein, der die ganze Zeit da so rumpeitscht.

Ute: Warum braucht es denn die mit den Peitschen?

Maxl: Ja, weil die sonst ja nicht vorwärtsgekommen wären, weil sie sonst eingeschlafen wären.

Max: Ich denk, sie machen es so aus Spaß, dann brauchen sie doch keine Peitsche, um angetrieben zu werden.

Antonia: Ganz aus Spaß werden sie es auch nicht gemacht haben.

Ute: Aber die hier, von denen Hans Arp uns erzählt...

Max: Die freuen sich über ihre Pyramide, da müssen sie doch nicht gepeitscht werden.

Franziska: Ja, warum gab's die denn?

Ute: Wen?

Franziska: Ja, diese Peitschen.

Ute: Ja warum gab's die Peitsche?

Franziska: Damit sie halt nicht einschlafen, daß sie halt zügig gehen.

Ute: Damit sie weiter jubilieren? (Gelächter)

Maxl: Dieses »Spiegelglas spiegelblank!«

Max: Was die dann für Augen haben!

Franziska: Spiegelblanke Augen!

Max: Die können ja nur in eine Richtung schauen, wenn alles aus Spiegel ist. Das kann doch nicht sein, ein Mensch mit Augen aus Spiegel! Das kann nicht sein!

Maxl: Dann müßte man sich ja immer vor sich selber sehen.

Franzi: Nein!

Maxl: Es kommt natürlich drauf an, wie die Spiegel gedreht sind. Wenn sie nach vorne gedreht sind, dann sieht man natürlich das da vorne. Aber wenn sie falschrum gedreht sind, dann sieht man eigentlich nur seine Augen von innen.

Antonia: Ja, genau, von innen, die Augen.

Ute: Vielleicht! – Gefällt euch das Gedicht? Ja? – Warum?

Franziska: Weiß ich nicht.

Ute: Kannst du dir vorstellen, da dabei zu sein?

Max: Ja, vorstellen kann ich mir das schon.

Ute: Franzi hat ja schon gesagt, was sie tun würde. Sie würde auf dem Stein stehen, und das Wasser nicht nur von vorne hinkippen, sondern auch über'n Kopf. Was würdest du machen, Maxl?

Maxl: Jubilieren tun sie dann ja nicht. Sie jubilieren halt so lange, bis sie ziehen müssen.

Ute: So wie Hans Arp das schildert, war das ein fröhliches Völkchen, die Ägypter.

Franziska: Ich weiß aber immer noch nicht, warum es diese Peitschen da gab.

Ute: Das ist die Frage!

Nach der Begegnung mit diesem Gedicht

Wahrscheinlich muß man eine Menge wissen über das Leben im alten Ägypten, um den respektlosen Witz des Gedichts ganz erfassen und genießen zu können. Es beschreibt lächelnd und ernsthaft eine scheinbar idyllische Szene vor ehrfurchtgebietendem Hintergrund und sagt doch vernehmlich: »Die spinnen, die alten Ägypter!« Dieser Haltung kann man sich nähern:

✳ Zettelt eine große Gähnerei an. Versucht es auch in Menschengruppen. Bietet den Gähnenden an, sich in ein Gähnkästchen zu erleichtern.

✳ Baut eine Pyramidenlandschaft aus Klötzen, Sand und Spielfiguren.

✳ Geht morgens und nach jeder Unterrichtsstunde wieder neu jubilierend, trillernd, schmetternd an die Arbeit. Lehrer mitmachen!

✳ Sucht Bilder von monumentalen Bauwerken und überzeichnet oder überklebt sie mit fröhlichen Bautrupps.

✳ Stellt in »ägyptischer« Haltung und Kostümierung das Leben am Fuße der Pyramiden dar. Als Schattenspiel wirkt es vielleicht noch fremder. Nehmt ihr den Tageslichtprojektor als Lichtquelle, könnt ihr Kulissen und Requisiten auf die Leinwand projizieren.

✳ Sammelt Informationen aus Büchern über Ägypten unter dem Titel »Die spinnen, die alten Ägypter!«

✳ Zerschneidet das Gedicht, laßt die Schnipsel auf ein zweites Blatt sinken und schiebt daraus etwas Neues zurecht.

✳ Malt auf ein Blatt einen wolkigen Klecks mit Wasserfarben, drückt ein zweites Blatt darauf, so daß der Klecks verdoppelt wird, und macht nun zu zweit jeder aus einem der Kleckse mit Stiften etwas »Ägyptisches«.

Gefunden bei Hans Arp

□ Einen Winter lang trug der Bildhauer einen Stein auf seinem Kopf. Er war einer Karyatide ähnlich, der gebälktragenden Figur an griechischen Tempeln. Es war ein verfluchtes Geschäft für den Bildhauer.

Als aber der Frühling kam, fing der Stein plötzlich an zu klingen. Er klang wie eine goldbefiederte Glocke. Das Dunkel schmolz.

Der Stein fing an zu schweben. Er schwebte und hob wie ein Flügelpaar den Bildhauer empor.

□ Wer mit Pfeilen eine Wolke erlegen will, wird vergeblich seine Pfeile verschießen. Viele Bildhauer sind solch wunderliche Schützen.

Einer Wolke muß man auf einer Trommel etwas vorgeigen oder auf einer Geige etwas vortrommeln. Dann wird es nicht lange dauern, bis sich die Wolke niederläßt, sich vor Glück am Boden wälzt und schließlich entgegenkommend versteinert. Der Bildhauer hat so im Handumdrehen die schönste Plastik fertig.

(aus: Werkstattfabeln)

Über Hans Arp

»Dada ist die Revolte der Ungläubigen gegen den Unglauben. Dada ist die Sehnsucht nach Glauben. Dada ist der Ekel vor der albernen verstandesmäßigen Erklärung der Welt.« So zitiert der Brockhaus Hans Arp. Im selben Artikel heißt es, der Dadaismus sei eine literarisch-künstlerische revolutionäre Bewegung, die als Protest gegen den Krieg und die moderne Zivilisation die gesamte bürgerliche Kultur lächerlich machen und abbauen wollte, um dann den Schutt wegzuräumen und neu aufzubauen. Es ist also ganz natürlich, wenn uns Normalbürgern seine Plastiken, Malereien, Papierbilder oder Texte bisweilen so fremd sind, daß wir uns fragen: Ist der ein bißchen verrückt oder bin ich etwas dumm? Wenn man Glück hat, macht das neugierig, und man fängt an, diesem merkwürdigen Mann nachzuspüren.

Dabei ist »Dada«, der Name für die Gruppe, die Bewegung und ihre Arbeiten ein Zufallsfund. Im französischen Wörterbuch steht: Kleine Kinder nennen ein Pferd »Dada«.

Nach seinem Tod schrieb Patrick Waldberg: »Mit Arp hat uns ein wertvoller Teil menschlicher Zärtlichkeit und wahrer Poesie verlassen. Wir können so schnell nicht sein kantiges und lebendiges Antlitz vergessen, das im Nu von heiter zu ernst übergehen konnte, das zugleich kindlich und intensiv, sanft und mondhaft und oft von jener penetranten Traurigkeit gezeichnet war, welche die großen Clowns haben, wenn sie ruhen, und eine Naivität besaß, die das Alter in keiner Weise beeinflussen konnte. Sein stoßweise hervorsprudelndes Lachen, das sein Gesicht in Falten legte wie ein frischer Wind, der über ein stilles Wasser streift, ist uns in guter Erinnerung, aber am lebendigsten bleibt uns sein Ausdruck des Erstaunens im Gedächtnis. Niemand hatte jemals eine so dauernde Fähigkeit, erstaunt zu sein, so wie ein Kind oder eine kleine Katze, und diese Fähigkeit

147

charakterisierte seine Persönlichkeit sicher am besten, so weit, daß sie sich zutiefst in seinen Werken ausdrückt. Bieten sich diese aus dem Erstaunen geborenen Werke unserem Blick nicht einzigartig und vollkommen dar, aber so, als wären sie erstaunt darüber, zu existieren, an einer Wand aufgehängt oder in einem Garten in der Sonne hingesetzt zu sein?«

Hans Arp wurde im Elsaß geboren und wuchs mit drei Sprachen auf. Die Mutter sprach Französisch, der Vater Deutsch, die Alltagssprache ringsum war Elsässisch. Damit muß wohl von Anfang an die Erfahrung verbunden gewesen sein, daß man alles, was man benennt und sagt, auch anders benennen und sagen kann und daß sich dabei die Welt, das Benannte, auch immer ändert, weil die andere Sprache denselben Gegenstand, wenn sie ihn anders benennt, auch anders wahrnimmt.

Ein sensibles Kind, das der Welt im Gewand von drei Sprachen begegnet, muß hellhörig werden für die Beziehung zwischen dem Ding und seinen verschiedenen Namen. Vater sagt »der Mond«, »die Sonne«, »das Haus«, »das Bett«. Mutter sagt »la lune«, »le soleil«, »la maison«, »le lit«. Und wie nennen die Dinge sich selbst? Kann man sie bewegen, in ihrer eigenen Sprache von sich selbst zu reden? Auf jeden Fall ist von Anfang an klar: Nichts, kein Wort, keine Äußerung ist so eindeutig und treffend, wie es dem Einsprachigen erscheint. Und die Mehrdeutigkeit lädt zum Spiel ein. Eins von Arps Büchern heißt später »Weißt du, schwarzt du«.

Hans ist ein unaufmerksamer Schüler, er zeichnet im Unterricht, er muß Prügel einstecken. Viele Lehrer haben imposante Schnurrbärte, die später in Arps Werk wieder auftauchen. Hans lernt Klavier und Blockflöte, er schnitzt, und er liest leidenschaftlich. Manchmal weckt er nachts den Bruder, um ihm etwas vorzulesen und belohnt ihn für's Zuhören mit Bonbons. Hans malt und bildhauert und verkehrt mit Künstlern. Er verläßt das

Gymnasium vorzeitig und geht an die Kunstschule. Als er neunzehn ist, malt er mit einem Freund auf die Wand der Veranda im Sommerhaus der Familie ein »ägyptisches« Fresko, er steht auch als Pharao oder Kleopatra Modell. Die Familie zieht in die Schweiz. Hans geht nach Paris, bald aber auch in die Schweiz.

»Ich lebte einsam am Fuß des Rigi. Im Winter sah ich monatelang keinen Menschen. Ich las, dichtete, zeichnete, malte, bildhauerte winzige Plastiken und schaute aus dem Fenster meines kleinen Zimmers in die von Schneewolken verhangenen Berge. Es war eine abstrakte Landschaft von kompromißloser Strenge.« Die kompromißlose Strenge findet man in Arps Werk ebenso wie das Spielerische.

Arp verläßt die Einsamkeit, trifft in Berlin, Paris, Köln, München... andere Künstler. Man arbeitet zusammen, stellt zusammen aus. Der Ausbruch des Ersten Weltkrieges 1914 beendet die Bewegungsfreiheit zwischen den Ländern. Arp geht nach Zürich, um nicht in Frankreich Soldat werden zu müssen. Er will nicht als Franzose auf Deutsche schießen, er ist ja Franzose und Deutscher zugleich.

In Zürich sind seine Künstlerfreunde Menschen vieler Nationen. Sie leben in einem Wirrwarr und einer Fülle der Sprachen und Kulturen, wo Sinn und Unsinn immer gegenwärtig und schwer zu fassen sind. Miteinander feiert man den Unsinn, protestiert gegen das Bürgertum, will die Gesellschaft verblüffen und lächerlich machen, denn diese Gesellschaft führt einen entsetzlichen Krieg, vernichtet Menschen um angeblich höherer Ziele willen. Dem mörderischen Gegeneinander der europäischen Nationen stellen die Zürcher Dadaisten ihr internationales, spielerisches Miteinander gegenüber. Dem Schlachtengemälde in Öl widerspricht die abstrakte Komposition, ausgeführt als Papierklebebild oder Stickerei.

149

Arp erzählt später, seine ersten gelungenen Arbeiten seien von Spielbauklötzen inspiriert worden. Er drechselt auch Objekte aus Holz und zieht sie, wie ein Kind seine Spielzeugente, am Limmatquai hinter sich her. Als 1924 sein Gedichtband »Der Pyramidenrock« erscheint, wird Arp von den Schweizer Behörden als geistesgestört und als unerwünschtes Subjekt betrachtet; bald darauf wird ihm der Schweizer Paß verweigert.

Das Elsaß war nach dem Krieg 1918 wieder französisch geworden. Arp wird Franzose, geht nach Paris, baut dort in der Nähe ein Haus zusammen mit Sophie Taeuber, seiner Frau und Gefährtin in der Kunst. Der Aufstieg der Nazis in Deutschland trägt dazu bei, daß er sich mit fünfzig Jahren entschließt, seine Gedichte nun in französischer Sprache zu schreiben. »Ich habe beschlossen, direkt in französischer Sprache zu schreiben, denn, da ich diese Sprache schlechter beherrschte, fühlte ich mich fremder... Die Wörter haben für mich ihre ganze Neuigkeit, etwas Geheimnisvolles behalten. Ich gehe mit ihnen um wie ein Kind mit Bauklötzen. Ich taste sie ab, gehe um sie herum – als wären sie Skulpturen. Für mich haben sie ein plastisches Volumen, das nicht von ihrer Bedeutung abhängt.«

1966 enthüllt der Stadtpräsident von Zürich zum fünfzigsten Jahrestag von Dada ein Relief von Arp: weißer Mamor mit einem eingelegten goldenen Nabel.

Hat denn Dada das Bürgertum besiegt? Gewonnen? Unterwandert?

Hans Arp wurde am 16. September 1887 in Straßburg, damals »deutsch« geboren. Er starb am 7. Juni 1966 in Basel als Jean Arp.

Kleiner Hafen

Der Mond, die weiße Perle,
Scheint auf betrunkne Kerle.
Betrunkne hat ja jede Stadt
Von Zuidersee bis Kattegatt.

Sie saufen, bis sie lallen,
Und laufen, bis sie fallen.
Sie liegen hier im Ufersand,
Zerscherbte Gläser in der Hand.

Wer hebt sie auf, die Guten?
Und bringt sie auf die Schuten,
Die Kutter, Ewer, ankerfest?
Wer tut, was jeder andre lässt? –

So bleiben sie hier liegen.
Der Sand scheint sie zu wiegen.
Und einer überschwankt das Brett
Und fällt genau ins Totenbett.

Georg von der Vring

Aus dem Gespräch mit Martin, Sybille, Maxl und Kathi

Martin: Eigentlich hat das ja nichts mit Hafen zu tun.

Maxl: Nur damit, daß ein paar Leute besoffen am Hafen sind. Und von klein oder groß handelt da ja nichts.

Martin: Besoffen am Strand. Aber irgendwie kommt da ja nicht der Hafen vor.

Ute: Wie sollte es dann heißen?

Martin: Strand.

Sybille: Der Mond.

Kathi: Was der Mond sieht.

Ute: Und ihr meint, das hat gar nichts mit einem Hafen zu tun?

Sybille: Eigentlich nicht.

Ute: Doch! – »Die Kutter, Ewer, ankerfest«. – Diese kleineren Schiffe, die zum Beispiel zum Fischfang benutzt werden in der Nordsee, heißen Kutter oder Ewer. Die ankern da im Hafen.

Martin: Aber »Der Mond, die weiße Perle, ...« Das ist irgendwie typisch Gedicht. Und zwar typisch bestimmtes Gedicht. Es gibt Gedichte, die wie Geschichten anfangen. Aber das ist typisch Gedicht, das eben der Georg von der Vring macht oder der Goethe oder Schiller. Das machen die, wir machen ...

Kathi: Das ist so edel.

Martin: Irgendwie: »Der *Mond*, die weiße Perle«.

Sybille: Irgendwie viel klassischer.

Ute: Es gibt sehr, sehr viel Gedichte, in denen der Mond vorkommt. Und der Georg von der Vring hat über sich selber mal gesagt, daß er den Mond in ganz besonderer Weise gesehen hat und daß er das mitteilen wollte, andern Menschen zeigen wollte, sagen wollte. – Begegnet ihr manchmal Betrunkenen?

Martin: Auf der Münchner Freiheit gibt's schon welche. – Aber die sind eigentlich harmlos.

Ute: Und die hier?

Sybille: Die sind nicht harmlos.

Martin: Das sind halt Matrosen, die sind auch harmlos.

Sybille: Man weiß ja nicht, was die machen, wenn man sie reizt.

Martin: Du darfst halt Betrunkene nicht reizen.

Ute: Gucken wir uns das noch mal an!

Sybille: Was ist denn Kattegatt für eine Stadt?

Kathi: Und Zu-idersee?

Ute: Das eine heißt: Seudersee, so wird das ausgesprochen, das ist in Holland. Und Kattegatt, das heißt eigentlich Katzenloch. Das hat nichts mit Katzen zu tun und ist eigentlich auch kein Loch. Das ist der Teil, der die Nord- und Ostsee miteinander verbindet.

Martin: Was heißt »lallen«?

Ute: Wenn man Alkohol getrunken hat, dann wird die Zunge so schwer, und dann kann man sie schwer bewegen und spricht sehr undeutlich.

Kathi: Was sind »Schuten?«

Martin: Schiffe.

Maxl: »Und einer überschwankt das Brett« – Was soll das bedeuten?

Martin: Daß er so herumschwankt so betrunken und nicht merkt, daß er ins Wasser plumpst.

Sybille: Wo kommt denn dieser Georg von der Vring her?

Kathi: Hört sich an wie aus Holland.

Ute: Der Von der Vring ist in Norddeutschland aufgewachsen, in einer Stadt, in Brake, wo es auch einen Hafen gab, einen kleinen. Als er ein Kind war, ist sein Vater von zu Hause weggegangen und ist Seemann gewesen und war vierzehn Jahre verschollen, d. h., man hat nicht gewußt, wo er ist, und dann ist er wieder zurückgekommen. War vierzehn Jahre auf den Weltmeeren.

Kathi: »Betrunkne hat ja jede Stadt« – Das ist komisch. Das, find' ich, das paßt jetzt wieder nicht.

Ute: Aber Seeleute trinken in der Regel viel. Warum trinken die?

Maxl: Wenn die viel auf See sind, was wollen die denn sonst auch machen.

Martin: Vor Langeweile. Immer nur ihr eignes Schiff und mal andre Schiffe.

Kathi: Da kann sie keiner ertappen!

Martin: Vielleicht, wenn man betrunken ist, vergißt man ja alles, daß sie nicht an zu Hause denken.

Sybille: Damit sie kein Heimweh haben.

Maxl: Das ist mehr Frusttrinken, würde ich sagen.

Sybille: Also ich find', mit der Frage »wer tut, was jeder andre läßt«, da tun die ihm eigentlich ein bißchen leid.

Sybille: Ja, doch, da steht: »Wer hebt sie auf, die Guten.«

Maxl: Aber ich versteh' nicht: »Sie bleiben hier liegen / Der Sand scheint sie zu wiegen.« In den Tod zu wiegen oder was?

Sybille: Der Sand bewegt sich ja nicht, oder?

Maxl: Außer sie liegen auf 'ner Wanderdüne. (Lachen) Wenn sie so besoffen sind und im Kreis gehen, dann fühlt es sich vielleicht für die so an, als wenn man gewiegt würde.

Kathi: Der Sand scheint ja nur sie zu wiegen.

Martin: Vielleicht weil sie nicht aufstehen. Normalerweise steht man ja auf.

Sybille: Wenn man hinfällt.

Ute: Wenn man sehr betrunken ist, dann schwankt sowieso alles.

155

Maxl: Eigentlich ist es auch 'ne kleine Aufforderung: »Wer tut, was jeder andre läßt?«

Sybille: Eine Aufforderung, denen zu helfen.

Ute: Drei Fragen hintereinander. Wo ist die Antwort?

Martin: Wenn jeder das läßt, dann macht's wohl keiner.

Kathi: Oder als Aufforderung, das mal zu machen. Es sind ja ganz normale Menschen. Nur sie sind betrunken.

Ute: Und die Aufforderung, Kathi, wäre was, was zu tun?

Kathi: Aufhelfen.

Sybille: Und dann halt stützen.

Ute: Und auf's Schiff bringen und ins Bett packen.

Kathi: Man hat ein schlechtes Gewissen, wenn man an so einem Betrunkenen vorbeigeht.

Kathi: Es ist ein ganz normaler Mensch, nur er hat halt mal getrunken.

Maxl: Das ist kein Unterschied von mir und dir.

Sybille: Man steht immer zwischen so'nem Zwiespalt: Soll ich ihm jetzt helfen, das wäre gut.

Martin: Was passiert?

Sybille: Was passiert, wenn er schlägt oder so.

Ute: Das ist ja merkwürdig, Kinder! Ihr seid ja viel zu klein noch, körperlich überhaupt zu klein, um einem Betrunkenen wirklich helfen zu können. Und trotzdem habt ihr das Gefühl, ihr müßtet es eigentlich tun. Wie kommt denn das, daß Betrunkene so hilfsbedürftig wirken?

Maxl: Ja, wenn sie so hin und her schwanken.

Martin: Außerdem ist das Trinken irgendwie 'ne Krankheit.

Ute: Ja. Und wenn's jemand ist, den man gut kennt…

Maxl: Dann hilft man natürlich.

Martin: Ja, wenn man ihn gut kennt.

Kathi: Wenn man einen kennt und nicht mag und der dann besoffen ist, dann hilft man dem auch nicht gleich.

Sybille: Der Dichter beschreibt halt so, was alles passieren kann, wenn man ihnen nicht hilft. Das ganze Gedicht ist so eine Aufforderung, denen zu helfen. Man sieht ja auch mit dem Gedicht, was alles passieren kann, wenn man ihnen nicht hilft.

Kathi: Das ist ja das. Wenn man ihnen nicht hilft, und dann sieht man es, dann: Ach, warum hab' ich ihnen nicht geholfen!

Ute: Also, diese betrunkenen Kerle sind einem eigentlich nicht unheimlich.

Sybille: Weil man sie nicht sieht.

Maxl: Wenn man sie nicht sieht! Wenn man sie sieht, dann würden sie dir schon unheimlich vorkommen.

Nach der Begegnung mit diesem Gedicht

✳ Hier ist von Schuten, Ewern und Kuttern die Rede. Sammle alle Namen für Schiffe, die du finden kannst. Auch Bilder.

✳ In Häfen am Meer oder am Unterlauf der großen Flüsse, wo die Gezeiten zu spüren sind, wohnt das Fernweh. Suche im Atlas oder auf dem Globus die Namen all der Häfen in der Welt, zu denen du hinschippern könntest.

✳ Seemannslieder machen vielleicht trunken ohne Bier, Rum und Schnaps, wenn man sie miteinander laut und seelenvoll singt. Versucht es mal!

✳ Stellt miteinander in einem lebenden Bild die betrunkenen Kerle dar und all die anderen Menschen in der Stadt, die der Mond bescheint. Summt alle leise und wiegt euch im Summen wie auf sanften Wellen.

✳ Die betrunkenen Kerle werden »die Guten« genannt. Erfinde die Geschichte eines solchen Menschen.

✳ Erzählt einander, was ihr selber schon mit Betrunkenen erlebt habt.

✳ Ein Maler des Nordens, den Von der Vring liebte, ist Emil Nolde. Schau dir Bilder von ihm an.

✳ Sammle Mondgedichte!

Gefunden bei Georg von der Vring

Der Regenvogel

Als ob hier ein Bach zu erwarten
Wär mit Gewall und Gezisch,
Fiel in den nassen Garten
Ein Vogel, so blank wie ein Fisch.

Der Vogel rührt sich verdrossen
Tief unter Nesseln und Gras,
Vom Rinnsal der Klage umflossen,
Die mein Ohr verlor und vergaß.

Der Vogel wird niemals singen,
Er schaut einem Fisch zu gleich.
Schon hört er die Wasser herdringen,
Drin schwimmt er ins himmlische Reich.

Georg von der Vring

159

Über Georg von der Vring

Er erzählt selbst: »Wir lebten in einer schönen Heimat: Der Wind von der Nordsee und den friesischen Inseln wehte über Brake, dieser kleinen Stadt, in der ich geboren wurde, am vorletzten Tag des Jahres 1889... Die Fenster des Hauses blickten auf den breiten Unterlauf der Weser, wo Schiffe und Dampfer vieler Nationen beim Ein- und Auslaufen ihre Flagge zeigten. Brake ist eine junge Stadt. Sie steht auf Meeresboden. Wenn bei unserem Hause gegraben wurde, kam blaue Tonerde mit Muscheln und Tang und Schilfresten vermischt ans Licht. 200 Jahre vor meiner Geburt war dort ein Meeresarm.« So heißt denn auch sein erstes Buch, ein Bändchen Gedichte, »Muscheln«. Sein ganzes Leben lang sind Schiffe, Wind, strömendes Wasser und das Meer Themen seiner Gedichte.

Eines seiner letzten Bilder, gemalt in Bayern nah den Bergen, zeigt einen Blumenstrauß im Zimmer; durchs Fenster aber sieht man den Kirchturm von Brake.

Die Heimat im Norden hat ihn niemals losgelassen, obwohl er in der zweiten Hälfte seines Lebens im Süden Deutschlands lebte. Gegen Ende seines Lebens hat er Brake jedes Jahr besucht, wollte aber nicht dorthin umziehen, sondern blieb in München wohnen. Nur begraben sein wollte er im Norden.

Der Vater war Schreiber in Brake, den lockten das Meer und die Schiffe hinaus. Vierzehn Jahre lang war er verschwunden und trieb sich auf den Weltmeeren herum. Die Mutter wartete treu und verdiente den Lebensunterhalt mit Handarbeiten. Der Sohn wuchs im Haus der Großeltern auf. Das alles hat Spuren in von der Vrings Dichtung hinterlassen.

Er sollte Lehrer werden und ging aufs Seminar in Oldenburg. Dort fand er Freunde, dort malte er und schrieb Gedichte. Als einige in der Zeitung gedruckt wurden, mußte er sich vom

Direktor des Seminars beschimpfen lassen, weil sich so etwas nicht schicke.

Später hat er erzählt: »Schon früh habe ich gewußt, daß ich ein Dichter sein würde. Wie mag ich das gemerkt haben? Wenn zum Beispiel jemand die schmale Mondsichel über den Schilfwäldern erlebt – ich erlebte das anders als alle Menschen – und es ward mir bewußt. Ich mußte mit meiner Arbeit beginnen, damit die Mondsichel überm Schilf losgelöst und ein lebendiges Wesen würde.« Aber lange Zeit wußte er nicht, ob er Maler oder Dichter werden sollte. Auf jeden Fall ging er nach einer kurzen Zeit als Grundschullehrer nach Berlin an die Kunstakademie und studierte Malerei, wurde Zeichenlehrer in Wilhelmshaven und dann in Jever.

Dazwischen lag der Weltkrieg. Er wurde Soldat und geriet in Gefangenschaft. Daß im Krieg die treuesten Freunde sterben mußten, hat er nie verwunden. Sein erster, autobiographischer Roman »Soldat Suhren« schildert den Widersinn des Krieges und die Hilfslosigkeit der einzelnen darin.

Eins seiner späteren Gedichte spricht von »Gärtnern, die Soldaten wurden«.

Als Lehrer nach dem Krieg wollte er, daß seine Schüler lernten, tolerant zu sein, aber das nahmen manche Eltern ihm übel. Als unser Gedicht »Kleiner Hafen« im »Berliner Tagblatt« erschien, warf man ihm in Jever mangelnde Heimatliebe vor.

1927 wurde sein Roman »Soldat Suhren«, den siebzehn Verlage abgelehnt hatten, endlich gedruckt und ein Erfolg. 1928 konnte von der Vring den Lehrerberuf aufgeben, um sich ganz dem Schreiben zu widmen. Er zog in den Süden, ernährte sich und seine Familie durch Romane, übersetzte, schrieb später auch Hörspiele. Wichtig waren ihm selbst seine Gedichte. Am Ende ließ er nur sie gelten.

Als ihn schließlich Krankheit und Augenschwäche zu sehr quälten, setzte er seinem Leben ein Ende. Man barg ihn tot aus der Isar. Er war heimgekehrt zu dem strömenden Wasser, das er besungen hatte. Als er beerdigt wurde, begann der Regen zu rinnen, den wir in vielen seiner Verse finden.

Georg von der Vring wurde am 30. Dezember 1889 in Brake an der Unterweser geboren. Er starb am 1. März 1968 in München.

Dämmerung

Wer hat im Treppenhaus gerufen,
wer saß am Fensterbrett und blickte stumm?
Mein Traum, das Pony mit den sanften Hufen,
erschrak so sehr und warf den Kopf herum.

Die Zeit befiehlt, im Zimmer wach zu liegen.
Die Nacht ist wieder heimwehkrank.
Sie spricht zu mir: Die Fledermäuse fliegen
und stürzen manchmal auf die Fensterbank.

Vielleicht schon früh, im Morgengrauen,
grüßt mich das Lied vom Ararat:
ein armer Engel wird in meine Stube schauen,
der auch im Treppenhaus gerufen hat.

Günter Bruno Fuchs

Aus dem Gespräch mit Kathrin, Theodor, Franziska und Christian

Kathrin: Ich glaube, der liegt im Bett, und dann geht irgendjemand im Treppenhaus hoch. Und vielleicht ist der ja besoffen, und dann schreit er da halt so rum.

Ute: Und der Engel?

Kathrin: Es kann sein, daß er da auf einmal umfällt. Und der Engel beschützt ihn dann, daß er nicht die ganze Treppe runterfällt.

Ute: Und das Pony, wie schaut das aus?

Franziska: Wie ein Engel.

Ute: Ein Pony wie ein Engel?

Franziska: Ja. Sanfte Hufe...

Theodor: Ein Traumpony.

Christian: Eben mit den sanften Hufen.

Theodor: Ich stell' es mir so vor wie eine Wolke. Eine Wolke als Pony.

Franziska: Vielleicht hat er geträumt, daß er auf so 'nem Pony reitet, und plötzlich schreit jemand im Treppenhaus. Und dann erschreckt sich das Pony im Traum und wirft den Kopf herum.

Kathrin: Ich glaub', er kann nicht einschlafen, weil er halt dieses Geschrei im Treppenhaus gehört hat. Und vielleicht sind seine Eltern weg. Und jetzt ist er ganz allein und ihm ist vielleicht mulmig zumute geworden.

Ute: »Die Nacht ist wieder heimwehkrank.«

Christian: Die Nacht hat ihr Werk getan, jetzt muß sie noch etwas bleiben und den Menschen etwas Ruhe gönnen. Und dann wird sie ganz krank vor Heimweh.

Ute: Wo wäre dann die Heimat der Nacht?

Theodor: Da drüben im anderen Lande.

Christian: Bei den anderen Menschen, die jetzt den ganzen Tag gearbeitet haben und jetzt ausruhen wollen.

Theodor: Genau! Und dann ...

Christian: Eigentlich hat sie ja kein Zuhause, sondern sie will nur zu den anderen und ihnen Ruhe gönnen.

Theodor: Ja, so ungefähr: Daß die Nacht immer rumgeht und dann da, wo sie war – das andere Land, wo sie wieder hingeht – ihre Heimat ist.

Ute: Dann sehnt sie sich immer dahin, wo sie nicht ist.

Christian: Ja, so ungefähr.

Theodor: Vielleicht sucht sie eine Heimat, und alles findet sie schön. Aber dann muß sie wieder weg.

Kathrin: Die hat eigentlich nie Ruhe. Und in der Zeit, wo die Dämmerung ist, da muß sie ja dann wieder wandern.

Theodor: Die muß überall etwas tun.

Ute: »Sie spricht zu mir: Die Fledermäuse fliegen und stürzen manchmal auf das Blech der Fensterbank.«

165

Kathrin: Das klingt richtig unheimlich.

Theodor: Vielleicht gefällt das der Nacht. Sie will dableiben, weil es ihr gefällt.

Kathrin: Vielleicht machen die Fledermäuse der Nacht auch Angst.

Ute: Theo meint, vielleicht gefallen ihr die Fledermäuse. – Das Lied vom Ararat: Was mag das sein? – Ihr wißt nicht, was der Ararat ist? – Kennt ihr die Geschichte von der Arche Noah?

Alle: Ja.

Ute: Zum Schluß bleibt die Arche Noah auf dem Berg Ararat. Und dann wird alles wieder trocken und die Menschen und Tiere können aussteigen. – und was wäre dann das Lied vom Ararat?

Christian: Vielleicht, daß der Berg Ararat immer wieder singt und an die Zeit erinnert, daß die Menschen nicht wieder so böse werden. Und daß es nicht wieder eine Sintflut gibt.

Theodor: Weil das bißchen traurig war, wo so viele Menschen gestorben sind.

Franziska: Daß er die Menschen warnen will. Daß der Berg das immer wieder singt, und ein Engel kommt runter und will jeden einzelnen noch warnen.

Theodor: Und gleich in der Früh, damit die Menschen das nicht erst mittags erfahren, und sie haben vormittags schon etwas gemacht.

Christian: Und daß der, der im Bett liegt, ihn gehört hat.

Theodor: Die letzte Strophe ist bedrohlich und dann auch wieder fröhlich.

Franziska: Ich find' das auch bedrohlich. Da hat man das Gefühl, das könnte jetzt wiederkommen, und da macht es einem bißchen Angst.

Christian: Wenn man jetzt aufwacht und dann, so benommen, hört man plötzlich von ferne ein Singen, das immer mehr anschwillt, ja, und es mahnt vor einer Zeit, die vielleicht noch kommen wird, oder daß etwas nicht mehr passieren darf, und daß die Menschen sich halt vorsehen sollen.

Ute: Geht's euch auch manchmal so, daß ihr solche Angst habt vor etwas, das kommen könnte?

Christian: Da liegt man im Bett und denkt: Das könnte jetzt gleich kommen. Und hat wahnsinnige Angst.

Ute: Was für Farben würdet ihr wählen, wenn ihr ein Bild dazu malen wolltet?

Franziska: Am meisten schwarz.

Theodor: Ein Haus mit einer Treppe, die hochgeht, und die ist bräunlich, alles so dunkel und schwarz, und dann halt dieses Pony, das so weiß ist.

Kathrin: Und daß dann ein Engel im hellblauen Kleid am Fensterbrett sitzt.

Ute: Und wenn ihr euch Töne dazu vorstellt?

Theodor: Trommeln.

Christian: Und Knarren auch.

167

Theodor: Und dann so ein leises Singen, wie der Ararat singt. So ein trauriges Lied.

Kathrin: Flöten und Xylophon zusammen ganz leise.

Theodor: Ja, genau!

Christian: So mahnend und traurig. Die Stimme erinnert sich.

Franziska: Knarren, wenn jemand die Treppe raufkommt. Und dann dieses Singen.

Christian: Und ein Ruf, der durchs ganze Haus schallt.

Ute: Und die Stimmung von diesem Gedicht?

Franziska: Traurig, aber doch …

Theodor: Bißchen unheimlich.

Kathrin: Traurig. Aber auch wieder schön und hell. Und auch wieder dunkel, wie die Nacht.

Theodor: Was hell ist und schön, das ist dann auch der Ararat, der singt dann.

Ute: Wenn du zwei Zeilen rausnehmen könntest, um jemanden, der das Gedicht nicht kennt, neugierig zu machen, so daß er das ganze Gedicht lesen möchte, welche würdest du dann nehmen?

Kathrin: »Die Zeit befiehlt, im Zimmer wach zu liegen.
Die Nacht ist wieder heimwehkrank.«
Das klingt richtig spannend, finde ich.

Theodor: »Die Fledermäuse fliegen
und stürzen auf die Fensterbank.«

Franziska: »Wer hat im Treppenhaus gerufen?«
Da will man dann die Antwort wissen.

Christian: Das ist so spannend! Da zerreißt es einen fast vor Ungeduld, und man sagt: Jetzt laß' es mich mal lesen!
Jetzt gib's halt mal her!

Nach der Begegnung mit diesem Gedicht

✳ Suche oder mische dir die Farben, mit denen du ein Bild zu dem Gedicht malen könntest; beschränke dich auf drei oder vier. Dann male damit, was dir in den Sinn kommt, ohne Rücksicht auf den Inhalt des Gedichts.

✳ Sammle mit einem Tonband Klänge und Töne, die Stimmen und Stimmungen aus dem Gedicht wiedergeben.

✳ Versuche, mit anderen zusammen, das Gedicht mit Instrumenten und wortlosem Singen wiederzugeben und weiterzuspinnen.

✳ Erzähle, wohin das Pony mit den sanften Hufen dich tragen sollte.

✳ Schreibe das »Lied vom Ararat« auf, wie du es dir denkst.

✳ Lies vorher die Geschichte von der Sintflut.

✳ Schreibe die Gedanken eines Menschen auf, dem die Zeit befiehlt, im Zimmer wachzuliegen.

Gefunden bei Günter Bruno Fuchs

Tageslauf eines dicken Mannes

Morgens
verdingt er sich bei den Kindern am Buddelplatz.
Er beginnt seine Arbeit und sagt: Liebe Kinder,
dieser Bauch ist kein Bauch, sondern der große Berg
Bimbula.
Da lachen die Kinder, schlagen Purzelbäume und sagen:
Bitte, großer Berg, morgen mußt du wiederkommen.

Mittags
macht er seine Urwaldfreunde nach.
Er trommelt dann auf seinen Bauch
und manchmal springt er schweren Herzens
auf den Rücken eines Generals und sagt:
Wenn du meinen Bauch mit einer Trommel verwechselst,
so ist das deine eigne klägliche Sache! Dieser Bauch
ist nämlich der große Berg Bimbula,
dessen Schönheit du nie erkennen wirst.

Abends
wird er immer sehr traurig.
Er setzt sich unter die Sterne
und trinkt zehn Liter Himmelsbier.
Manche Leute haben ihn singen gehört –
er singt dann ganz einfältig,
so einfältig, wie's ihm niemand zugetraut hätte:
Mutter, ach Mutter, mich hungert!

Günter Bruno Fuchs

Über Günter Bruno Fuchs

Er starb, kurz bevor er fünfzig Jahre alt geworden wäre, und er hat keine Lebenserinnerungen hinterlassen, in denen wir etwa über seine privaten Erfahrungen, seine Hoffnungen und Enttäuschungen nachlesen könnten. Es hat auch noch niemand ein Buch über ihn veröffentlicht. Wir sind, wenn wir etwas über ihn erfahren wollen, fast ganz auf seine Gedichte, Prosatexte und Bilder angewiesen. Nüchterne Informationen finden wir in den Klappentexten seiner Bücher, in Besprechungen über sie und in Aufsätzen und Nachrufen, die seine Freunde geschrieben haben, z.B. Klaus Wagenbach:

»Günter Bruno Fuchs, Berliner, war dick, freundlich, begabt. Das erstere … war unübersehbar, das zweite ebenso: Fuchs war rundum freundlich. Das führte natürlich auch zu Irrtümern; es gibt ja viele, die freundliche Menschen für dumm halten. Solchen Leuten hörte Fuchs eine Weile geduldig zu und sagte dann plötzlich mit Bärenstimme (tief, brummend, mit unverkennbarem Berliner Lispeln): »*Mein Herr, Sie sind ein hervorragender Idiotenkaiser.*«

Worin bestand seine Begabung? – Vielleicht vor allem im Anderssein. – Er wurde unehelich geboren zu einer Zeit, als das noch ein Makel war. Er mußte mit vierzehn Jahren als Luftwaffenhelfer in den Krieg ziehen und kam drei Jahre später aus belgischer Kriegsgefangenschaft zurück. Er war dann nacheinander Maurerumschüler, Hilfsarbeiter, Student, Schulhelfer, Zirkusclown, Bergmann und Bauarbeiter. Kein ordentliches Leben!

Immer wieder kann man über Günter Bruno Fuchs lesen, er sei ein Original gewesen, d.h. in vielem anders und schwer berechenbar für seine bürgerlichen Mitmenschen. Michael Krüger, der sein Freund war, schreibt im Nachwort zu seiner

Auswahl an Gedichten, Märchen, Sprüchen und allerhand Schabernack von Fuchs, die unter dem Titel »Gemütlich summt das Vaterland« erschienen ist:

»Die Gesellschaft kam bei Fuchs stets nur als *eine schöne Gesellschaft* vor, er mochte sie nicht; dagegen liebte, verteidigte er alle, die nicht so ganz dazugehörten: den Mann im Leiterwagen, den Irren, das knurrende Weib auf dem Buddelplatz, die alten Trinker in der Abrißkneipe, die Artisten. Und: die Kinder, die Dichter, die Tiere. Für diese strikte Verteidigung seiner Aufmerksamkeit und Zuneigung mußte er zeitlebens bezahlen, denn die *schöne Gesellschaft*, vor deren Aktivitäten der Pazifist und Menschenfreund Fuchs seit der Wiederbewaffnung warnte, hatte mehr Macht als die *dicke Type*. Sie sah von ihm ab oder schlimmer noch: Sie machte ihn zum Hinterhofpoeten, zum skurrilen Kauz, zum Berliner Lokaldichter, oder, da Fuchs ein mächtiger Trinker war, zu einer Art dichtender Schnapsbruder.«

Klaus Wagenbach schreibt: »Das Schönste an Fuchs war sein Staunen. *Unglaublich,* sagte er dann, oder, als höchster Steigerungsgrad: *Unglaubloch!* Dieses Staunen finden wir in fast jedem seiner Texte wieder ...« Wer so reagiert, ist klug genug, das Unerwartete und Befremdliche nicht gleich als unpassend und falsch anzusehen, sondern die Überraschung zu genießen und die Vielfalt des Lebens zu bewundern. Wenn wir lesen, was Fuchs geschrieben hat, ist uns die gleiche Offenheit und Neugier zu wünschen, mit der er selbst allem gegenüberstand.

Für uns Lehrer sind die Gedichte von Fuchs, auch seine *Fibeltexte,* so etwas wie notwendige Übungen: Wir können über sie der Denkweise und Seelenlage derjenigen unserer Schulkinder vielleicht etwas näherkommen, die nicht fraglos eingenistet sind im Rahmen der Schulweisheiten und Schulbewertungen. Wir können unseren eigenen Verstand damit ein wenig gegen den gewohnten Strich bürsten. Nicht alles, was er geschrieben hat, ist so mittelbar anrührend schön wie die »Dämmerung«.

Günter Bruno Fuchs wurde am 3. Juli 1928 in Berlin geboren, und er starb auch in Berlin am 19. April 1977.

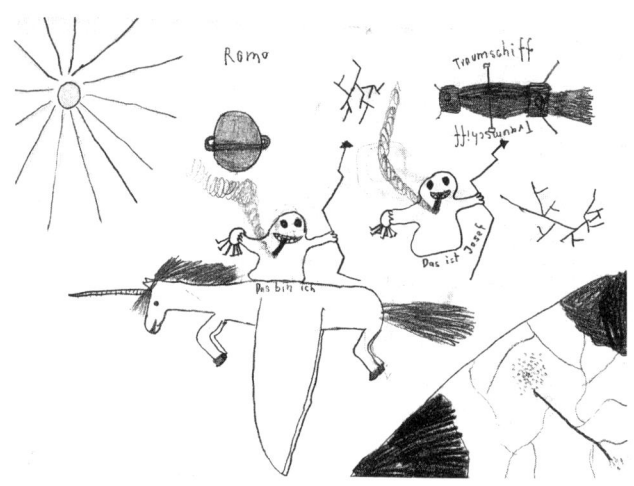

Zum Einschlafen zu sagen

Ich möchte jemanden einsingen,
bei jemandem sitzen und sein.
Ich möchte dich wiegen und kleinsingen
und begleiten schlafaus und schlafein.
Ich möchte der Einzige sein im Haus,
der wüßte: die Nacht war kalt.
Ich möchte horchen herein und hinaus
in dich, in die Welt, in den Wald.
Die Uhren rufen sich schlagend an,
und man sieht der Zeit auf den Grund.
Und unten geht noch ein fremder Mann
und stört einen fremden Hund.
Dahinter wird Stille. Ich habe groß
die Augen auf dich gelegt;
und sie halten dich sanft und lassen dich los,
wenn ein Ding sich im Dunkel bewegt.

Rainer Maria Rilke

Aus dem Gespräch mit Sandra, Marie, Kirja und Jan

Ute: Vor zwei Jahren habe ich euch am Ende des zweiten Schuljahres dieses Gedicht gegeben. Ihr solltet es euch übers Bett hängen. Als ich gestern auf dem Pausenhof die Sandra danach fragte, hat sie es gleich auswendig hergesagt. – Liest du dir das öfter durch?

Sandra: Jeden Abend.

Marie: Das mach' ich auch. Aber auswendig kann ich es immer noch nicht. –
Das find' ich so schön, das Gedicht.

Jan: Da kann man gut drauf schlafen.

Kirja: Schön gemütlich.

Marie: Da denkt man immer, daß man wirklich beschützt ist irgendwie.

Jan: Das stimmt.

Ute: Wer beschützt einen denn dann?

Sandra: Der Gedanke.

Kirja: Das ist so geschrieben von diesem Rainer Maria Rilke, daß man sich richtig reinfühlen kann, so Art reinlegen in das Gedicht.

Sandra: Ich schreib' es manchmal ab, und dann häng' ich es mir neu auf, und jetzt hab' ich schon drei Stück davon über'm Bett hängen.

Kirja: Man könnte ja auch mal etwas dazu malen.

Jan: Einfach so aus dem Gedanken, die Augen schließen und dann einfach so aus dem Gedanken raus malen.

Marie: Ich hab' immer so kleine Zettel an meinem Bett. Und wenn's mir langweilig wird, kritzel ich etwas hin, und da hab' ich mal so'n Hund hingemalt, wie einer vorbeikommt, daß der Hund dann böse wird.

Ute: Wie stellt ihr euch denn diesen Autor vor, Rainer Maria Rilke? Er ist Ende des letzten Jahrhunderts geboren und dann 1927 gestorben. Geboren ist er in Prag, also nicht in Deutschland, sondern in der Tschechoslowakei.

Marie: Ich stell' mir eigentlich alle Dichter gleich vor. Mit'm Bart und mit grauen Haaren ...

Sandra: Ich auch! So mit'm Bart und grauen Haaren und einem steifen Blick. Und dann noch hier so ein Schnurrbart ...

Marie: Lesebrille ...

Ute: Ach! Was meinst du mit »steifen Blick«?

Sandra: Streng.

Ute: Warum denn streng? Ist denn das Gedicht streng?

Mehrere: Nee!

Marie: Aber wenn man den ganzen Tag dasitzt und was schreibt, dann kann man ja nicht so nett sein – irgendwie stell' ich mir das so vor.

Sandra: Der lebt dann mehr von seinen Gedichten, nicht mehr von der Außenwelt, finde ich.

Kirja: Da habe ich noch eine Frage. Bei:
»Ich habe groß
die Augen auf dich gelegt;
und sie halten dich sanft und lassen dich los,
wenn ein Ding sich im Dunkel bewegt.«

Marie: Du schaust jemanden an, und wenn dann irgendwie irgendwas runterfällt, dann schaust du halt weg, dann schaust du halt da hin, was da passiert ist.

Ute: Wenn man sich vorstellt, daß man einschläft, wo noch jemand anders ist...

Kirja: Das wär' schön!

Ute: Ich würde von jedem gerne wissen, welche Stelle in dem Gedicht er besonders schön findet.

Kirja: »Ich möchte dich wiegen und kleinsingen« – das finde ich irgendwie so schön.

Ute: Versuch's mal zu erklären!

Kirja: Weil ... als täte man sich so verlegen machen, kleinmachen. Ich finde diese eine Zeile so ... schön. So bedeutungsvoll.

Jan: »Ich habe groß
die Augen auf dich gelegt;
und sie halten dich sanft und lassen dich los,
wenn ein Ding sich im Dunkel bewegt.«
Das finde ich irgendwie beruhigend, beschützend.

Marie: Also ich find' am schönsten das mit dem Hund.

Kirja: Warum?

Marie: Und dann, ja …

Jan: Unter dem fremden Mann stelle ich mir immer einen
             Mann im grauen Anzug und mit'm grauen Koffer
             vor.

Ute: Mit Koffer?

Marie: Und dann »Dahinter wird Stille« – Da ist irgendwas,
             und dann wird es ganz ruhig. Das ist dahinter.

Sandra: Ich finde auch das mit dem Hund so schön. Das kann
             ich mir so gut vorstellen, wenn so ein Mann vorbei-
             kommt, ein fremder Mann, und der stört einen frem-
             den Hund. Das ist das Schönste für mich.

Kirja: Du wolltest sicherlich fragen, ob es was gibt, was wir
             nicht verstehen …:
             »Die Uhren rufen sich schlagend an
             und man sieht der Zeit auf den Grund.« –
             »Der Zeit auf den Grund« und »rufen sich schlagend
             an«?

Marie: Wenn alle Uhren läuten, dann treffen sie sich halt
             irgendwo, die Klänge treffen sich. Dann weiß man
             halt, wieviel Uhr es ist, und dann sieht man der Zeit
             auf den Grund.

Jan: Ich stelle mir vor, daß so ein Klang weitergeht zur
             nächsten Uhr und den Klang dann mitnimmt.

Kirja: Man hört ja bloß, man sieht ja nicht. Außer, man ist
             in der Kirche drin.

Marie: Wenn man auf den Grund sieht, heißt das doch, daß
             man alles sieht. Also, bis auf den Grund.

Ute: Bis in die Tiefe. Bis zum Anfang sozusagen.

Marie: Ja.

Ute: Mir ist es öfter so gegangen, wenn ich ein Gedicht von Rilke gelesen hatte – er hat über sehr viele Dinge, zum Beispiel über Blumen, über ein Karussell, über Tiere Gedichte geschrieben – wenn ich das Gedicht von ihm mir sehr oft durchgelesen hatte, dann hab' ich die Dinge auch sehr viel deutlicher gesehen, als ob ein Schleier von meinen Augen genommen worden wäre.

Marie: Wenn man's noch mal liest, dann wird es immer klarer.

Ute: Und ich denke, wenn ihr abends im Bett liegt und habt euch das Gedicht noch mal durchgelesen, oder einzelne Zeilen davon, daß ihr den Abend, euren eignen Abend, an diesem Abend auch anders wahrnehmt.

Kirja: Mehr klangvoller.

Marie: Wenn man das jetzt gelesen hat und dann schläft man so langsam ein, und dann denkt man noch so daran, dann fällt einem auch immer was ein, wo man das vielleicht schon einmal erlebt hat, wo es so hätt' sein können.

Nach der Begegnung mit diesem Gedicht

✱ Woran denkst du beim Einschlafen, welche Bilder begleiten dich in den Schlaf?

✱ Wenn du einschläfst: Was hörst, spürst, weißt du vom Draußen?

✱ Wem hast du schon einmal beim Schlafen zugeschaut?

✱ Möchtest du, daß einmal jemand an deinem Bett wacht? Und bei wem möchtest du wachen?

✱ Was möchtest du tun, wenn du in der Nacht als einziger wach wärst?

✱ Kennst du Lieder, die dich »kleinsingen«? Wie geht es dir, wenn du sie dir selber singst?

✱ Sprich dir das Gedicht vor dem Einschlafen vor: Gibt es dir Geborgenheit?

✱ Zeichne ein Haus und ringsum das, wovon das Gedicht spricht.

✱ Weißt du einen Menschen, dem du dieses Gedicht schenken möchtest?

Über Rainer Maria Rilke

Er wurde in Prag geboren als Sohn deutschsprechender Eltern in einer überwiegend tschechischen Umgebung, wo er sich nie recht daheim gefühlt hat. Die Eltern waren uneins und trennten sich. Merkwürdig ist, daß die Mutter den kleinen René – so war er getauft – bis in sein sechstes Lebensjahr wie ein Mädchen kleidete zur Erinnerung an eine früh gestorbene Tochter. Sie verwöhnte und verzärtelte ihn, war im Grund aber wohl nicht sehr warmherzig. In seinem einzigen Roman verklärt Rilke die eigene Kindheit, zeigt die Eltern und die häusliche Umgebung so, wie er sie sich gewünscht hätte.

Nach der Grundschulzeit kam er für fünf Jahre auf eine Militärschule, weil er Offizier werden sollte. Es sind Jahre tiefer Verzweiflung. Schließlich wird er wegen seiner schlechten Gesundheit entlassen und kann, nach dreijährigem intensiven Lernen, sein Abitur machen. Er soll studieren, aber nach wenigen Monaten hat er sich für die Literatur entschieden.

Er geht nach München, sucht den Erfolg als Schriftsteller, um die Familie von der Richtigkeit seiner Berufsentscheidung zu überzeugen. Man druckt seine Texte, aber sie sind noch nichts Eigenes. Es scheint von heute aus, als hätte er manchmal angeberisch den Dichter gemimt.

Dann geht er nach Berlin und teilt dort das Leben in Schmargendorf, einem ländlichen Vorort am Walde, mit Lou-Andreas-Salomé und ihrem Mann. Dort entsteht 1900 das Gedicht »Zum Einschlafen zu sagen«. Lou, älter als er, bleibt sein Leben lang die wichtigste Freundin. Mit ihr macht er zwei große Reisen nach Rußland, wo er glaubt, seine eigentliche Heimat gefunden zu haben. Mit Lou lernt er alles, was er fassen kann, über die Geschichte, die Literatur, das Leben Rußlands und auch die russische Sprache.

Auch mit Dänemark hat er sich intensiv befaßt, dänische Autoren im Original gelesen und seinen »Malte« in Dänemark aufwachsen lassen. Später wurde Paris ihm für lange Zeit zur eigentlichen Heimat. Am Ende seines Lebens beherrschte er das Französische so gut, daß er nicht nur aus dieser Sprache übersetzen, sondern auch selbst in ihr dichten konnte.

Rilke ist zeit seines Lebens sehr viel gereist, in ganz Europa war er zu Gast, häufig monatelang auf Schlössern, deren Besitzer stolz waren, ihn beherbergen und ihm die Ruhe geben zu können, die er zum Schreiben brauchte. Als Europa im Strudel des Ersten Weltkriegs versinkt, erstarrt er innerlich. Er schreibt: »... ich leide, nichts sonst, es fehlt mir die geringste Erleichterung durch Tätigsein, denn ich, ich könnte nur für alle, gegen keinen kämpfen.« Und nach dem Krieg: »Ich war fast alle Jahre des Krieges... abwartend in München, immer denkend, es müsse ein Ende nehmen, nicht begreifend, nicht begreifend, nicht begreifend! Nicht zu begreifen: ja, das war meine ganze Beschäftigung diese Jahre...«

Das muß man zusammen sehen mit der Tatsache, daß das Buch, das ihn erst weithin berühmt machte, der »Cornet«, Tausende von Soldaten im Ersten und Zweiten Weltkrieg ins Feld und in den Tod begleitete, weil sie es lasen als Verherrlichung des Heldentods, des Opfertods im Krieg.

Rainer Maria Rilke wurde geboren am 4. Dezember 1875 in Prag (Tschechoslowakei). Er starb am 29. Dezember 1926 in Valmont (Schweiz).

Gefunden bei Rainer Maria Rilke

Maman kam nie in der Nacht –, oder doch, einmal kam sie. Ich hatte geschrien und geschrien, und Mademoiselle war gekommen und Sieversen, die Haushälterin und Georg, der Kutscher; aber das hatte nichts genutzt. Und da hatten sie endlich den Wagen nach den Eltern geschickt, die auf einem großen Balle waren, ich glaube beim Kronprinzen. Und auf einmal hörte ich ihn hereinfahren in den Hof, und ich wurde still, saß und sah nach der Tür. Und da rauschte es ein wenig in den anderen Zimmern, und Maman kam herein in der großen Hofrobe, die sie gar nicht in acht nahm, und lief beinah und ließ ihren weißen Pelz hinter sich fallen und nahm mich in die bloßen Arme. Und ich befühlte, erstaunt und entzückt wie nie, ihr Haar und ihr kleines, gepflegtes Gesicht und die kalten Steine an ihren Ohren und die Seide am Rand ihrer Schultern, die nach Blumen dufteten. Und wir blieben so und weinten zärtlich und küßten uns, bis wir fühlten, daß der Vater da war und daß wir uns trennen mußten. »Er hat hohes Fieber«, hörte ich Maman schüchtern sagen, und der Vater griff nach meiner Hand und zählte den Puls. Er war in der Jägermeisteruniform mit dem schönen, breiten, gewässerten blauen Band des Elefanten. »Was für ein Unsinn, uns zu rufen«, sagte er ins Zimmer hinein, ohne mich anzusehen. Sie hatten versprochen, zurückzukehren, wenn es nichts Ernstliches wäre. Und Ernstliches war es ja nicht. Auf meiner Decke aber fand ich Mamans Tanzkarte und weiße Kamelien, die ich noch nie gesehen hatte und die ich mir auf die Augen legte, als ich merkte, wie kühl sie waren.

(aus: Die Aufzeichnungen des Malte Laurids Brigge)

Abend im März

Ich trete in die Türe ein,
der Mond war vor mir dort.
Ach Mond, du sollst nicht bei mir sein!
Er schweigt und geht nicht fort.

Er wohnt in meiner Stube drin
seit gestern, als ich kam.
Ich seh ihn, weil ich traurig bin,
ich kenn ihn nur im Gram.

Ich zünde keine Lampe an,
ich setz mich in sein Licht,
durchs Fenster blick ich dann und wann,
der Mond erkennt mich nicht.

So eß ich einen goldnen Fisch,
gieß Wasser mir ins Glas.
Wie eine Wiese ist der Tisch,
im Mondlicht wächst das Gras.

Jetzt wird er bald verfinstert sein,
wohl gegen Ende März.
Und sinnlos fällt das Wort mir ein:
„Er ist der Nacht ihr Herz."

Er ist so blind, er ist so taub,
ihn kümmern Tränen nicht,
er schwankt im Wind, er hängt im Laub,
ach mit demselben Licht.

Günter Eich

Aus dem Gespräch mit Marie, Olli, Sandra und Bettina

Ute: Die Überschrift ist »Abend im März«. Was würdet ihr sagen, ist das Hauptthema des Gedichts?

Marie: Der Mond.

Sandra: Traurigkeit.

Olli: Finsternis.

Marie: Ja, es ist eben nicht finster, weil der Mond da ist. Es ist ja ein Abend.

Sandra: Stille.

Marie: Wahrscheinlich will der traurig sein, aber dann ist immer der Mond da und stört ihn dabei, daß es dunkel ist. Ich finde das so gemein. Ich mag den Mond ganz gerne. Aber der will den einfach wegschicken. Aber daß der in seiner Stube wohnt, das finde ich so süß.

Sandra: Das kann man sich so schön vorstellen.

Ute: Was stellt ihr euch dazu vor?

Sandra: Daß es halt 'n bißchen duster ist und dann scheint der Mond rein und dann halt das Gras.

Bettina: Und 'n goldnen Fisch auf dem Teller und das Wasserglas.

Marie: Vielleicht ist es nur so, daß das Mondlicht da auf den Fisch scheint. Aber wieso ißt der? Ich würde nichts essen, wenn ich so traurig wäre.

Sandra: Würd ich auch nicht, aber es klingt halt schön.

Bettina: Find' ich auch.

Sandra: Also jetzt geh' ich halt nicht davon aus, daß ich traurig bin, sondern ...

Bettina: Wenn ich traurig bin, hab' ich was andres zu tun, als was zu essen.

Sandra: Ja, eben. Da grübel ich immer.

Olli: Also ich find': »Er ist der Nacht ihr Herz.« – Das könnte ich mir so vorstellen: Die Nacht, das wär' der ganze Aufbau des Körpers, und der Mond, das ist einfach das Herz dazu. Ich find' das toll.

Ute: Aber warum sagt er da: »Und sinnlos fällt das Wort mir ein«?

Sandra: Weil der Mond halt so blind und taub ist wahrscheinlich.

Bettina: Das wird ja da beschrieben, daß er ihn nicht möchte, daß er fortgehen soll, und deshalb ist er für ihn sinnlos.

Ute: Er sagt nicht, daß der Mond sinnlos ist.

Bettina: Naja, klar, das Wort.

Marie: Vielleicht findet er ihn blöd, den Satz, weil er zu ihm eben nicht paßt.

Olli: Vielleicht ist er ihm einfach so eingefallen und er meint, es wär sinnlos, so'n Satz, also: »Er ist der Nacht ihr Herz.« Ich find' das halt einfach schön.

Marie: Ich find' das so dumm, daß er schreibt: »Er ist so blind, er ist so taub«.

Ute: »Ihn kümmern Tränen nicht.«

Marie: Was könnte denn der Mond tun? Er sagt das ja nur, weil es ihm grad so einfällt und weil er denkt, es wär' besser, wenn er nicht nur da oben rumstehen würde.

Ute: Sondern?

Marie: Vielleicht meint er auch, wenn er sowieso nur dasteht und nur Licht macht, dann soll er weggehen.

Ute: Ja, was wünscht er sich denn stattdessen?

Bettina: Dunkelheit.

Marie: Daß noch jemand da ist.

Sandra: Mit dem er reden kann.

Olli: Oder der ihn tröstet.

Sandra: Vielleicht, wenn er was gemacht hat, was nicht so gut ist, vielleicht wünscht er sich dann jemanden, mit dem er drüber reden kann und der sagt ihm dann einen Vorschlag, was er am besten machen soll. Vielleicht wünscht er sich das.

Marie: Ich find auch die dritte Strophe schön: »Ich zünde keine Lampe an, / ich setz mich in sein Licht. / Durchs Fenster blick ich dann und wann, / der Mond erkennt mich nicht.«

Sandra: Das klingt aber so, als wenn er ihn dann langsam mag – wenn er sich in sein Licht setzt, anstatt daß er eine

Lampe anmacht. In der ersten oder der zweiten Strophe da sagt er, daß er nicht will, daß der vor seinem Fenster scheint, der Mond. Und jetzt: »Ich zünde keine Lampe an, ich setz mich in sein Licht« – das klingt, als ob er ihn dann plötzlich wieder mag.

Ute: Komischerweise habe ich das vor diesem Gespräch überhaupt nicht bemerkt, daß er, so wie ihr das empfindet, ihn am liebsten fort haben wollte, sondern ich habe das immer so empfunden, daß er sich mit diesem Mondlicht sehr wohlfühlt in seiner Wohnung.

Marie: Dann würd' er ja nicht sagen: »Du sollst nicht bei mir sein«.

Ute: Weil er sich vielleicht eine andre Gesellschaft wünschen würde.

Olli: Oder er will überhaupt ganz allein sein.

Bettina: Und Dunkelheit haben.

Sandra: Ich finde die erste Strophe auch ganz schön, die ersten zwei Zeilen:
»Ich trete in die Türe ein,
der Mond war vor mir dort.«
Als ob der sich da freut, daß er weiß, der Mond erwartet ihn.

Olli: Ich finde die zwei Zeilen lästig. »Ich trete in die Türe ein, der Mond war vor mir dort.«

Marie: Das ärgert einen.

Olli: Ja, eben.

Marie: Wenn einer vor einem dort war.

Ute: Sandra meint das so, als hätte der Mond ihn erwartet.

Sandra: Ja, auch ...

Ute: Für euch wirkt das so, als hätte der sich vorgedrängelt.

Sandra: Ja, beides! Aber ...

Ute: Ist der Mond bei euch in der Wohnung auch manchmal?

Olli: Meistens.

Ute: Meistens?

Olli: Ja, wenn er halt da ist, bei mir. Ich hab' beim Englischen Garten eine Fensterseite, da schaut jedesmal der Mond ins Bett rein. Für mich toll, so'n runder Kreis.

Ute: Jetzt gerade haben wir Vollmond, oder?

Olli: Ja, ich glaub' schon. Bei mir ist da immer so'n ganz großer Kreis.

Ute: Immer kann das nicht sein. Wenn Neumond ist ...

Olli: Wenn dann die Decke so hoch geht, auf einmal ist dann nur die Hälfte da.

Ute: Olli, hast du dann auch das Gefühl »er ist so blind, er ist so taub«?

Olli: Ja, eigentlich schon. Ich finde das irgendwie ein bißchen einsam. Der ist einfach immer an der Stelle und rührt sich nicht.

Nach der Begegnung mit diesem Gedicht

Jede Überlegung, die von dem Gedicht wegführt, um es mit eigenen Gedanken und Erfahrungen zu verknüpfen und zu belegen, endet auf dieselbe Weise: Wenn ich zu ihm zurückkehre, steht es wie unberührbar und so zwingend da, daß alle eigenen Gedanken wie überflüssige Zutaten verschwinden. In diesem Sinne sind die folgenden Aufgaben gemeint: Vielleicht kannst du, wenn du mit ihnen innerlich ein paar Schritte von dem Gedicht weggegangen bist, es dann wieder neu wahrnehmen, vielleicht jedesmal ein wenig tiefer erleben.

✳ Beginne eine Überlegung, ein Gespräch, einen Aufsatz mit »Ich trete in die Türe ein...« und schildere, was du dann bei dir daheim siehst, hörst, erlebst.

✳ Richte es ein, daß du einmal in der Dämmerung heimkommen kannst, ohne daß Licht ist in der Wohnung oder in deinem Zimmer, ohne daß du »eine Lampe anzündest«. Wie erlebst du dein Zuhause dann?

✳ Suche und lies andere Gedichte, die den Mond und sein Licht zum Mittelpunkt haben.

✳ Der Mond ist immer da, aber Eich sagt hier, er kenne ihn nur im Gram. Überlege, wie du die Welt wahrnimmst, wenn du traurig bist. Siehst du dann andere Dinge als sonst?

✳ Sammle Wörter, Sätze, Gedanken unter dem Titel: »Abend im Januar«, »Abend im Juli«...

Gefunden bei Günter Eich

Ode an meinen Ohrenarzt

Der kleine Mann in meinem Ohr sagt: Fahre nach Madeira! Ich fahre nach Madeira. Alles ist so blau und weiß wie ichs mir dachte. Er fragt: Siehst du rosa Mäuse? Ja, sage ich, tatsächlich. Und schon huschen sie durchs Zimmer, liebe, ziemlich große Tiere, sehr zutraulich, fast dressiert.
Vorgestern sagte er: Zähle die Tassen im Schrank! Ich zähle. Fünf. Es müßten zwölf sein. Eine oder zwei vielleicht noch im Abwasch, nein, nur eine. Oder zähle ich falsch? Wirklich, einmal komme ich auf fünf, einmal auf sieben, eins, zwei, drei –
Tatsachen beruhigen mich. Ha, sage ich zu dem kleinen Mann, aber auf Interjektionen antwortet er nicht. Er sitzt in meinem linken Ohr, auf dem höre ich schlecht. Seit kurzem auch auf dem rechten. Vermutlich eine kleine Frau im rechten Ohr, und sie treffen sich, während ich schlafe. Seine Unruhe fällt mir in letzter Zeit auf.
Aber wo treffen sie sich? Im Nasen-Rachen-Raum, so wird man mißbraucht. Ich besuche meinen Arzt, der für diese Gegenden spezialisiert ist. Er macht ein optimistisches Gesicht und hat die schwedische Methode. Skol, sagt er, ich habe Ihnen doch gesagt, daß Sie keine Watte tragen sollen, und er zieht die Bäusche heraus. Frische Luft, sagt er.
Kaum bin ich zuhause, fängt der Kleine wieder an zu reden und beschwert sich über die ärztliche Behandlung. Übrigens muß ich heiraten, sagt er, meine Geliebte erwartet ein Kind. Wie stellt ihr euch das vor, frage ich zornig, aber jetzt antwortet er kein Wort mehr.

Fußnote (persönlich):
Auf dieser Seite sollte ein Text von Eich stehen, der von ihm selbst erzählt. Ich fand ein Gedicht über die Oder, das ist der Fluß seiner Kindheit. Es war aber da, wo ich es fand, leider nicht vollständig abgedruckt. Also suchte ich im ersten Band der neuen, vierbändigen Eich-Gesamtausgabe. Ich geriet ins falsche Register, fand kein Stichwort »Oder«, wohl aber den Hinweis auf die »Ode an meinen Ohrenarzt«. Erst als ich diesen Text, den Eich zu seinen Maulwürfen zählt, mit Entzücken gelesen hatte, fand ich auch das Gedicht über die Oder. Da stand aber schon fest: Der Maulwurf gehört in dieses Buch! Er paßt so wunderbar zu den Phantasien der Kinder im Gespräch über »das ohr« von ernst jandl. – U. A.

Nein, schlaft nicht,
während die Ordner der Welt geschäftig sind!
Seid mißtrauisch gegen die Macht,
die sie vorgeben für euch erwerben zu müssen!
Wacht darüber, daß eure Herzen nicht leer sind,
wenn mit der Leere eurer Herzen gerechnet wird!
Tut das Unnütze, singt die Lieder,
die man aus eurem Mund nicht erwartet!
Seid unbequem, seid Sand,
nicht das Öl im Getriebe der Welt!

Günter Eich

Nach dem Gespräch mit Thomas, Juliane
und Steffen

Thomas: Hat der Günter Eich im Dritten Reich gelebt?

Ute: Ja.

Thomas: Vielleicht, daß man gegen was sein soll, was nicht
recht ist ... Einfach sagen, auch wenn die andern es
nicht meinen, daß das schlecht ist.

Ute: Was hat dich darauf gebracht, Thomas?

Thomas: Das »Tut das Unnütze, singt die Lieder, / die man
aus eurem Mund nicht erwartet.« Also nicht, was die
im Dritten Reich alle getan haben, sondern gegen
den Hitler und das Regime was sagen. – Und das
»Seid unbequem, seid Sand, / nicht Öl im Getriebe
der Welt.«

Juliane: Was heißt denn »seid Sand«?

Thomas: Da hat jeder gemacht, was man ihm gesagt hat. Und
wenn man's nicht gemacht hat, ist man bestraft
worden. Aber wenn alle gegen das gewesen wären,
wo die ihnen vorgeschrieben haben, dann hätte es
KZs und den Krieg nie gegeben. Aber da habens
Angst gehabt.

Ute: Müssen das alle sein?

Thomas: Nein. Da gab's ja die Weiße Rose und andere, wo
gegen den Hitler waren.

Ute: Die Weiße Rose, das war hier in München.

Thomas: Ja, das war Sophie Scholl, Hans Scholl, ...

Juliane: Willi Graf, von meiner Schule. Und bei uns, da wohnt noch einer, der war Mitglied der Weißen Rose.

Thomas: Und der Hans Schmorell und so'n Professor.

Ute: Huber.

Thomas: Professor Huber. Die haben sich so lange gegen das Regime gewehrt. Wies jung waren, warens sogar bei der Hitlerjugend. Und wies dann groß wurden, habens gemerkt, daß das ein Verbrechen war, da habens Flugzettel verteilt und draufgeschrieben habens von München bis nach Wien, in ganz Deutschland verstreut. Aber dann hat mans mal erwischt, wies in ihrer Universität die Flugzettel verteilt haben; und da hat der Hausmeister sie verraten und die Polizei geholt und da habens sie ins Gefängnis getan. Dort sinds ausgefragt worden und die haben schon gewußt, das hilft nichts mehr. Sie werden umgebracht, und habens alles zugegeben. Und dann wurdens 1944 geköpft.

Juliane: Woher weißt du das alles so genau?

Thomas: Ich hab' das Buch durchgelesen. Die weiße Rose.

Ute: Und wißt ihr, wo das war?

Thomas: In München.

Ute: Hier, in der Münchner Universität, wo ihr vorbeifahrt, wo links und rechts die großen Brunnen sind.

Juliane: Aber das mit dem Sand kapier' ich immer noch nicht. »Seid unbequem, seid Sand ...«

195

Steffen: Ja, man soll die Arbeit der Ordner der Welt unter-
            brechen und nicht unterstützen.

Ute: Wer sind denn die Ordner der Welt?

Thomas: Könige, Präsidenten, Diktatoren … Präsidenten, ja.
            In Rußland, da auch, da gibt's auch bloß einzelne,
            die sich wehren … Politiker …

Ute: Gibt's das in eurem Leben, in eurer Welt auch, daß
            andere bestimmen, wie euer Leben geregelt ist?

Juliane: Die gibt's ja immer.

Thomas: Die Lehrer auch. Die tun's zwar nicht so stark, aber
            auch. Oder wenn einer größer und stärker ist, wenn
            man sich gegen den nicht wehren kann, der kann
            einem dann auch was befehlen.

Ute: Lest das Gedicht doch noch mal durch und überlegt,
            welche zwei Zeilen am wichtigsten sind.

Steffen: »Wacht darüber, daß eure Herzen nicht leer sind,
            wenn mit der Leere eurer Herzen gerechnet wird.«

Ute: Bedeutet das für euch auch was?

Steffen: Ja, daß man eine eigene Meinung hat, und nicht sich
            der Meinung der Politiker anschließt.

Thomas: Und daß man sich nicht immer so hingehen läßt und
            meint, das ist schon alles richtig und daß man auch
            was gescheit in die Hand nimmt.

Juliane: Vielleicht will er erzählen, wie es da war, und daß
            man es heute anders machen soll.

Steffen: Er will uns Ratschläge geben, wie man es besser machen kann.

Thomas: Daß man nicht nur in seinem eigenen Land, sondern auch woanders helfen soll.

Juliane: Irgendwie hat es auch Bezug auf heute, daß man es heute richtig machen soll, und nicht wie früher, daß sie sich nicht gewehrt haben.

Steffen: Ja, man soll gerade das tun, was die andern nicht von einem erwarten. Das wird zweimal gesagt.

Juliane: Man kommt immer wieder darauf zurück, daß der die Befehle gibt, wie man's machen soll. Immer wieder »seid«, »tut« und daß er's selber vielleicht falsch gemacht hat.

Steffen: Er umschreibt die Vorschläge, wie man's machen soll, so, daß er möglichst viele Vorschläge in möglichst wenige zusammenfassen kann.

Juliane: Vielleicht stellt der neue Gebote auf…

Thomas: Nicht ganz. Denn da heißt es ja auch, man soll seine Feinde lieben, und das kommt gar nicht vor, im Gegenteil.

Ute: Habt ihr das Gefühl, daß der Günter Eich sich auch an euch wendet?

Thomas: Ja, das sagt er ja immer.

Juliane: Der sagt ja, wie man's machen soll.

Steffen: Ich denke, daß wir noch nicht so damit befaßt sind, was die Politiker machen. Daß wir uns noch nicht so dafür interessieren, daß wir da noch nicht so richtig mitmischen dabei.

Ute: Habt ihr schon einmal erlebt, daß jemand etwas von euch verlangt hat, wo ihr gemeint habt, das wäre nicht recht, das zu tun? Oder daß etwas passiert ist, irgendwo in eurer Nähe, und ihr habt das auch gewußt, daß das nicht in Ordnung ist?

Thomas: Ja. Einmal in der Klasse, der Peter hat gesagt, daß der Philipp und noch ein paar andere in der Schule da die Türe bei der Toilette verkratzt haben und dann haben die gesagt, der Peter bekommt Schläge, und dann bin ich zum Lehrer gegangen und habs gesagt, und dann waren die alle sauer auf mich und die wollten mich und den Peter zusammen verschlagen. Aber dann hat der Lehrer gesagt, wenns das machen, dann bekommens Strafe.

Ute: Und wie ist es ausgegangen?

Thomas: Die habens nichts mehr gemacht. Aber dann mekkerns immer noch rum, man wär 'ne Petze. Aber das stimmt ja nicht, da tut man andern helfen.

Ute: Habt ihr den Eindruck, daß es allen Menschen bei uns gut geht?

Juliane: Also ich glaub', daß es in Deutschland den Menschen schon relativ gut geht, im Gegensatz z. B. zu Indien, wo die Leute kaum was zu essen haben und so ...

Thomas: Eigentlich ist fast jeder Egoist. Man denkt bloß an sich und wie es einem besser geht; was den andern passiert, ist einem wurscht, nur die Verwandtschaft oder Familie interessiert einen. Da kann einer viel Macht gewinnen, weil man denkt, wenn man den wählt oder für den ist, dann geht's einem auch besser und hat man auch mehr Macht.

Ute: Dieses Gedicht will was von uns.

Juliane: Vielleicht will es einen warnen. Wenn man nicht mit der Mehrheit stimmt, dann schaun sie ein'n an: Ja als einzelne? Ja da schließ dich doch uns an oder so.

Ute: Und was tust du dann?

Juliane: Ich weiß nicht, da gibt man halt Gegenargumente, vielleicht schließt sich dann jemand mir an.

Steffen: Dann fühlt man sich ausgestoßen.

Ute: Haltet ihr das aus?

Steffen: Oft nicht. Dann schließt man sich der Mehrheit auch an. Selten steht man's durch.

Thomas: Wenn die dann gegen mich sind, dann bin ich stur und bin auch gegen die, dann wehr' ich mich.

Steffen: Ja, da kommen dann aus der Menge, die dafür waren, dann plötzlich welche: »Ach ja, stimmt, das ist schon richtig so.«

Ute: Wenn man es durchhält.

Steffen: Ja.

Thomas: Da steht auch, man soll dann im Getriebe, da soll man sich auch gegen die Mehrheit wehren.

Juliane: Die vielleicht nur etwas machen, weil die andern das machen.

Ute: Und wann haltet ihr das durch, zu eurer Meinung zu stehen, selbst wenn die Mehrheit anderer Meinung ist?

Thomas: Wenn die für was Schlechtes sind. Oder wenn die für was sind, wo keinen Sinn hat.

Steffen: Oder, wenn irgendeiner einen unterstützt, es muß nur einer sein.

Juliane: Wenn jemand sagt: »Ich unterstütz' dich und die Juliane hat eigentlich ganz recht«. – Dann kriegt man mehr Mut und dann ist es viel leichter, sich zu wehren.

Ute: Sand oder Öl?

Juliane: Ich kapier' das immer noch nicht so ganz mit dem Sand und dem Öl.

Ute: Nein?

Juliane: Also, kann das vielleicht heißen, wenn Sand ins Getriebe kommt, dann stoppt's und wenn Öl kommt, dann läuft's halt immer besser, also immer schneller.

Steffen: Ja, wenn einer gegen die Mehrheit ist, dann halten sie auf einmal inne und überlegen sich, ob das wirklich richtig ist, und wenn er dafür ist, dann geht's weiter, dann geht's noch viel schneller. »Seid unbequem« – also man soll nicht bequem sein und sagen: »Jaja, stimmt schon, was ihr sagt. Ich bin auch dafür, ihr seid ja die Mehrheit, ich hab' sowieso keine Chance.« Sondern man soll sich auch dagegen wehren, man soll auch dagegen sein.

Über Günter Eich

»Die ihn kannten und liebten – und es war schwer, ihn zu kennen, ohne ihn zu lieben – ahnten schon immer, daß er ein Besonderer, ein, wie Werfel von Kafka sagte, ›Bote des Königs‹, ein Unerschöpflicher sei.« So heißt es im Nachruf Joachim Kaisers auf Günter Eich. Mit ähnlicher Achtung äußern sich auch die anderen Freunde über ihn. Wenn man das liest, spürt man Trauer, weil man ihn nicht gekannt, ihn nicht wenigstens einmal bei einer seiner Lesungen erlebt, bei einem Vortrag gehört hat, und man empfindet Scheu, selber etwas über ihn zu sagen oder zu schreiben. Eich selber hätte wohl lieber, daß man liest, was er für uns hat drucken lassen, statt in sein Leben zu schnüffeln.

Darum nur einige Daten: Er wird geboren in Lebus an der Oder. Der Vater ist Landwirt. Die Familie zieht häufig um, übersiedelt nach Berlin. Dort geht Günter Eich zur Schule, sein Abitur macht er in Leipzig. Dann studiert er Sinologie in Berlin. Als er 21 Jahre alt ist, erscheinen erste Gedichte von ihm in einer Anthologie. Zwei Jahre später wird sein erstes Hörspiel gesendet. Wieder zwei Jahre später erscheint sein erster Gedichtband. Er studiert Ökonomie, entschließt sich aber, 25 Jahre alt, als Schriftsteller zu leben. Bis 1939 arbeitet er für den Rundfunk, schreibt keine Gedichte mehr. Dann ist er bis 1945 Soldat im Zweiten Weltkrieg, anschließend ein Jahr in Kriegsgefangenschaft. In dieser Zeit beginnt er erneut, Gedichte zu schreiben. 1947 gründet er mit anderen Schriftstellern die »Gruppe 47«. Er lebt nun bei Landshut.

Dem großen Publikum wird er durch seine Hörspiele bekannt. Sie bestimmen fortan das »Eich-Maß«, an dem die Qualität eines Hörspiels gemessen wird. 1950 sendet der NDR »Die gekaufte Prüfung«. Eich hatte dem Hörspiel einen offenen

201

Schluß gegeben, gesendet wurde es mit drei verschiedenen Schlußlösungen. Tausende von Hörern schrieben an den Sender und begründeten ihre Entscheidung für eine der Lösungen.

»Alles, was geschieht, geht dich an.« So heißt es einmal bei Eich. Die Resonanz, die seine Hörspiele fanden, zeigt, wie viele Menschen sich diese Haltung für ihr eigenes Leben wünschen, wenn wohl auch nicht entschieden genug.

Eich hat in seiner Rede vor den Kriegsblinden, die ihm 1953 ihren Hörspielpreis verliehen, u. a. gesagt: »In mancher Hinsicht ist ja der Mensch schlechthin, nicht nur der Blinde, blind. Seine Sinnesorgane erfassen immer nur einen Teil der Wirklichkeit … eigentlich kann er sich nur dem nähern, was er liebt, und nur das vermag er wirklich zu erkennen. Die blinde Hand, die voller Liebe eine Blume ertastet, sieht sie besser als das Auge, das ganze Gärten gleichgültig registriert.« Die weiteren Stationen von Günter Eichs Leben und Schreiben sollen hier nicht genannt werden. Die Abrundung würde nur täuschen. Wer gelesen hat, was auf diesem Blatt steht, ist vielleicht – hoffentlich! – bereit, nun selber nach Eichs Werk, seinen Gedichten, Hörspielen und »Maulwürfen« zu greifen.

Günter Eich wurde am 1. Februar 1907 in Lebus an der Oder geboren. Er starb am 20. Dezember 1972 in Salzburg.

Tragik

Das ist das Schwerste, sich verschenken
und wissen, daß man überflüssig ist,
sich ganz zu geben und zu denken,
daß man wie Rauch ins Nichts verfließt.

Selma Meerbaum-Eisinger

Aus dem Gespräch mit Barbara, David und Eva

Eva: Wie meint sie denn das »sich verschenken«?

David: Bei Weihnachten z. B., daß man das alles nun vergißt und daß man wirklich nur an Weihnachten denkt. Das ist halt eine sehr schwierige Zeit in so einer Situation.

Eva: Vielleicht, daß man meint, daß man unter einer anderen Macht steht, nicht sich selbst gehört, sondern daß man jemand anderem den Wunsch erfüllen muß ...

David: Wenn man im Krieg ist, dann verschenkt man praktisch sich selbst, wenn man von 'ner Kugel getroffen wird, dann verschenkt man sich fürs Vaterland oder für was auch immer, für was man halt kämpft.

Barbara: Ja, vielleicht, daß es gar keinen Sinn mehr hat, daß man lebt, irgendwie. So, in der Zeit ... daß es egal ist, wenn man jetzt stirbt oder umkommt ... das ist egal, überflüssig.

Eva: Es wird einem ja auch andauernd klargemacht, daß das Leben jetzt überhaupt keinen Zweck mehr hat, und dann kommt man halt auf solche Gedanken, daß es auf einmal überflüssig ist, weil einem andauernd gesagt wird: Dein Leben hat gar keinen Zweck mehr, du wirst sowieso wahrscheinlich im Krieg umkommen. Und dann denkt man sich halt, daß man jetzt überflüssig ist.

Ute: Ist das etwas, was ihr nachfühlen könnt?

Eva: Mir kommt das nicht ganz fremd vor. Aber so, daß
           ich so ein Gefühl schon selber mal gehabt hätte, so
           war das noch nicht. Meine Eltern, die haben mir
           auch erzählt, wie das schlimm im Krieg war, aber
           überhaupt das Schlimme, das sehr Schlimme, das
           haben sie mir nicht ausführlich erzählt, sie wollen
           das ja auch verbergen und mir nicht Angst einflößen.

David: Ich hab' soviel andre Sorgen auch, mit der Schule
           und so, daß das alles gutgeht, daß ich meistens
           eigentlich gar nicht soviel daran denke ... Manchmal
           schon.

Ute: Woran?

David: Ja, wie das dann wäre, was man da machen könnte,
           ich meine, weit weg könnte man ja nicht gehen ...

Ute: Wie wäre was, David?

David: Wenn ein Weltkrieg ausbrechen würde ... Ich denk'
           mir immer, wenn nichts passiert, ist ja gut, dann lebt
           man ganz normal weiter und dann stirbt man irgend-
           wann mit 90 oder 80.

Ute: Macht ihr euch eigentlich Gedanken darüber, daß
           ihr eben nicht überflüssig sein möchtet?

David: Ja, schon. – Ich denk' manchmal, wenn ich viel
           gelernt habe, was hat das denn für einen Sinn. Man
           muß es halt verwenden können, später mal, wenn
           man erwachsen ist – zum Beispiel wenn ich Politiker
           werde.

Eva: Ich stell' mir vor, ich hab' ja, als ich drei Jahr alt war, hatt' ich ja so'n Fieberkrampf und da wär' ich ja beinah gestorben. Und wenn ich mir jetzt vorstell', daß ich das Ganze nicht erlebt hätte, dann fänd' ich das überhaupt nicht schön. Es gab zwar auch schlimme Zeiten, aber wenn ich mir vorstell', daß ich das überhaupt nicht erlebt hätte, das ganze Leben nicht, die Entwicklung – dann kann ich mir das gar nicht vorstellen.

Barbara: Musiker, berühmte, die haben ja auch in unser Leben irgendwie Sinn reingebracht. Wenn wir jetzt Klavier spielen wollen, dann können wir von denen ein Stück spielen.

David: Oder die Menschen, die nach Afrika gehen und da irgendwelche Schulen oder Krankenhäuser bauen, um anderen Menschen damit zu helfen, und gute Werke halt tun für andere Menschen.

Ute: Jetzt muß ich euch etwas sagen, was die ganze Sache sicher noch schwerer macht. Selma Meerbaum-Eisinger, von der das Gedicht ist, dieses Gedicht, das sie mit 17 Jahren geschrieben hat, ist mit 18 Jahren, ziemlich genau ein Jahr später, im KZ umgekommen. – Du machst jetzt so ein Gesicht, als hättest du dir sowas gedacht.

Barbara: Ja, hab' ich auch.

David: Ich hab' zuerst gedacht, es erinnert mich ein bißchen an's Tagebuch der Anne Frank.

Ute: Habt ihr das gelesen?

Alle: Hm.

Ute: Habt ihr das in der Schule gelesen?

David: Ja, nur ein Kapitel. Und dann hab' ich mir das Buch
           gewünscht und dann hab' ich erst den Anfang gele-
           sen und dann hab' ich mich nicht mehr getraut, wei-
           terzulesen.

Barbara: Ich hab's schon gelesen, ganz. Das ist auch so
           ähnlich. Die hat auch so Ideen gehabt, ob das noch
           einen Sinn hat, das Leben. Ob sie sich nicht schon
           vorher umbringen soll.

Eva: Wenn man ein Jude ist und sowas mitgemacht hat,
           die ganze Zeit, immer nur aus dem Haus raus-
           geschmissen werden und ins KZ eingeliefert zu
           werden, dann denkt man sicher so: Wozu hat das
           eigentlich Sinn? Das Leben ist ja sowieso nicht
           schön, und da brauch' ich ja nicht mehr zu leben.

Barbara: Ich meine, daß die Politiker, die da um einen dritten
           Weltkrieg herumstreiten, sich das genauer überlegen
           sollten. Wenn ein Atomkrieg ausbricht, dann sind ja
           sie auch … leben sie auch nicht mehr.

David: Wenn ich bedenke, was da schon alles passiert ist,
           mit den Indianern und in Afrika, wo sie die Men-
           schen nach Amerika verschleppt haben … die Skla-
           verei im Altertum und so …

Ute: Alles Menschen, die nicht gefragt worden sind.

Gefunden bei Selma Meerbaum-Eisinger

Stille

Im Zimmer schwebt die Stille und die Wärme,
ganz wie ein Vogel in durchglühter Luft,
und auf dem schwarzen kleinen Tische
liegt still das Deckchen, dünn und zwart wie Duft.
Das Glas mit klarem Wasser, wie ein Traum,
wacht, daß das Glöckchen neben ihm nicht lärme,
und wartet scheinbar auf die kleinen Fische.
Die rote Nelke dämmert in den Raum,
als wäre sie dort Königin.

Die ganze Stille scheint für sie zu sein,
und nur die Flasche mit dem süßen Wein
blinkt still und wie befehlend zu ihr hin.
Sie aber schwebt auf ihrem grünen Stengel,
dünn wie im Kindertraum das Kleid der Engel,
und ihr betäubend süßer Duft lullt ein,
als wollt' er aus dem Märchenschlaf
Dornröschen rauben.

Die Fenster blicken auf die Straße und sie glauben,
daß dort sei alles nur für sie getan.
Der Spiegel glänzt und in ihm tickt die Uhr,
ganz weit im fernen Dorfe kräht ein Hahn,
und die Gardinen bändigt eine blaue Schnur.
Die Nelke mit den zarten roten Spitzen
harret des Sonnenstrahls, der durch die Ritzen
ihr heut ein Kleid aus Goldstaub angetan.

24. 10. 1939

Über Selma Meerbaum-Eisinger

»Selma ist in ärmlichen Verhältnissen aufgewachsen. Sie wohnte
bei ihrer Mutter und bei ihrem Stiefvater im Süden der Stadt am
Fuße der Habsburgerhöhe. Die Wohnung bestand aus einer
Küche und einem großen Zimmer. Man ist reingekommen durch
einen langen Gang, ein paar Stiegen führten in den ersten Stock
direkt in die Küche. Elektrisches Licht gab es nicht. Im großen
Zimmer standen die Ehebetten. Am Fußende ein Sofa, auf dem
Selma schlief, dann zwei Schränke und dazwischen ein kleiner
Schreibtisch für Selma. Kein fließendes Wasser, kein Bad.«

So zitiert Jügen Serke eine Schulfreundin Selmas in dem Buch
»Ich bin in Sehnsucht eingehüllt«, das 57 Gedichte des Mädchens enthält und die Geschichte der Spurensuche Serkes. Die
Stadt, in der sie geboren wurde und aufwuchs als Jüdin mit
Deutsch als Muttersprache, ist Czernowitz in Rumänien. 1941
verloren die 60 000 Juden in Czernowitz ihre Bürgerrechte und
wurden in einem Getto auf kleinstem Raum zusammenge-
pfercht. Die Freundin sah, wie Selma und ihre Eltern im
November unter einem Arkadengang hausten, der mit Decken
verhängt war. Schubweise wurden die Juden deportiert. Selma
mußte mit den Eltern in einem Lager schwerste Zwangsarbeit im
Dienste deutscher Straßenbaufirmen leisten, monatelang unter
freiem Himmel lebend, bedroht von Hunger und Krankheit,
ausgesetzt der Willkür und Grausamkeit des SS-Personals.

Im Alter von fünfzehn Jahren hatte sie angefangen, Gedichte
zu schreiben. »In ihnen versucht sie, die Wirklichkeit, an der sie
zerbrach, zu verwandeln in eine Arche Noah. Ausgesetzt, aber
mit Hoffnung auf Rettung. Gedichte, die ein Stück Weltliteratur
sind, aber die Welt kennt sie nicht ... Wer in Zukunft von Anne
Frank spricht, wird auch von Selma Meerbaum-Eisinger sprechen müssen. Wie von zwei Schwestern, von denen die eine

dokumentierte, was die andere dichtete. ... Anne Frank, die 15 Jahre alt wurde, kam im März 1945 im KZ Bergen-Belsen um. Sie starb an Typhus, wie Selma zwei Jahre zuvor, 2000 Kilometer östlich«.

Er erzählt auch, wie Selmas Gedichte gerettet wurden. Sie hatte sie ihrem Freund gewidmet, der nach Palästina auswandern wollte. Der nahm das Album mit zur Zwangsarbeit und gab es dann einer Freundin Selmas, damit sie es bewahrte, falls er den Weg nach Palästina nicht schaffte. Er starb unterwegs, das Album kam in die Hände von Selmas Freundin Renée, die aus dem Lager fliehen konnte. Sie nahm es im Rucksack mit, schlug sich »quer durch Europa. Zu Fuß, mit dem Pferdewagen, auf Dächern von Personenzügen, durch Polen, Ungarn, die Tschechoslowakei, durch Österreich, durch Deutschland, nach Paris. 1948 landete sie mit einem Schiff in Israel, in ihrem Handgepäck die Gedichte. Der Koffer, den sie vorausgeschickt hatte, ging verloren.«

Selma Meerbaum-Eisinger wurde nur 18 Jahre alt. »Es muß ihrer Mutter und ihrem Stiefvater gelungen sein, die SS-Männer über den Gesundheitszustand ihrer Tochter zu täuschen. Wer in Michailowska wie Selma an Flecktyphus erkrankte, wurde von der SS sofort erschossen. Frau Daghani erzählt, wie Selma mit Fieber daniederlag und vor sich hin sang: Die Stimme wurde immer schmaler, schwächer. Dann war es still«.

Ihre Gedichte lassen uns mit Entsetzen ahnen, wieviele Dichter in der Zeit der Nazis ermordet wurden, die nichts hinterlassen konnten, deren Stimme niemals einen Namen bekam.

Selma Meerbraum-Eisinger wurde am 15. August 1924 in Czernowitz geboren und starb am 16. Dezember 1942 in dem von der SS geführten Arbeitslager Michailowska.

Die Gerechten

als schuster Baruch schon im sterben lag
stach er die letzten nähte an den schäften
beschloß noch hier und da mit zwirn zu heften
sein atem stand – und weiter ging der tag

hätt er gelesen daß die schöpfung ruht
auf acht erwählten die gerecht und wahr sind
die niemand kennt und niemals offenbar sind
vielleicht hätt er uns sorgloser beschuht

jedoch die sage war ihm nicht bekannt
nicht auf erwählte warf er seine plagen
und was er trug hat er allein getragen
jetzt rollte ihn ein fuhrwerk über sand

und nur der fuhrknecht bog den nacken tief
er hörte plötzlich auf den gaul zu prügeln
stieg ab und hielt die hand leicht in den zügeln
und fortan sah man wie er bergwärts lief

Christa Reinig

Aus dem Gespräch mit Marie, Bettina und Robert

– Das ist ein alter, jüdischer Mythos, der sagt, daß das Schicksal der Welt ruht auf acht bzw. an manchen Stellen heißt's 36 Gerechten, die niemand kennt.

– Ein Mensch kann doch nicht richten über jemanden, ob der jetzt stirbt oder nicht und alles wissen, was jeder gemacht hat.

– Das heißt nicht, daß er richtet, sondern daß er in seinem eigenen Tun gerecht ist, d. h. das Richtige tut oder das Rechte tut.

– Ja, warum beruht auf denen die ganze Schöpfung? Und wenn die sterben, was ist dann?

– Wenn einer von den Gerechten stirbt, tritt ein anderer an seine Stelle.

– Das hab' ich aber noch nie gehört. Ist das eine Sage, oder was ist denn das?

– Ein Märchen!

– Märchen kann man eigentlich nicht sagen. Das ist ein Mythos, sagt man.

– Was ist ein Mythos?

– Eine Geschichte, wo man nicht so danach fragt, ob das nun wirklich wahr gewesen ist, genau so. Man lebt mit der Geschichte, so als ob sie wahr wäre.

– Wissen die dann da alles davon? Ist es deswegen? Und verkünden die das weiter?

– Sie wissen es ja selber nicht, daß sie die Gerechten sind.

– Ach so. Und wenn sie was Falsches machen, dann ist es ganz schlimm.

– Machen sie ja nicht. Sonst wären sie ja nicht die Gerechten.

– Das kann man doch gar nicht. Immer das Richtige machen, das ist doch blöd.

– Das gibt es nicht.

– Das ist doch blöd, wenn die immer gut sind.

– Das ist was Abnormales: alles gut machen.

– Wenn der Schuster so ein Gerechter wär, dann ist jetzt vielleicht der Fuhrknecht der Gerechte. Oder... auf alle Fälle war der Schuster 'n Gerechter.

– Wieso?

– Das glaub' ich.

– Aber wieso kommst du drauf, daß gerade der, der überhaupt nichts weiß und so dumm ist...

– Woher weißt du, daß er dumm ist?

– Ja, weil er nicht gelesen hat, daß die Schöpfung auf acht Erwählten ruht.

– Mein Gott, liest du alle Texte auf der Welt?

– Genau!

– Aber ich bin ja auch kein Gerechter.

– Woher weißt du das? Er weiß ja auch nicht, daß er ein Gerechter ist.

– Trotzdem muß er alles richtig machen. Natürlich, ihr habt's selber gesagt.

– Ja, wenn du keinen Text liest, das ist ja dann nicht falsch.

– Natürlich! Es ist immer richtig, was zu lesen.

– Er kann ja nicht alles lesen.

– Muß er sich halt bemühen, daß er wenigstens ein bißchen liest.

– Alle Texte kann er nicht lesen, auch wenn er der Beste ist.

– Ja, aber er ist ja auch Schuster.

– Ja, mei!

– Da muß er sein Handwerk machen und nicht dauernd lesen, lesen, lesen, lesen...

Außerdem kann man auch so erfahren sein.

– Genau, durch Erfahrung.

– Marie, du mußt unterscheiden, glaub’ ich, zwischen »alles richtig machen« und »das Rechte tun« da, wo du lebst…

– Jedem helfen, wenn er in Not ist.

– Aber dann hätt’ er mehr Freunde, dann hätt’ er einfach mehr Freunde, die auch mal bei seiner Beerdigung wären, wenn er ein paar das Leben gerettet hat oder so…

– Ja, aber wennst einen rettest, muß er dich ja nicht unbedingt mögen, der kann dich ja genausogut hassen.

– Das finde ich aber ungerecht! Wenn der mich hassen würde, würd’ ich ihn gleich nicht retten. (Gelächter)

– Das weißt du doch erst nachher!

– Würdest du jemanden, der dich nicht mag, nicht retten?

– Ja, aber der wird mich dann wohl auch mögen, weil – das wär’ ja gemein: Ich rette ihn, und dann mag er mich nicht.

– Das gibt’s aber!

– Jetzt hat Robert vorhin gesagt, der Schuster Baruch war wohl ein Gerechter und der Fuhrknecht hat sozusagen seine Nachfolge angetreten. Woraus liest du das?

– Das hab’ ich mir so gedacht, daß das so sein könnte. Ich weiß es nicht. Ich weiß nicht, wie ich darauf gekommen bin.

– Daß er jetzt aufhört zu prügeln. Und absteigt!

– Ja.

– Du wolltest sagen, daß der Fuhrmann der Gerechte ist.

– Zuerst war der Schuster der Gerechte, und dann er.

– Jetzt ist aber die Frage: Warum erzählt man sowas?

– Wenn er gewußt hätte, daß er seine Plagen jemand anders geben könnte, dann wäre er sorgloser gewesen. Das ist eben gut auch für Kinder oder so, wenn sie nicht immer denken: Jetzt ruht alles immer auf mir. Und dann können sie denken: Ach, ist ja nicht so schlimm!

– Die Gerechten übernehmen das Leid von den andern, für die andern. Und die andern sind dadurch entlastet.

– Und sie selber, was machen die?

– Vielleicht sind die das gewohnt, daß sie Leid ertragen müssen. Vielleicht ist ihnen das was ganz Normales.

– Ich hab' neulich jemanden gefragt, einen jüdischen Philosophen, was er von diesem Mythos wüßte, und er hat gesagt: Man hat das immer den Kindern erzählt, um sie damit auch dazu anzuhalten, selber auch zu versuchen, möglichst gut zu sein.

– Dacht' ich mir. – Aber wenn man kein Gerechter ist, dann wird man es ja auch nicht. Die sind ja sicher von Geburt an festgelegt. Das ist sicher eine Veranlagung.

– Oder vielleicht denken sie sich, wenn man selber nicht soviel Leid hat, dann müssen die Gerechten auch weniger Leid tragen.

– Bei einem anderen jüdischen Philosophen habe ich gelesen, daß der unerkannte Gerechte unser unscheinbarer Nachbar sein kann. Das kann uns bescheiden machen.

Nach der Begegnung mit diesem Gedicht

✳ Der unerkannte Gerechte kann der Nachbar sein, den wir nicht kennen, nicht beachten, nicht schätzen. Das Gedicht mag uns bewegen, uns unsere eigenen Nachbarn genauer anzuschauen, über sie nachzudenken, zu überlegen, ob wir ihnen als Nachbarn gerecht werden.

✳ Man kann auch überlegen, wie der Schuster Baruch sich unter uns zeigen würde.

✳ Viele Kinder singen das Abendlied von Matthias Claudius, besonders gern. Es beginnt »Der Mond ist aufgegangen ...« und endet »... und laß uns ruhig schlafen, und unsern kranken Nachbarn auch«. Es ist dieser Schluß, der Kinder nachdenklich macht. Es ist ihnen natürlich, mit dem Nachbarn verbunden zu sein. Er gehört zu ihrem Leben. Er ist der fremde Nächste, das Fremde in der Nähe.

✳ Kann man für die Nachbarn oder mit ihnen das »Abendlied« singen?

✳ Wann, wie zeigst du dich deinen Nachbarn als ihr Nächster?

✳ Such und lies Geschichten von Nachbarn.

Über Christa Reinig

Geboren in Berlin, wuchs sie dort in Armut auf. Ohne poetische Verklärung erzählt sie:

»Wenn ich ausgestreckt auf meiner Liege liege und mein Klein-Zimmerchen überschaue, dann denke ich daran, daß meine Leute einst in einem Raum wohnten, der ein gutes Stück kleiner war, und wir waren gewöhnlich zu dritt. Wenn wir Gäste hatten oder sich Onkels und Tanten aus Wohnraumschwierigkeiten vorübergehend bei uns einquartierten, zu viert oder zu fünft. In diesem einen Raum aßen wir, schliefen wir, machte ich meine Schularbeiten, dort arbeitete mein Stiefvater, Onkel Gottlieb, an seinem perpetuum mobile, und meine Mutter kochte und wirtschaftete herum. Nach dem Gebrauch der Zeit nannte man so etwas eine › Wohnküche‹. Meine Mutter, die einen Zug zum Höheren in sich fühlte, bestand darauf, daß es eine › Kochstube‹ sei. Das Klo zu diesem Wohnraum war das Gemeinschaftsklo der Kellerbewohner und befand sich im 2. Hausflur. Wir wohnten aber gar nicht im Keller, sondern im 4. Stock unter dem Dach. Als wir einzogen, boten uns die Nachbarn zur Linken und zur Rechten ihr Klo an. Wir hätten nur, wenn wir mußten, an ihren Wohnungstüren zu klingeln brauchen. Aber meine Mutter schlug ihnen diese Freundlichkeit ab. Da es ihre Aufgabe war, über die Familienehre zu wachen, mußten wir uns fügen und treppten vier Treppen rauf und runter, um unsere Natur abzubüßen. Dieses Klo, es stank wie die Pest. Wenn es wenigstens noch nach Scheiße gestunken hätte! Es stank nach dem Knaster, den der halbwahnsinnige Alte rauchte, der unaufhörlich Lieder sang, die er selbst erdichtet und komponiert hatte.«

Christa Reinig arbeitet nach der Schule in der Fabrik, dann als Blumenbinderin. Sie macht das Abend-Abitur und studiert. Sie

217

bekommt in Bremen einen Literaturpreis und verläßt die DDR. Sie paßt sich nicht an, sie bleibt der Sicht von unten, den alten Bindungen und Gefühlen treu. Ein Beispiel:

Bankert

Meine Mutter hat die Gewohnheit, mich anzureden mit: »drekkichter Bankert, du dreckichter!« Da wir mehr im Guten als im Bösen miteinander auskommen, ist diese Redensart häufig mit zärtlicher Betonung und mit einer Gabe verbunden: »Da hast du einen Apfel, du dreckichter Bankert, du dreckichter!« Viele Jahre später erfahre ich, daß ich tödlich beleidigt worden bin. Aber ich kann den Schimpf nicht mehr realisieren. Es bleibt mir als Kosewort im Ohr und in der Empfindung.

Christa Reinig wurde am 6. August 1926 in Berlin geboren. Bis 1964 lebte sie in Ost-Berlin, heute lebt sie in München.

Für ein gestandenes Lachen

Einer hat hier laut gelacht
und sich leis davon gemacht
Hauswirt kam mit großen Pratzen
um das Lachen abzukratzen
doch das Lachen hat Bestand
lachte weiter von der Wand
Schwarz und Weiße Heiden Christen
Zugereiste und Touristen
Männer Kinder Weiber Frauen
kommt das Lachen anzuschauen.

Christa Reinig

Palmström

Palmström steht an einem Teiche
und entfaltet groß ein rotes Taschentuch:
Auf dem Tuch ist eine Eiche
dargestellt, sowie ein Mensch mit einem Buch.

Palmström wagt nicht sich hineinzuschneuzen, –
er gehört zu jenen Käuzen,
die oft unvermittelt-nackt
Ehrfurcht vor dem Schönen packt.

Zärtlich faltet er zusammen,
was er eben erst entbreitet.
Und kein Fühlender wird ihn verdammen,
weil er ungeschneuzt entschreitet.

Christian Morgenstern

Aus dem Gespräch mit Antonia, Maxi, Kathi und Max

Antonia: Der holt sein Taschentuch raus, und da ist eine Eiche drauf, und der wagt sich nicht, da reinzuschneuzen, weil es irgendwie so schön ist. Dann geht er halt weg, ohne daß er es benutzt hat.

Maxi: Weil es ihm so gut gefällt.

Max: Vielleicht hat er Ehrfurcht, da reinzuschneuzen.

Kathi: Er hat Ehrfurcht vor dem Taschentuch.

Ute: »Ehrfurcht vor dem Schönen«.

Antonia und Kathi:
Das Schöne ist doch das Taschentuch.

Kathi: Wer ist denn Palmström?

Maxi: Das ist ein Mensch.

Kathi: Er tut irgendwie, was ein Mensch tut, aber der Name ist bißchen merkwürdig.

Kathi: Palmström.

Ute: Ein Mensch. – Ein Mann? Eine Frau?

Max: Ein Mann, der halt ein großes rotes Taschentuch entfaltet. Und da ist halt eine Eiche …

Antonia: … dargestellt. Aber »sowie ein Mensch mit einem Buch«, das versteh ich nicht.

Kathi: Dann ist es doch kein Mensch.

Ute: »Sowie« heißt einfach »und« oder »und auch«.

Antonia: Eine Eiche, und auch ein Mensch mit einem Buch.

Kathi: Ach so!

Ute: Das sagen wir heute selten, es ist ja auch ein älteres Gedicht.

Kathie: Wie im Mittelalter.

Ute: Na, ganz so alt ist es nicht.

Kathi: Doooch!

Ute: Wieso?

Kathi: Also erstensmal »hineinschneuzen« und »an einem Teiche« und »entfaltet« und »dargestellt«, »unvermittelt«, »verdammen«, das ist ja ganz komisch, ich weiß ja nicht einmal, was das heißt. Das ist so ein komisches Wort.

Max: Mit »verdammt« kann's nix zu tun haben.

Ute: Was heißt »verdammen«?

Kathi: Vielleicht »wegschicken«?

Antonia: Kein Fühlender wird ihn hassen oder sowas.

Maxi: Keiner ihn schimpfen, weil er nicht geschneuzt hat.

Ute: Er entschreitet ungeschneuzt.

Max: Und trotzdem verdammt ihn niemand.

Ute: Ja, warum sollte man ihn denn verdammen deswegen?

Kathi: Ja, weil das Taschentuch halt wertvoll ist oder zu schön dazu.

Maxi: Also, vielleicht, daß er dann noch 'ne volle Nase hat oder so.

Ute: Was macht er mit der vollen Nase womöglich?

Kathi: Schneuzen.

Antonia: Aber mit was anderem.

Kathi: In ein Blatt, wenn es da schon Palmström heißt.

Max: Ein Palmblatt. (Lachen)

Antonia: Da rieselt's aber durch.

Ute: Er könnt's auch hochziehen, oder?

Kathi: Hm.

Ute: Paßt eigentlich nicht zu dieser feinen Sprache.

Kathi: Nee.

Max: Nee, überhaupt nicht.

Kathi: O doch! Eigentlich schon. Wenn da »unvermittelt-nackt« steht, dann kann man da ja auch »hochzie-hen« schreiben.

Ute: Das ist ja eigentlich merkwürdig: »unvermittelt-nackt«.

Max: Käuze sind halt irgendwelche Lebewesen, die halt...

Kathi: Uhus.

Max: ...Ehrfurcht vor dem Schönen haben. Daß das Taschentuch kaputtgehen könnte, wenn er rein-schneuzt. Könnt' ja sein.

222

Ute: In so ein schönes Bild, …

Maxi: Ja.

Ute: Wißt ihr, was mit »Käuzen« gemeint ist?

Antonia: 'ne Menschenart halt.

Maxi: Die eine besondere Art haben.

Antonia: Wenn ich irgendwas Schönes hab', was zum Essen ist, dann beiß' ich da auch nicht gleich rein.

Kathi: Zum Beispiel so ein Marzipanschwein von der Münchner Freiheit, das eß ich nicht, das heb' ich mir auf.

Maxi: Ich mag Marzipan nicht.

Ute: Ach so. (Lachen)

Maxi: Dann hat man ja Ehrfurcht vor diesem Marzipanschwein, weil es so schön ist.

Kathi: Vielleicht weil er nackt ist und Ehrfurcht vor denen hat, die angezogen sind.

Ute: Wer ist nackt?

Kathi: Der Kauz da, diese Menschenart da.

Ute: Palmström? – Kathi, sieh' nochmal genau hin! Da ist nicht gesagt, daß er nackt ist.

Kathi: Ja, »unvermittelt-nackt«, was soll denn das dann heißen?

Max: Die »unvermittelt-nackt…«?

Ute: »Ehrfurcht vor dem Schönen packt«.

223

Kathi: Vor dem schönen Taschentuch!

Ute: Hm! Habt ihr eigentlich auch Taschentücher mit Bildern drauf?

Mehrere: Ja. Schon.

Antonia: Aber dann hab' ich nicht so Respekt davor.

Ute: Du schneuzt dich da rein!

Antonia: Ja.

Maxi: Ich mach's meistens nicht. Ich heb' es mir meistens auch auf.

Ute: Was ist auf deinen Taschentüchern drauf?

Kathi: Ich hab' so viele! – Max und Moritz ist irgendwo drauf. Paar Blumen.

Antonia: Ich hab' eins, aber da hab' ich mich auch nur einmal oder so reingeschneuzt.

Ute: Nur in der Not?

Antonia: Ja. Danach hab' ich's gleich gewaschen.

Ute: Nun ist ja hier etwas Besonderes drauf.

Maxi: »Eine Eiche sowie ein Mensch mit einem Buch«.

Kathi: Aber dann wäre ja der Mensch und die Eiche drauf!

Mehrere: Ja, sind es ja auch!

Kathi: Ach so!

Ute: »Ein Mensch mit einem Buch«.

Max: Vielleicht sitzt er drunter oder so, also daß er bei den

Wurzeln sitzt. Nicht unter der Erde, schon auf der Erde. Aber daß er sich da halt irgendwie an den Stamm lehnt.

Antonia: Und das Buch liest. – Ich stell' mir das wie auf so'ner riesigen Wiese neben so'nem Feld vor, und da steht eine Eiche, und da lehnt er dran und liest das Buch.

Kathi: Ich stell' mir das irgendwie vor am Meeresstrand, wo lauter Palmen sind und nur eine Eiche.

Ute: Was für ein Buch liest er wohl?

Max: Vielleicht das Buch wo dieses Gedicht drin ist.

Ute: Könnte man auch sagen: »macht ein großes rotes Taschentuch auf«?

Kathi: Das hört sich so weise an, das eine, und das andre ist so neumodisch.

Max: Der eine macht eins auf und denkt sich gar nichts dabei, und der andere entfaltet es halt.

Antonia: Der denkt sich halt: Wie schön! Und macht dann so langsam auf.

Max: Der entfaltet halt. Sorgsamer macht er es.

Kathi: Wenn man das in so'ner normalen Sprache vorliest, das ist dann eigentlich gar nicht mehr so interessant, als wenn man es so liest: »entfaltet«. Dann hört man viel besser hin.

Antonia: Ich stell' mir das so vor, daß man es an zwei Ecken nimmt und so aufschmeißt. Und so tut man es so vorsichtig auseinandermachen.

Max: »Entfaltet« – sagt vielleicht mehr zu dem Gedicht. Das sagt auch, daß es vorher zusammengefaltet war.

Ute: Diese Sprache ist wie?

Kathi: Weise. uralt.

Antonia: Irgendwie ist die ausführlicher.

Max: Daß er sich was dabei denkt.

Antonia: Oder auch interessanter halt.

Kathi: Dann kann man sich besser Bilder vorstellen. So ein einfaches Taschentuch, das ist ja uninteressant.

Ute: Hat es einen besonderen Grund, daß da eine Eiche drauf ist und ein Mensch ...?

Antonia: Vielleicht hat er grad an 'ne Eiche gedacht.

Ute: Und ein Mensch mit einem Buch?

Kathi: Daß er vielleicht grad ein Buch gelesen hat und sich auch sehr für Eichen interessiert.

Ute: Der Morgenstern?

Kinder: Ja.

Ute: Kennt ihr igendwelche Käuze, Menschen die etwas eigenartig sind?

Kathi: Ich kenn' die Andrea. Bei der ihrer Mutter, da muß jeder noch mit Latz essen.

Antonia: In der Schule die, die immer Fußball spielen. Das sind halt die Käuze, die nur an Fußball denken.

Ute: Käuze sind eher so eigenbrötlerische Menschen.

Max: Solche, die ihr ganzes Zimmer nur mit Aufklebern vollmachen. Das find' ich irgendwie unnormal.

Maxi: Ich sammel keine Aufkleber.

Ute: Aber dich packt manchmal Ehrfurcht vor dem Schönen, wenn du Briefmarken anschaust.

Maxi: Ja! Da schon!

Kathi: Bei mir steigen die Haare hoch, wenn ich an Porzellantieren vorbeigehe.
          Oder vor alten Tassen oder so.
          Oder bei Mäusen. Vor denen hab' ich auch Ehrfurcht.

Antonia: Ja wenn zum Beispiel mal ein Vogel vorbeifliegt, dann guck' ich mir den an, und paar, die merken den gar nicht.

Ute: Ich glaube, Max, bei deinem Kanarienvogel, wenn der singt...

Max: Ja, da bemerk' ich's. Und wenn der badet auch. Das übersieht bei uns jeder, und ich schau da halt zu, wie der das macht.

Maxi: Oder wenn ich irgendwo hör', daß jemand Flöte oder ein anderes Instrument übt, dann bleibe ich stehen und hör' da zu, und manche Leute gehen da achtlos dran vorbei.

Nach der Begegnung mit diesem Gedicht

✳ Was liest der Mensch auf dem Tuch in seinem Buch? Entwirf die beiden Seiten, die er aufgeschlagen hat, oder such ein Buch, in dem du genau die Seiten findest, die da gemeint sein könnten.

✳ Morgenstern hat einmal geschrieben: »Es ist eigentlich eine Ungerechtigkeit, daß der Dichter nicht – gleich dem Musiker – den Teilen seiner Werke hinzufügen darf, in welchem Tempo er sie genommen wissen will.«

✳ Probiere, welches das richtige Tempo ist, um dieses Gedicht zu lesen. Formuliere eine entsprechende Anweisung.

✳ Bringt eure Bildertaschenbücher mit und stellt sie aus, dazu auch andere Gebrauchsdinge, die mit Bildern verziert sind.

✳ Denk dir eine andere Situation aus, in der Palmström etwas tun will und es sich dann doch wieder anders überlegt. Schreibe eine Geschichte darüber.

✳ Laß deine Augen, deinen Blick still im Zimmer wandern, bis sie eine bis dahin nicht bemerkte Schönheit entdecken und daran eine Weile hängenbleiben. Wiederhole diese Übung an anderen Orten.

✳ Suche in Lesebüchern und Anthologien Gedichte von Morgenstern. Ist das immer derselbe »Morgenstern« wie der Dichter des »Palmström«?

Über Christian Morgenstern

Als er geboren wurde, ging gerade der Deutsch-Französische Krieg zu Ende. Als er starb, begann kurz darauf der Erste Weltkrieg. Er lebte also ganz und gar im Frieden oder, anders gewendet, in den 42 Jahren zwischen zwei furchtbaren Kriegen. Trotzdem hatte er das Schicksal von Menschen im Krieg erfahren. Er schrieb: »Ich weiß, daß ich nicht mehr zu gefallenen Soldaten hinzufallen brauche, da ich ja schon in ihnen gestorben bin und alles erlitten habe, was sie erlitten haben … Ich bin der, welcher schoß, welcher fiel und der, welcher über beide nachdenkt.« Wie ist das möglich?

Er fühlte sich von allem, was Menschen geschieht, betroffen, kannte nicht nur das eigene Leid. Die Heiterkeit und Liebe, die wir in seinem Werk und den Erinnerungen der Freunde an den Menschen Christian Morgenstern finden, wiegt jedoch das tiefempfundene Leid reichlich auf. Wenn wir ehrfürchtig zu staunen beginnen vor seiner Fähigkeit zum Mitgefühl, das alle Kreatur und alle Pflanzen und Dinge in der Welt einschließt, verblüfft er uns mit seinen grotesken Gedichten. Da zeigt sich der Morgenstern, der schon die Mitschüler mit Späßen unterhalten hat, der später mit seinen Freunden übermütig-feierliche Zeremonien abhielt und schrieb: »Die Sitte des In-den-April-Schickens ist bei uns lange nicht genug verbreitet und geübt. Der erste April müßte ein wahrer Festtag für die Nation werden …«

Im Heitersten plötzlich ernst zu werden, tiefgründige Überlegungen in einem Spaß enden zu lassen – das ist für die meisten Menschen, als fiele man aus der Rolle, obwohl im wirklichen Leben das alles nah beieinanderliegt und auch zusammengehört. So liest sich Morgenstern wohl am schönsten in gelöster Stimmung, wenn man die Gefühle, die er mit seinen Gedichten weckt, auch miteinander genießen kann.

Als Christian sieben Jahre alt war, unterschrieb er einen Brief als »zukünftiger Landschaftsmaler«. Das war der Beruf des Vaters und beider Großväter. Er hat das Malen mit Farben aber bald aufgegeben.

Die ersten Jahre lebte er mit den Eltern in München in einem Haus voller Geselligkeit, dann zog er mit ihnen herum. »Meine Eltern reisten viel, zuerst aus Lebenslust, dann aus Rücksicht auf ein beginnendes Lungenleiden meiner Mutter, und nahmen mich schon von meinem dritten oder vierten Jahre an überallhin mit.« So schreibt er später. Die Mutter starb, als er zehn Jahre alt war. Der Vater gab ihn zu fremden Menschen, in immer andere Schulen, schließlich nahm er ihn wieder nach Hause in die Familie mit seiner neuen Frau. Als die Ehe auseinanderging, sah Christian sein Elternhaus zerbrechen und sich auf die Straße gesetzt.

Die folgende Odyssee durch zahllose bescheidene Quartiere, durch Sanatorien und Hotels läßt sich hier nicht berichten. Am Ende wies ihn das Sanatorium, in dem er Hilfe zu finden hoffte, ab, weil er schon todkrank war. Da fand er eine gütige Dame, die ihm und seiner Frau gerade um seiner Krankheit willen Wohnung in ihrem Haus in Meran gab. Als er kaum mehr zwanzig Schritte gehen konnte, schrieb er in einem seiner letzten Briefe: »Kein wahrhaft freier Mensch kann krank sein. Und was mich betrifft, so mögen's meine Werke von der ersten bis zur letzten Zeile bezeugen.«

Ein Glück seines Lebens waren die tiefen Freundschaften zu Männern, die ähnlich dachten und empfanden wie er und die Liebe, die ihn mit seiner Frau Margareta verband.

Christian Morgenstern wurde am 6. Mai 1871 in München geboren. Er starb am 31. März 1914 in Meran.

Die erste alte Tante sprach:
Wir müssen nun auch dran denken,
Was wir zu ihrem Namenstag
Dem guten Sophiechen schenken.

Darauf die zweite Tante kühn:
Ich schlage vor, wir entscheiden
Uns für ein Kleid in erbsengrün,
Das mag Sophiechen nicht leiden.

Der dritten Tante war das recht:
Ja, sprach sie, mit gelben Ranken!
Ich weiß, sie ärgert sich nicht schlecht
Und muß sich auch noch bedanken.

Wilhelm Busch

Aus dem Gespräch mit rein zufällig nur lauter weiblichen Wesen

– Ist ja fies.
– Die wollen ihr ja was zum Namenstag schenken, was sie überhaupt nicht mag!
– Nur damit sie sich ärgert.
– Ist ja gemein. (Kichern)
– Wie stellt ihr euch diese Tanten vor?
– Alt.
– Verbissen.
– Und ganz streng und so.
– So'n Haarknoten.
– Pingelig.
– Putzteufel.
– Aber warum wollen sie das?
– Weil sie sie nicht mögen, weil sie sie ärgern wollen.
– Weil das Sophiechen so nett ist, und sie sind halt so böse.
– Ja, weil sie ihr vielleicht was schenken müssen, sie möchten ihr aber nichts schenken, und da schenken sie ihr was, was sie nicht mag.
– Das muß man sich mal vorstellen: erbsengrün! (Stöhnen)
– Ekelhaft.
– Doof!
– Mit gelben Ranken!
– Ach, nein, furchtbar!
– Könnt ihr euch vorstellen, so'n erbsengrünes Kleid anzuziehen?
– Nee!
– Würd' ich mich weigern.
– Da wird man ganz bleich davon.
– Wo kriegt man denn sowas Schreckliches?

– Also, das denk' ich manchmal, wenn ich anschau, wie manche
 rumlaufen: Wo kriegt man denn sowas Schreckliches?
– Wahrscheinlich woll'n sie's selber nähen.
– Das wär überhaupt 'ne hübsche Idee: Da setzen sie sich extra
 hin, dann machen sie sich die viele Arbeit ...
– Und stricken's extra noch vielleicht.
– Womöglich! Gestrickt ... in erbsengrün ...
– Hier, wir haben uns soviel Mühe gemacht!
– Und da sitzen sie noch und sticken gelbe Ranken drauf.
– Und warten darauf, daß Sophiechen sich bedankt.
– Und glücklich ist.
– Und immer, wenn Sophiechen mit der Mama zu Besuch bei
 den alten Tanten ist ...
– Dann muß sie's anziehn!
– Richtig, dann muß sie's anziehn.
– Ich würd' mich weigern!
– Du, das ist ein Gedicht aus Zeiten, da konnten sich die Kinder
 nicht so unbedingt weigern, was anzuziehen.
– Vielleicht war das damals Mode.
– Erbsengrün?
– Das glaub' ich nicht!
– Dieses Gedicht hat keine Überschrift.
– Stimmt!
– Wüßtet ihr eine?
– Die schrecklichen Tanten.
– Ein Geschenk für Sophiechen.
– Die gelben Ranken!
– Könnt ihr vielleicht eine Überschrift finden, aus der hervor-
 geht, was sozusagen Thema des Gedichtes ist?
– Schadenfreude!
– Genau: Schadenfreude.
– Hat das echt keine Überschrift?

- Ich jedenfalls hab's so ohne Überschrift gefunden. Es haben nicht alle Gedichte eine Überschrift, Julia. Ihr kennt das vom Unterricht, so den Trick, daß die Überschrift manchmal wegbleibt und man die dann finden muß.
- Ja.
- Wär' doch gar nicht schlecht. – »Die gelbe Schadenfreude«.
- Kennt ihr das, Schadenfreude?
- Ja, das ist, wenn einem was Blödes passiert und man freut sich dann darüber.
- So hä, hä, hä, hä.
- Erzähl mal!
- Wenn jetzt die Line 'ne Sechs schreiben würde und ich mag sie nicht, und sie ist jetzt ganz unglücklich und fällt durch oder so, dann freut man sich halt darüber.
- Du sagst das so, als ob du das ganz genau weißt, was Schadenfreude ist.
- Ja klar, jeder ist mal schadenfreudig.
- Könnt ja sein, daß das gute Sophiechen die Tanten auch geärgert hat.
- Stimmt. (Lachen)
- Vielleicht haben die Grund, so zickig zu sein zu ihr.
- Woll'n sie sich auf die Weise rächen. Vielleicht wenn sie was Böses über sie geredet hat, so, jetzt rächen wir uns aber!
- Das ist mal wieder typisch, daß das Tanten sind, weibliche Wesen.
- Ich glaub', Männer würden sich so keine Gedanken drum machen, was sie Sophiechen schenken.
- Aber so alte Tanten werden immer so boshaft hingestellt. Ich hab' noch nie gehört, daß ein alter Onkel so boshaft hingestellt wurde.
- Es heißt immer: der liebe, gute alte Onkel.
- Man sagt ja auch so »Tratschtanten« und so.

234

– So'n Wort wie »zickig«, daß jemand zickig ist, da meint man
 immer Frauen oder Mädchen damit.
– Ich kenn' aber zickige Jungen.
– Man sagt es aber nicht.
– Ich kenn' auch zickige Männer. (Lachen)
– Wir sind hier ja unter uns, können wir ja offen reden. Aber wir
 können das mal zum Spaß machen, daß wir sagen »Der erste
 alte Onkel sprach …« ja?
– Der erste alte Onkel sprach …
– Man könnt ja noch weitergehen und sagen, das ist nicht
 Sophiechen, sondern irgendein Knabe. Wie wollen wir ihn
 nennen? »Dem guten Erwinchen« – ja, genau. (Lachen)
– Julia, probierst du's mal? – Wir kennen ja den Erwin.
– Mit Onkel?
– Ja, ja, klar.
– Der erste alte Onkel sprach:
  Wir müssen nun auch dran denken,
  was wir zu ihrem Namens …
– Ah! Das müssen wir probieren! Was wir zu *seinem* Namens-
 tag dem guten Erwinchen schenken. Und ein Kleid werden
 wir ihm auch nicht antun, so gemein wollen wir nicht sein.
– Pullover vielleicht.
– 'ne Mütze.
– Schaffst du das? Versuch's mal!
– Der erste alte Onkel sprach:
  Wir müssen nun auch dran denken,
  was wir zu seinem Namenstag
  dem guten Erwinchen schenken.
  Darauf der zweite Onkel kühn:
  Ich schlage vor, wir entscheiden
  uns für einen Pullover in erbsengrün,
  das mag Erwinchen nicht leiden.

Dem dritten Onkel war das recht:
> Ja, sprach er, mit gelben Ranken,
> Ich weiß, er ärgert sich nicht schlecht
> und muß sich auch noch bedanken.

– Für mich hört sich das so an, als ob ihr richtig schadenfroh wäret. Als ob das ein Gefühl ist, was euch Spaß macht. (Zögernde Zustimmung)

– Also, ich kann mir vorstellen, eines Tages seid ihr auch so alten Tanten und ... (Protest)

– Du bist es schon.

– Manche Tage, manche Tage! Nicht immer.

– Bei uns ist ja Schadenfreude eigentlich etwas, was nicht sein sollte.

– Was ganz Böses.

– Es gibt ja auch Leute die sagen, Schadenfreude ist die schönste Freude.

– Ich glaube, das ist ein ganz natürliches Gefühl.

– Hier ist das so, daß die alten Tanten Sophiechen ein Kleid anhängen wollen, mit dem sie bestimmt nicht hübsch aussieht.

– Vielleicht sind sie auch eifersüchtig auf Sophiechen, weil Sophiechen noch jung und hübsch ist, und sie natürlich schon etwas alt und häßlich. Natürlich sind sie eifersüchtig, daß sie genau so wie sie auch 'ne Frau ist, aber jung und hübsch und viele Chancen hat und sie sind alt und häßlich. Vielleicht ärgert sie das auch sehr, und sie wollen Sophiechen auch so machen, wie sie jetzt sind.

Nach der Begegnung mit diesem Gedicht

✳ Möchtest du das Gedicht auswendig lernen, um es weiterzusagen wie einen guten Witz?

✳ Möchtest du die drei alten Tanten malen, vielleicht dich selbst als eine von ihnen und das gute Sophiechen dazu in seinem scheußlichen Kleid?

✳ Möchtest du dir für jemanden, der dich ärgert, etwas ausdenken, was ihm bestimmt mißfällt, und ihn so zeichnen?

✳ Möchtest du erzählen und aufschreiben, wie du selbst einmal recht von Herzen schadenfroh warst über das Mißgeschick eines anderen?

✳ Möchtest du ein eigenes Mißgeschick beschreiben?

✳ Steckt in Briefchen oder kleine Schachteln Zettel, auf denen ein Geschenk beschrieben ist, über das man sich nicht recht freuen kann oder sogar ärgern muß. Beschert euch gegenseitig damit. Und bedankt euch!

✳ Sammelt daheim alles zusammen, was ihr von Busch findet. Sucht auch in der Bücherei. Lest vor, was euch von Busch am besten gefällt.

✳ Macht in euren Familien, in der Schule, auf der Straße eine Umfrage. Ihr fragt: »Was fällt Ihnen ein, wenn Sie den Namen ›Wilhelm Busch‹ hören?« Die Antworten schreibt ihr auf.

Über Wilhelm Busch

Es heißt über ihn, es sei ihm leichter gefallen, sich in Rhythmen und Reimen auszudrücken als in Prosa. So hat er auch seine Briefe oft mit Versen versehen, ja ganze Briefe in Gedichtform geschrieben. Und er hat sie mit Zeichnungen geschmückt.

Verse und Zeichnungen gehören bei ihm zusammen; damit hat er zunächst in Deutschland, bald in der ganzen Welt viele Freunde erobert. Trotzdem wäre er lieber Maler gewesen, und er hat aufgehört, sich sein Brot mit lustigen Bildergeschichten zu verdienen, als er sich das schließlich leisten konnte. Sozusagen auf Kommando lustig sein zu müssen, fiel ihm nicht leicht.

Seine Bildgeschichten erschienen vor etwa hundert Jahren in den »Fliegenden Blättern« und als »Münchner Bilderbogen«. Viele seiner Verse gehen als geflügelte Worte von Mund zu Mund.

In einem Artikel zum 150. Geburtstag Wilhelm Buschs steht: »Und die Kinder, diese unschuldigen Engelein? Nun, das sind die allerschlimmsten. Böse sind sie durch die Bank; sei es, daß sie aus reinem Spaß die Leute quälen, meist durch einen Zaun hindurch, aus sicherm Hinterhalt; sei es, daß sie raffiniert erdachte Rache üben... Was er aber bei seinen Lesern voraussetzen durfte, den jungen und alten auch, daß sie bei seinem lustiggrausamen Spott sich königlich amüsierten, muß ja nun auch für ihn selber gelten, auch in ihm muß das Kind, so wie er Kinder sieht, fortgelebt haben.« (Golo Mann)

Ungenierte Schadenfreude und Boshaftigkeit, dafür ist Busch berühmt. Aber er schildert auch anderes.

Wilhelm Busch wurde 1832 in einem norddeutschen Dorf geboren, studierte unter anderem in München, kehrte aber in seine Heimat zurück und starb dort 1908.

Kennst du das Bild auf zartem Grunde?
Es gibt sich selber Licht und Glanz.
Ein anderes ist's zu jeder Stunde,
Und immer ist es frisch und ganz.
Im engsten Raum ist's ausgeführet,
Der kleinste Rahmen faßt es ein;
Doch alle Größe, die dich rühret,
Kennst du durch dieses Bild allein.

Und kannst du den Kristall mir nennen?
Ihm gleicht an Wert kein Edelstein;
Er leuchtet, ohne je zu brennen,
Das ganze Weltall saugt er ein.
Der Himmel selbst ist abgemalet
In seinem wundervollen Ring,
Und doch ist, was er von sich strahlet,
Noch schöner, als was er empfing.

Friedrich von Schiller

Aus dem Gespräch mit Nina und Axel

Nina: Also, ich würde mir denken, es ist ein Auge.

Axel: Ich kann mir gar nicht viel drunter vorstellen. Da sind so viele Tatsachen zusammengewürfelt.

Nina: Das ist für mich eindeutig ein Auge. Weil: »Es gibt sich selber Licht und Glanz«. Wenn man sich freut, dann leuchtet es. Und »den kleinsten Rahmen faßt es ein« – mit dem Auge kann man ja jeden Raum wahrnehmen.

Axel: Ja, stimmt, und der »wundervolle Ring«.

Nina: Das einzige, was mich stört, das ist »auf zartem Grunde«. Sonst wär's für mich ein Auge.

Axel: Vielleicht ist das auf dem Gesicht, das ist ja das Zarteste vom Körper.

Nina: Ich mein', es gibt verschiedene Gesichter.

Axel: Ich denke, daß es vielleicht auch ein Spiegel sein kann. Weil, z. B. »Der Himmel selbst ist abgemalet in seinem wundervollen Ring« – den Himmel sieht man auch z. B. im Spiegel. Und er »ist immer frisch und ganz« – ein Auge ist das ja nicht unbedingt immer frisch, aber im Spiegel ist es ja immer gleich.

Nina: Ein Edelstein ist es garantiert nicht.

Axel: Stimmt... Ja, ja. Wenn man denkt, es wär', vielleicht ein Film oder ein Fernsehen, aber das gab es ja noch nicht zu Schillers Zeiten.

Ute: Nein, das gab es nicht. – Einmal sagt er, es ist ein Bild auf zartem Grund. Und das ander mal sagt er, es ist ein Kristall.

Nina: Wenn man sich im Wasser spiegelt, sieht man irgendwie schon anders aus, als wenn man sich im Spiegel spiegelt oder überhaupt.

Axel: Und es heißt auch »Das ganze Weltall saugt er ein«. Dann ist es klar.

Ute: Und was wäre dann das Gesuchte, die Wasseroberfläche?

Axel: Ja.

Ute: Die etwas spiegelt.

Axel: Hm.

Nina: Aber es ist »der«, und es heißt nicht... Halt! »In seinem wundervollen Ring« – ein See! Dann spiegeln sich doch die Bäume vom Ufer...

Axel: Ich glaube, daß alles stimmt.

Nina: »Er leuchtet, ohne je zu brennen.« – Das ist manchmal, wenn so die Sonne auf den See scheint, dann strahlt es doch so zurück, dann leuchtet der doch auch so.

Axel: Man kann gar nicht hinschauen, weil es blendet.

Ute: Also, mit dem See, da wär' ich nicht darauf gekommen.

Nina: Also ist es kein See. (Gelächter)

Nina: Wenn man ganz lang auf Wasser schaut, da wird man unheimlich fasziniert davon. Und wenn man in Augen schaut, kann man genauso fasziniert davon sein.

Axel: Aber da: »frisch und ganz«. Ein Auge ist ja auch nicht immer frisch.

Nina: »Ein andres ist's zu jeder Stunde« – man wechselt doch die Launen...

Axel: Aber bei schlechtem Wetter ist der See ja auch ganz dunkel und trüb. Und wenn es Tag ist und die Sonne scheint, dann ist er wieder frisch und blau und brennt wieder.

Nina: Ich glaube, es ist nur Wasser gemeint. Es gibt ja ganz kleine Wassertropfen und Riesenseen und Meere; Wasser in allen Größen.

Axel: Es ist das Größte überhaupt, was die Erde besitzt.

Ute: Nina, du meinst, schon der kleinste Wassertropfen hat alle diese Eigenschaften?

Nina: Ja.

Axel: Ja doch, schon.

Nina: Ja, und mit Kristall... Wenn ein Wassertropfen runterfällt und die Sonne scheint dahinter, dann blinkt der doch auch.
Und: »das ganze Weltall saugt er ein«.

Ute: In dem Moment, wo man's im Wassertropfen sieht, blinkt es, leuchtet es.

Axel: Wenn was leuchtet, dann ist es ja immer schöner.

Nina: Nicht schöner, aber faszinierender.

Ute: Gesetzt den Fall, es ist tatsächlich das Auge gemeint: Meint ihr, daß dieses Rätsel, dieses Gedicht inspiriert ist von der Faszination des Auges als Organ des Menschen oder das Auge an sich, oder meint ihr, daß er dabei an die Augen eines bestimmten Menschen gedacht hat?

Nina: Ich glaub', es sind die Augen von einem bestimmten Menschen.

Axel: Es leuchtet nur bei Menschen, die man auch wirklich mag.

Nina: Ich denke auch an bestimmte Augen. Die eignen auf keinen Fall.

Ute: Aber deine Augen sind genauso kostbar.

Nina: Natürlich, aber die interessieren mich weniger als die Augen von dem anderen.

Ute: Und sie erscheinen dir nicht so kostbar?

Nina: Nein. Aber ich weiß ja nicht, wie kostbar sie für den andern sind. Ich glaub', daß, wenn man jemanden in die Augen schaut, daß man da die ganze Welt sehen kann, auch wenn sie sich nicht drin spiegelt, aber es erscheint einem so viel, wie die ganze Welt oder das ganze Weltall.

Axel: Ja, siehst du in dem Auge vom anderen so viel?

Nina: Ja! Es kommt darauf an, bei wem.

Axel: Ja, man stellt sich vielleicht viel vor, dann …

Nina: Ich mein', ich seh' nicht die Welt, aber es kommt mir so groß vor, daß ich mein', es ist die ganze Welt oder das Weltall. Ich mein', nicht bei jedem Menschen.

Ute: Meinst du das so, daß du im Bewußtsein, daß er die Welt auch sieht, der andre die Welt auch sieht, die ganze Welt noch mal neu siehst?

Nina: Ja, schöner eigentlich.

Axel: Man sieht sie vom andern Gesichtspunkt.

Nina: Erstens sieht man sie vom andern Gesichtspunkt. Und zweitens sieht man die Welt auch schöner, wenn man so jemanden hat, mit dessen Augen.

Axel: Man sieht das nicht mehr objektiv irgendwie. Man sieht dann nur noch das Schöne.

Nina: Nein, nein, nicht unbedingt nur das Schöne. Aber man kann vielleicht mit dem Nicht-so-Schönen besser fertigwerden.

Ute: Jetzt frag' ich noch mal zum Schluß: Für welche Lösung würdet ihr euch entscheiden?
Was soll das sein?

Nina: Ich meine das Auge.

Axel: Ich meine, das Wasser, der See. Weil man im Wasser doch mehr sieht als im Auge. Und ich finde, zum Wasser paßt da eigentlich fast alles.

Nina: Aber im Auge sieht man viel mehr als im See. Ich meine, im See siehst du vielleicht auch wieder nur oberflächliche Sachen. Aber im Auge siehst du viel mehr. Du siehst ja viel tiefer in den Menschen rein, überhaupt alles.

Nach der Begegnung mit diesem Gedicht

✳ Achte einmal, wenn du Muße hast, auf all die Schönheit und Fülle, die deine Augen fassen. Halte dich ruhig und laß die Bilder der Welt in dich hineinfließen.

✳ Findest du Zeilen in dem Gedicht, die besonders deutlich darauf weisen, daß das Auge gemeint ist?

✳ Schiller hatte für das Hoftheater von Weimar das Drama »Turandot« aus dem Italienischen ins Deutsche übertragen. Es ist die Geschichte der chinesischen Prinzessin Turandot. Weil ihr Vater sie drängt zu heiraten, willigt sie ein, den Prinzen zum Manne zu nehmen, der ihr drei Rätsel löst. Unser Gedicht ist eins dieser Rätsel, und der Prinz Kalaf antwortet ihr:

– Dies zarte Bild, in den kleinsten Rahmen
Gefaßt, das Unermeßliche zeigt,
Und der Kristall, in dem dies Bild sich malt
Und der noch Schönres von sich strahlt –
Er ist – das Aug', in das die Welt sich drückt,
Dein Auge ist's, wenn es mit Liebe blickt.

✳ Du kannst auch mit anderen zusammen die Szene wie auf dem Theater darstellen. Dazu braucht ihr Kostüme aus Tüchern, Bändern und Goldpapier. Und ihr müßt euch feierlich und gemessen bewegen und ebenso sprechen.

✳ Mal dir die Szene am Hofe von China recht phantastisch aus, prachtvoll und fremdartig. – Dann kannst du ein Bild davon malen oder zeichnen.

* Zu Schillers Zeiten war es Mode, daß man sich gegenseitig Rätsel aufgab. Das war ein angenehmer Zeitvertreib. Erwachsene und Kinder übten sich darin. Uns erscheinen die Rätsel jener Zeit oft als recht schwierig.

Ein gutes Rätsel darf nicht leicht zu lösen sein, aber es muß stimmen! Es erzählt sehr genau! Aber was es erzählt, ist nicht das Naheliegende, was uns allen gleich einfällt, wenn wir an das Gesuchte denken. Und doch ist es etwas ganz Charakteristisches, so daß wir im Augenblick der Lösung meinen, es würde mit einem Ruck ein Schleier von dem Ding gezogen. Such selber solche Rätsel oder lade Feunde ein und wünsche dir als Mitbringsel von jedem ein wirklich gutes Rätsel. Dann könnt ihr um die Wette raten wie zu Schillers Zeiten.

Von Perlen baut sich eine Brücke
hoch über einen grauen See,
sie baut sich auf im Augenblicke,
und schwindelnd steigt sie in die Höh'.

Der höchsten Schiffe höchste Masten
ziehn unter ihrem Bogen hin,
sie selber trug noch keine Lasten
und scheint, wenn du ihr nahst, zu fliehn.

Sie wird erst mit dem Strom, und schwindet,
sowie des Wassers Flut versiegt.
So sprich, wo sich die Brücke findet,
und wer sie künstlich hat gefügt?

(Regenbogen)

Über Friedrich von Schiller

»Denkmäler in Erz und Stein erinnern an ihn an zahlreichen Orten.« So steht es in einem Lexikon über Schiller. Es ist nun einmal seit zweihundert Jahren ausgemacht, daß er einer unserer ganz großen Dichter ist.

Für den, der Schiller noch nicht kennt, ist das leicht so, als solle er ein Denkmal lieben, das ihm viel zu groß und kalt ist. Man muß wohl zuerst einmal den Menschen Schiller, den Fritz im großen Friedrich entdecken, um wirklich neugierig zu werden auf all das, was er geschrieben hat. Und das ist sehr viel – Gedichte, Erzählungen, philosophische Schriften, vor allem große Dramen – obwohl er sehr oft krank war und nur 45 Jahre alt wurde.

Der Knabe Fritz nahm die christliche Lehre, die ihm daheim und in der Kirche gepredigt wurde, sehr ernst. Einmal bemerkte sein Vater, daß Fritz seine Schuhe mit Bändern zusammenhielt, statt mit Schnallen, wie es für ihn standesgemäß war. Er hatte die Schnallen abgerissen und einem armen Jungen geschenkt, der keine hatte. Er aber hatte noch ein Paar Schnallen an den Sonntagsschuhen.

Er war immer ein guter Freund, und seine Freundschaft mit Goethe, dem anderen Nationaldichter der Deutschen, ist ein Symbol für Freundschaft überhaupt geworden. Sie fühlten sich jeder durch den anderen beflügelt, haben voneinander gelernt, haben zeitweilig um die Wette Balladen gedichtet und haben gemeinsam für das Hoftheater in Weimar gearbeitet.

Als »Turandot« aufgeführt wurde, brauchte man für jeden Abend neue Rätsel, damit das Publikum mitraten und so ein wenig die Not des Prinzen, der um sein Leben riet, mitfühlen konnte. Goethe und Schiller haben beide Rätsel für Turandot erdacht. Als er sie Goethe, dem Theaterdirektor, geschickt hatte, bekam er ein Briefchen zurück, das erhalten blieb. Darin steht: Goethes kleiner Sohn August hätte die Lösung schon gewußt, bevor er die Rätsel zu Ende gelesen hatte. Er, der Vater, habe länger gebraucht.

Friedrich Schiller wurde 1759 in Marbach geboren, er starb 1805 in Weimar. Drei Jahre vor seinem Tod wurde er vom Kaiser in den erblichen Adelsstand erhoben; das freute ihn für seine Kinder und für seine Frau, die nun, wie er sagte, »mit der Schleppe am Hof herumschwänzeln konnte«.

der Regenbogen besiegt den Tot!!!

Blumentod

Wie sind meine Finger so grün,
Blumen hab' ich zerrissen;
Sie wollten für mich blühn
Und haben sterben müssen.
Wie neigten sie um mein Angesicht
Wie fromme schüchterne Lieder,
Ich war in Gedanken, ich achtet's nicht
Und bog sie zu mir nieder,
Zerriß die lieben Glieder
In sorgenlosem Mut.
Da floß ihr grünes Blut
Um meine Finger nieder;
Sie weinten nicht, sie klagten nicht,
Sie starben sonder Laut,
Nur dunkel ward ihr Angesicht,
Wie wenn der Himmel graut.
Sie konnten mir's nicht ersparen,
Sonst hätten sie's wohl getan;
Wohin bin ich gefahren
In trüben Sinnens Wahn?
O töricht Kinderspiel,
O schuldlos Blutvergießen!
Und gleicht's dem Leben viel,
Laßt mich die Augen schließen,
Denn was geschehn ist, ist geschehn,
Und wer kann für die Zukunft stehn?

Annette von Droste-Hülshoff

Aus dem Gespräch mit Franziska, Kathrin, Christian und Johanna

Ute: Was sagt euch das?

Franziska: Daß man nicht einfach überall durchgehen soll.

Kathrin: Daß man die Blumen nicht einfach sinnlos niedertrampelt und abbricht.

Christian: Und daß man halt auch denkt: Das sind ja Lebewesen wie wir.

Johanna: Daß man nicht so aus Spaß die Blumen einfach zertritt.

Ute: Ihr habt das gleich so verstanden, daß das Gedicht euch eine Mahnung gibt.

Kathrin: Man geht ja doch gerne durch Wiesen durch und spielt da mal Ball.

Ute: Und habt ihr ein schlechtes Gewissen nachher?

Kathrin: Nein!

Franziska: Das merkt man gar nicht.

Christian: Meistens übersieht man auch die Ameisen. Man macht sich ja nicht die Mühe, unter die Fußsohlen zu gucken, ob da was hängengeblieben ist.

Johanna: Sollte man denn Ameisen nicht übersehen?

Christian: Das wär' ja viel zu mühsam! – Man müßte zu Hause bleiben.

Kathrin: Ja, wenn das so wär', dann könnte man nur auf den Fußwegen gehen.

Christian: Nichtmal! – Da sind ja auch Ameisen. Eigentlich könnte man da ja nirgends sein. Wenn du dich auf den Sessel setzt, vielleicht ist da so'ne winzige Fliege oder so'ne kleine Mücke, und da setzt man sich drauf... Die ist dann auch tot. – Das geht gar nicht.

Ute: Aber trotzdem hatte ich eben den Eindruck, ihr habt euch doch ein Gewissen draus gemacht, wie leichtfertig man oft Pflanzen zerstört oder tötet.

Kathrin: Wenn man keine Blumen abbrechen darf, dann dürfte man eigentlich nicht übers Gras laufen.

Christian: Oder auch nicht über die Erde gehen, da sind ja auch Regenwürmer und andere Lebewesen drin.

Johanna: Aber nicht unbedingt an der Oberfläche.

Ute: Was soll man da tun?

Christian: Man soll unnötiges, wie in dem Gedicht, sogenanntes Blutvergießen vermeiden. Aber was nicht zu verhindern ist, das soll man so lassen.

Kathrin: Sicher hat schon jeder man eine Blume aus Versehen zertreten oder seiner Mutter einen Blumenstrauß gepflückt.

Christian: Man tut ja eigentlich was Gutes daran, man erfreut den andern.

Kathrin: Aber ich glaub', dabei sind die Blumen nicht so erfreut.

Ute: Schwierig, gell?

Kathrin: Ja!

Ute: Offenbar fällt's dir auch schwer, zu sagen, man soll sich keine Gedanken machen.

Christian: Doch, man soll sich schon Gedanken machen. Aber im Sommer, wenn ich da rumlauf', zertret' ich ja ein paar tausend Ameisen. Man soll halt nicht ... äh ...

Kathrin: Wenn man ins Schwimmbad geht, legt man sich auch auf die Wiese. Vielleicht sind auch Blumen drunter.

Ute: Hier ist nicht die Rede davon, daß etwas zertreten wird, sondern abgerissen. Hast du schon mal etwas abgerissen und dann nachher gedacht: Oh! Hätt' ich nicht tun sollen!

Johanna: Da bin ich an einem Baum vorbeigegangen, und dann waren die Blätter so schön, und da hab' ich eins abgerissen. Und danach dann: Oh!

Christian: Die Hand greift hin und reißt sich ein Blatt ab und dann später tut's einem leid.

Franziska: Da weiß man dann nicht mehr, was man machen soll. Weil: Drankleben geht ja auch nicht.

Kathrin: »Sie wollten für mich blüh'n,
Und haben sterben müssen.«
Daß sie eigentlich nur Gutes tun wollten und ich sie dann sozusagen bestraft habe, obwohl sie gar nichts getan haben, mir nur eine Freude machen wollten.

Christian: »Denn was geschehn ist, ist geschehn.«
Man kann das nicht wieder gutmachen. Da kann man nichts mehr ändern.

Ute: Dann muß man damit leben.

Christian: Dann muß man damit leben, daß ich jetzt eine Blume
            abgerissen hab'.

Johanna: Es gibt ja auch was Schlimmeres, als wenn man jetzt
            eine Blume abreißt.

Kathrin: Für mich ist das nicht so schlimm, aber für die
            Blume.

Ute: Johanna, meinst du, es ist übertrieben, so zu
            denken?

Johanna: Das nicht, aber ...

Franziska: Man hat ja auch'n Gemüsegarten. Und wenn da mal
            Unkraut wächst – das ist ja genau so'ne Pflanze, auch
            wenn's für's Gemüse nicht so gut ist. Man kann's ja da
            rausnehmen vorsichtig und woanders einpflanzen.

Ute: Das Unkraut?

Kathrin: Dann brauchst du keinen Gemüsegarten mehr, son-
            dern einen Unkrautgarten.

Franziska: Wenn man's woanders einpflanzt, wo die Wildnis
            ist, da kann's doch leben.

Christian: Aber eben das ist den Menschen zuviel Arbeit.

Ute: Und was sagt der Salat dazu, der abgeschnitten wird,
            damit du ihn essen kannst?

Franziska: Ich bin zwar klein, aber die Menschen, die brauchen
            mich.

Ute: Das heißt, er hätte ein nützliches Lebensende. Nur
            wenn man sinnlos etwas abreißt, was hätte weiter-
            leben und schön sein können, dann ist das Unrecht.

253

Johanna: Ja.

Christian: Zum Beispiel der Blumenkohl... Er wurde ja sozu-
             sagen geboren, daß man ihn ißt.

Franziska: Manche Kinder, wenn ihnen langweilig ist, dann
             reißen sie eine Blume aus und dann kauen sie drauf
             rum auf dem Stengel. Das ist ja auch nicht richtig.

Johanna: Kaugummi essen statt Blumenstengel!
             (Großes Gelächter)

Franziska: »Sie konnten mir's nicht ersparen,
             Sonst hätten sie's wohl getan;«
             Sie haben nicht gerufen »Halt, reiß mich nicht aus,
             ich will weiterleben!« Sie können nicht sprechen und
             sie konnten nichts tun.

Christian: Und wenn sie es könnten, dann würden sie vielleicht
             auch nicht so beachtet.

Kathrin: »Da floß ihr grünes Blut
             um meine Finger nieder,«
             Das ist eine richtige Trauerstelle. Da merkt man
             richtig, daß man es nicht hätte tun sollen.

Franziska: Da soll man halt drüber nachdenken.

Nach der Begegnung mit diesem Gedicht

Das Gedicht mahnt uns, nichts Lebendiges achtlos zu zerstören, zu töten. Es vertritt das Recht, ungebrochen zu leben, nicht nur für uns Menschen, sondern für alles Lebendige. Und es zeigt die Qual dessen, der rücksichtslos, aber ungewollt schuldig geworden ist.

Mit welchen Pflanzen lebst du zusammen? Kennst du sie? Achtest du sie? Wann wirst du dir deiner eigenen Schuld bewußt?

* »Meine liebe Pflanze!« – Geh einmal in Ruhe in den Hof oder Garten und schau, was dort wächst. Setze dich vor eine einzelne Pflanze und betrachte sie mit Muße, bis du sie kennst und liebgewinnst.

* »Du schönes Blatt« – Stell dich zu einem Baum und sieh dir lange die Blätter an, ihre Form und ihre Farbe, in allen Einzelheiten. Wenn du unter dem Baum ein Blatt findest, nimm es mit und versuche, es genau zu zeichnen.

* »Das hätte ich nicht tun sollen!« – Schreibe auf, wie du einmal achtlos warst und sich nachher dein Gewissen meldet.

* Mische alle dir möglichen Tönungen von Grün und setze sie miteinander auf ein Blatt. Betrachte auch die vielerlei Grüns draußen.

* Male einen Blumenstrauß, und bei jeder Blume denke dir: »Ich habe dich nicht gepflückt!«

Gefunden bei Annette von Droste-Hülshoff

Der Münsterländer ist überhaupt sehr abergläubisch, sein Aberglaube aber so harmlos wie er selber. Von Zauberkünsten weiß er nichts, von Hexen und bösen Geistern wenig, obwohl er sich sehr vor dem Teufel fürchtet, jedoch meint, daß dieser wenig Veranlassung finde, im Münsterlande umzugehen. – Die häufigsten Gespenster im Moor, Heide und Wald sind arme Seelen aus dem Fegefeuer, deren täglich in vielen Rosenkränzen gedacht wird, und ohne Zweifel mit Nutzen, da man zu bemerken glaubt, daß die »Sonntagsspinnerin« ihre blutigen Arme immer seltener aus dem Gebüsche streckt, der »diebische Torfgräber« nicht halb so kläglich mehr im Moore ächzt und vollends der »kopflose Geiger« seinen Sitz auf dem Waldstege gänzlich verlassen zu haben scheint. Von den ebenfalls häufigen Hausgeistern in Schlössern und großen Bauernhöfen denkt man etwas unklar, aber auch nicht schlimm und glaubt, daß mit ihrem völligen Verschwinden die Familie des Besitzers aussterben oder verarmen werde. – Diese besitzen weder die häuslichen Geschicklichkeiten noch die Tücke anderer Kobolde, sondern sind einsamer, träumerischer Natur, schreiten, wenn es dämmert, wie in tiefen Gedanken langsam und schweigend an irgend einer verspäteten Milchmagd oder einem Kinde vorüber und sind ohne Zweifel echte Münsterländer, da man kein Beispiel hat, daß sie jemanden beschädigt oder absichtlich erschreckt hätten. Man unterscheidet sie in »Timphüte« und »Langhüte«. Die ersteren kleine runzlige Männchen, in altmodischer Tracht, mit eisgrauem Barte und dreieckigem Hütchen; die andern übernatürlich lang und hager, mit langem Schlapphut, aber beide gleich wohlwollend, nur daß der Timphut bestimmten Segen bringt, der Langhut dagegen nur Unglück zu verhüten sucht. Zuweilen halten sie nur in den Umgebungen, den Alleen des Schlosses, dem Wald- und Wiesengrunde des Hofes ihre philosophischen Spaziergänge; gewöhnlich haben sie jedoch außerdem einen Speicher oder eine wüste Bodenkammer inne, wo man sie zuweilen nachts auf und abgehen, oder einen knarrenden Haspel langsam umdrehen hört. – Bei Feuerbrünsten hat man den Hausgeist schon ernsthaft aus den Flammen schreiten und einen Feldweg einschlagen sehen, um nie wiederzukehren, und es waren dann hundert gegen eins zu wetten, daß die Familie bei dem Neubau in einige Verlegenheit und Schulden geraten werde.

(aus: Bilder aus Westfalen)

Über Annette von Droste-Hülshoff

Die kleine Annette war bei ihrer Geburt zart und zerbrechlich. Sie hatte als Kind einen heftigen, quälenden und oft wiederkehrenden Husten und bald schwache Augen. Sie blieb ihr ganzes Leben anfällig für Krankheiten; aber sie war niemals ein Stubenhocker.

Als kleines Mädchen durchstreifte sie Feld, Wald, Wiese und Moor rings um das elterliche Schloß in Westfalen, kletterte waghalsig herum und freute sich, wenn sie tief im Garten heimlich Schuhe und Strümpfe ausziehen und barfuß herumlaufen konnte wie die Kinder der armen Leute. Sie wäre auch gern mit auf die Jagd gegangen. Sie lief mit den Brüdern Schlittschuh und war eine schneidige Reiterin. Sie war wild und fröhlich, dann aber wieder traurig, still und eigenwillig. Ein schwieriges Kind!

Zur Schule ging sie nicht. Das war damals für Mädchen ihres Standes nicht üblich, es gab auch noch keine allgemeine Schulpflicht. Sie wurde daheim erzogen von der Mutter und von Hauslehrern, lernte Französisch, Latein, Griechisch und Klavier. Und sie kannte sehr früh die Namen aller Insekten und Pflanzen der heimatlichen Gegend.

Wenn sie auf ihren Streifzügen bei den Bauern einkehrte, hörte sie deren Geschichten von Gespenstern und Spökenkiekern, lernte ihre Lebensweise, ihre Freuden und Sorgen kennen. Später hat sie in ihrem Werk weitergegeben, was sie von diesen ihr ursprünglich fremden Menschen erfahren und verstanden hatte. Und wenn wir das heute lesen, tritt uns das Leben der einfachen Bevölkerung Westfalens in jener Zeit so klar und warm vor Augen, daß wir uns mit diesen Menschen einer fernen Zeit tief verbunden fühlen.

Wir dürfen uns nun nicht vorstellen, Annette habe als adeliges Fräulein daheim besonders behaglich und üppig gelebt. Man war bescheiden, ging sparsam mit dem ererbten Vermögen um. Annette hatte ja auch keinen eigenen Beruf, kein Einkommen, und niemals hatte sie einen eigenen Haushalt. Immer lebte sie bei der Mutter oder bei Verwandten zu Gast. Und man erwartete von ihr, daß sie bereit war, Kinder zu hüten und Kranke zu pflegen, wo man sie brauchte.

Was *ihr* wichtig war, das eigene dichterische Werk, wurde von der Familie kaum geachtet, oft belächelt. Man muß sich zu allem, was von ihr gedruckt wurde, einen verständnislosen, klatschsüchtigen und spottlustigen Chor von Cousins und Cousinen und anderen Verwandten denken. Als ihr erstes Buch erschien – sie war vierzig Jahre alt – beschrieb sie in einem Brief, wie Frenzchen, Diderich, Mimy, Anna, Ferdinand, Thereschen und Sophie es aufnahmen: »... die erste Stimme erklärt alles für reinen Plunder, für unverständlich, konfus und begreift nicht, wie eine vernünftige Person solches Zeug habe schreiben können. Nun tun alle die Mäuler auf und begreifen alle miteinander nicht, wie ich mich habe so blamieren können.« – Und doch ist sie eine unserer ganz großen Dichterinnen geworden.

Annette von Droste-Hülshoff wurde am 10. Januar 1797 auf der Wasserburg Hülshoff bei Münster geboren. Sie starb am 24. Mai 1848 auf der Meersburg am Bodensee.

Juni

Schön wie niemals sah ich jüngst die Erde.
Einer Insel gleich trieb sie im Winde.
Prangend trug sie durch den reinen Himmel
Ihrer Jugend wunderbaren Glanz.

Funkelnd lagen ihre blauen Seen,
Ihre Ströme zwischen Wiesenufern.
Rauschen ging durch ihre lichten Wälder,
Große Vögel folgten ihrem Flug.

Voll von jungen Tieren war die Erde.
Fohlen jagten auf den grellen Weiden,
Vögel reckten schreiend sich im Neste,
Gurrend rührte sich im Schilf die Brut.

Bei den roten Häusern im Holunder
Trieben Kinder lärmend ihre Kreisel;
Singend flochten sie auf gelben Wiesen
Ketten sich aus Halm und Löwenzahn.

Unaufhörlich neigten sich die grünen
Jungen Felder in des Windes Atem,
Drehten sich der Mühlen schwere Flügel,
Neigten sich die Segel auf dem Haff.

Unaufhörlich trieb die junge Erde
Durch das siebenfache Licht des Himmels;
Flüchtig nur wie einer Wolke Schatten
Lag auf ihrem Angesicht die Nacht.

Marie Luise Kaschnitz

Aus dem Gespräch mit Maxl, Sibylle, Martin und Franziska

Ute: Was bedeutet Juni für euch?

Sibylle: Sommer.

Martin: Daß man sich auf den Boden setzen darf, weil kein r im Monat vorkommt.

Franziska: Und kurze Hosen tragen.

Ute: Ein langes Gedicht, …

Franzi: Aber schön!

Maxl: Ich weiß schon, warum.

Franziska: Es ist auch farbig in Gedanken.

Sibylle: Abendhimmelfarben.

Martin: Halt kein Schwarz und keine dunklen Farben, sondern mehr helle.

Maxl: Mehr am Taganfang.

Martin: Frisches Grün.

Ute: Was bewegt sich da alles?

Martin: Kinder, Vögel.

Sibylle: Kreisel.

Franzi: Fohlen.

Ute: Habt ihr selber eigentlich die Erde schon mal so erlebt?

Sibylle: Wo können Kinder noch auf der Straße spielen?

Franzi: Ich hab's noch nie erlebt so.

Ute: Ist es euch denn fremd, was da erzählt wird?

Franzi: Nicht ganz. – Ich kenn's halt aus Büchern.

Martin: Aber ich hab's nie selber geseh'n, daß es alles vor
            meinen Augen passiert ist.

Sibylle: Als wir nach Rom gefahren sind, vom Strand aus. Da
            haben wir so einen schönen Sonnenaufgang gesehen.

Franzi: In Irland, da hab' ich's auch mal erlebt.

Maxl: Ich hab' das gleiche nur im Sonnenuntergang gesehn
            in Italien.

Martin: Der erste Satz: »Schön wie niemals sah ich jüngst die
            Erde.« Daß sie als Kind jugendlich schön die Erde
            gesehen hat und jetzt halt mit den Fabriken und dem
            verschmutzten Meer und Seen und Gewässern ...

Sibylle: Dann muß es schon sehr lang her sein.

Ute: Kommt euch die Erde jetzt nicht mehr jung vor?

Mehrere: Nee.

Sibylle: Die ist schon so grau.

Franzi: In manchen Gegenden. Aber in der Stadt nicht
            mehr.

Sibylle: Warum heißt es hier: »Einer Insel gleich trieb sie im
            Winde.«

261

Franzi: War sie früher so klein wie eine Insel?

Sibylle: Sie kann ja nicht im Wind treiben eigentlich.

Ute: Treiben denn Inseln im Winde?

Mehrere: Nee. Auch nicht.

Martin: Schiffe treiben im Winde und im Wasser, Segel-
            schiffe.

Ute: Kann man sich nicht vorstellen, daß die Erde durch
            den Himmel schwimmt?

Mehrere: Doch. Ja.

Martin: Irgendwie find' ich auch: Die Überschrift paßt nicht
            dazu. Ich würde es eher »Erde« nennen.

Sibylle: Oder »Die schöne Welt – noch«.

Ute: Warum heißt es denn »Juni«?

Sibylle: Weil es im Juni halt besonders schön ist.

Maxl: Das erste hört sich auch bißchen wie Juni an. Oder
            sommerliche Monate halt.

Ute: Die Überschrift verrät nichts darüber, was da drin-
            steht. Nur frag' ich mich, ob all das, was da drinsteht,
            überhaupt in irgendeine Überschrift zu fassen wäre.

Maxl: Dann müßtest du sechs Überschriften haben.

Ute: Im vierten Vers ist von den Kindern die Rede. ...
            Die singen und die lärmen.

Martin: Da merkt man auch, daß alle Kinder, Tierkinder
            auch, alle Kinder halt, lustig sind.

Sibylle: Und gerne Rumtollen.

Martin: Irgendwie denk' ich mir das so, daß die Kinder auf der Wiese spielen und daß der Holunder davor ist und du dann dahinten rote Dächer von den Städten siehst.

Franzi: Von den Dörfern! Wenn da noch so'ne schöne Welt ist, dann können da ja keine Städte sein.

Ute: Meinst du, daß Städte überhaupt nicht schön sind?

Franzi: Die meisten nicht.

Ute: Ich finde es sehr schwierig, über dieses Gedicht zu reden, wie kommt das eigentlich?

Sibylle: Das ist halt über früher. Man kann sich das so schlecht vorstellen, daß es da noch keine großen Städte gab...

Martin: Es ist so schwer, weil du Gedanken dazu hast, die du nicht beschreiben kannst.

Franzi: Auch so komplizierte Sätze zwischendurch.

Ute: Wenn es schwer ist, darüber zu reden, was kann man damit machen?

Franzi: Noch mal durchlesen, vielleicht entdeckt man ja noch mal neue Sachen.

Ute: Ich hab' das ganz, ganz oft gelesen, und ich finde irgendwie keinen Griff daran, also wo man das aufmachen kann, daß man darüber reden kann, sondern ich lese es dann halt nochmal. Aber eins möcht' ich euch noch fragen. Ihr habt alle sehr deutlich gesagt: So ist die Erde nicht mehr.

263

Sibylle: An manchen Stellen schon noch.

Maxl: Aber nur auf dem Land.

Ute: Woher wißt ihr, daß sie nicht mehr so ist?

Sibylle: Es kann schon sein, in Süd-Ost-Asien. Aber in unserer Gegend nicht mehr.

Ute: Aber ihr habt doch gesagt, ein bißchen habt ihr es schon so erlebt.

Franzi: Aber nur ein bißchen. Und da ist ja alles voll von solchen Sachen.

Sibylle: Das war ja ein Augenblick.

Maxl: Wir haben ja nur den Sonnenaufgang oder den Sonnenuntergang gesehen, und der war halt schön und den gibt's immer wieder.

Martin: »Voll von jungen Tieren war die Erde.« Das kann ich mir eigentlich schon gut vorstellen.

Franzi: Das ist ja auch heute noch, Gott sei Dank.

Sibylle: Das sind aber meistens Tiere, die gepflegt werden, aber richtig so wilde Tiere...

Ute: Sie sagt »Schön wie niemals sah ich jüngst die Erde«. Wann kann sie das denn gesehn haben?

Sibylle: Als die Erde noch ganz jung war.

Martin: Daß sie mal einen Spaziergang so auf dem Dorf gemacht hat mit ihren Eltern, wo sie noch jung war, und wo sie das alles gesehen hat.

Franzi: Vielleicht hat sie sich dran erinnert, wie sie älter war.

Ute: Als sie das Gedicht geschrieben hat. Oder ist es ein Traum?

Maxl: Das glaub' ich eher.

Sibylle: Das hört sich eigentlich nicht so an.

Maxl: Das Gedicht müßte dann ganz schön alt sein, und sie müßte alt sein.

Franzi: Solche Gedanken hat auch kein Jugendlicher oder kein Kind.

Ute: Ist euch denn das fremd, was da drinsteht?

Franzi: Man kann es sich vorstellen.

Sibylle: Damals hat man vielleicht auch andere Gedanken gehabt.

Martin: Ich wäre zum Beispiel nie draufgekommen, so eins zu schreiben, so mit dem Ausdruck halt. Ich hab's nie gescheit erlebt.

Sibylle: Sie hat das so geschrieben, daß man merkt, was die Menschen alles zerstört haben an der Natur.

Ute: Aber sie beschreibt nur Schönes!

Franzi: Aber das ist doch schön, wenn sie nur Schönes beschreibt.

Maxl: Wenn man das liest, wenn die Erde nicht mehr so schön ist, und dann liest man sowas Schönes, dann denkt man daran.

Martin: Dann denkt man daran und freut sich, dann kommt einem die Erde nicht mehr dumm vor.

Sibylle: Sie schreibt nicht so, daß jeder denkt, die will uns jetzt wieder einen Vorwurf machen, sondern so, daß jeder sich das dann denken kann, was sie meint.

Ute: Obwohl sie's überhaupt nicht sagt.

Sibylle: Für die, die etwas mehr über das Gedicht nachdenken, und nicht die, die es einfach runterlesen.

Ute: Man hat das Gefühl, so könnte es sein.

Franzi: Aber daß die das nicht einsehen, die Menschen! Daß die nicht einsehen, daß die das alles kaputt machen! Es sind schon so viele Ermahnungen losgegangen, aber die merken das gar nicht, die sehen einfach drüber weg.

Sibylle: Merken tun sie es schon, aber machen sich halt nichts draus.

Martin: Sie haben dann am Schluß viel Geld, aber wenn der Regenwald kaputt ist, können wir nicht mehr lange leben.

Sibylle: Das ist, als wenn man dir die Lunge rausnimmt.

Ute: Mir kommt es immer so vor, als sei dies eine Schilderung des Paradieses.

Franzi: Das können wir nie mehr so hinbringen, wie's da beschrieben ist.

Ute: Macht ihr euch viele Gedanken über sowas?

Franzi: Manchmal, wenn ich Nachrichten gehört hab'.

Maxl: Wenn du mal in den Nachrichten die Ölpesten und alles siehst.

Sibylle: Ich denke eigentlich am meisten dran, wenn ich grad im Botanischen Garten bin oder wenn ich grad meine Pflanzen pfleg'.

Ute: Dann denkst du gleichzeitig dran …

Sibylle: An die Natur halt.

Ute: Und macht euch das traurig?

Alle: Ja.

Martin: Ich hätte eigentlich am liebsten die ganzen Autos weg, und daß man halt zu Fuß geht oder Fahrräder.

Sibylle: Früher hab' ich mir gedacht, daß man so'n Angebot macht, daß jeder sein Auto gegen eine Kutsche eintauscht.

Ute: Was würdet ihr von eurem eigenen Leben hergeben, damit es so sein könnte, wie es da beschrieben ist?

Sibylle: Alles außer den Linus. Und meine Familie natürlich auch nicht.

Martin: Meine Familie würde ich behalten und den Othello und den Matz.

Maxl: Aber du würdest dich selber ja nicht hergeben.

Franzi: Ich würde alle elektrischen Sachen von mir hergeben und meiner Familie.

Ute: Ich find's furchtbar. Aber mir selbst fällt auch nichts anderes ein. Wenn ich dieses Gedicht lese, dann fällt mir halt sofort ein, wie bedroht auf der Welt alles ist, was noch so ist, wie es da geschildert wird.

Martin: Aber irgendwie kann ich mir nicht vorstellen, daß der Mensch sich selber bedroht. Er stirbt ja selber auch, er ist ja auch mit drunter.

Franzi: Es sind ja auch Menschen, die das kaputt machen. Wenn sie dann Geld haben, dann nützt es ihnen auch nicht viel.

Ute: Ein wunderschönes Gedicht, das lauter schwarze Gedanken bei euch ausgelöst hat. Meint ihr denn, daß die Marie Luise Kaschnitz das beabsichtigt hat?

Mehrere: Ja. Ja.

Sibylle: Ein Gedicht reimt sich doch normal, oder? Aber das reimt sich überhaupt nicht.

Martin: Warst du nicht dabei, wo ich gesagt hab, die modernen Dichter sind zu faul, es sich reimen zu lassen.

Ute: Das ist nicht unbedingt nur Faulheit.

Martin: Da nicht! – Irgendwie kannst du das hier gar nicht reimen lassen, weil dann verstehst du irgendwie gar nichts mehr. Irgendwie kriegst du es dann nicht mehr hin, darüber zu reden und so.

Sibylle: Hat die Marie Luise Kaschnitz eigentlich auch lustige Gedichte geschrieben?

Ute: O, das weiß ich jetzt gar nicht. – Kannst du dir nicht vorstellen, daß sie auch lustige Gedichte geschrieben hat?

Sibylle: Nee.

Martin: Irgendwie ist es doch lustig und lebendig.

Ute: Hättest du Lust, mehr von ihr zu lesen?

Sibylle: Hm!

Ute: Das war eine sehr ernste Frau, glaub' ich, und was ich von ihr gelesen hab', ist ziemlich ernst alles.

Maxl: Das kann ich mir auch vorstellen aus dem Gedicht, daß die mehr ernste Gedichte geschrieben hat.

Ute: Aber sehr ehrlich.

Maxl: Das ist ja eigentlich nur Wahrheit.

Sibylle: Aber sie schreibt es nicht so, daß sie sagt, ich bin ganz unschuldig, sondern sie schreibt es ja sozusagen im Hinterhalt, was die Menschen alles machen. Sie schreibt das ja nicht direkt rein, daß die Menschen die Welt kaputtgemacht haben. Es gibt ja welche, die formulieren das so, wie wenn sie ganz unschuldig wäre, und nur die paar, die die Welt kaputtmachen ...

Ute: Sie formuliert gar keinen Vorwurf. Aber man versteht es und bezieht sich selber auch mit ein.

Sibylle: Eigentlich schon.

Ute: Was macht ihr jetzt mit diesem Blatt, auf dem das Gedicht steht.

Franzi: Wieder lesen und halt dran glauben, daß wir es doch mal schaffen, die Natur wieder so hinzubringen und die Tiere ...

Sibylle: Nicht nur glauben!

Nach der Begegnung mit diesem Gedicht

Sie war »die Kaschnitz«, eine anerkannte Dichterin, auf Fotos ist
sie eine gepflegte Dame mit Perlenkette. Im Lexikon heißt es, ihr
Werk sei stark autobiographisch geprägt. Es müßte also leicht
sein, sie kennenzulernen. Aber wenn man dann ihre Bücher
liest, ihren Reflexionen und Gedichten begegnet, scheint sie sich
zu entziehen, obwohl sie sehr genau beschreibt und berichtet,
was sie sieht und fühlt und denkt.

Läßt man sich auf ihren Blick, auf ihre Radikalität des
Denkens ein, gerät man in einen Sog, der immer weiter von der
Oberflächlichkeit des alltäglichen Miteinanders fortführt. Dann
muß man lernen, das Erschrecken über die Instabilität der
Wirklichkeit und die Brüchigkeit aller schönen Ordnung zu
ertragen. Der Gewinn mag dann und wann ein Erleben schwe-
benden Glücks, zarter Schönheit und zugleich kräftiger Leben-
digkeit sein.

»Juni« schildert in einer großen, weitausholenden Bewegung
die Fülle der lebendigen Wunder der Erde. Und es macht doch
traurig. Wir haben das alles schon einmal erlebt oder gesehen.
Die Erinnerung daran, die Hoffnung darauf nährt uns, wenn wir
schwach werden und verzagen wollen. Aber wir wissen auch,
daß dieses Bild der prangenden Erde nicht die ganze Wahrheit
zeigt. Das Gegenbild ist zwar nicht sichtbar, aber doch gegenwärtig. Wieweit mit Kindern diese Doppelgesichtigkeit zu
erarbeiten ist, überhaupt erarbeitet werden sollte, ist zu überlegen. Man kann sich wohl darauf verlassen, daß auch da, wo das
Gedicht nur immer wieder schön vorgelesen wird, von jedem
Kind mit seiner eigenen Stimme, seinem eigenen Empfinden, die
Gleichzeitigkeit des Schreckens und des Bösen und die Verletz-
lichkeit und Schutzbedürftigkeit der Erde wahrgenommen und
ernst genommen wird, auch wenn gar nichts davon ausgespro-

chen wird. – Man könnte im Anschluß an das Gedicht mit den Kindern zusammen das Buch »Der Heimatplanet« (verlegt bei Zweitausendeins) ansehen. Da finden sich Bilder der Erde aus dem Weltall gesehen, die überwältigend schön sind, und dazu liebevolle Worte über diese Erde in den Sprachen aller Nationen, deren Astronauten die Erde so gesehen und die Verantwortung des Menschen für diese Erde erkannt haben.

Ein Gedicht

Ein Gedicht, aus Worten gemacht.
Wo kommen die Worte her?
Aus den Fugen wie Asseln,
Aus dem Maistrauch wie Blüten,
Aus dem Feuer wie Pfiffe,
Was mir zufällt, nehm ich,

Es zu kämmen gegen den Strich,
Es zu paaren widernatürlich,
Es nackt zu scheren,
In Lauge zu waschen
Mein Wort

Meine Taube, mein Fremdling,
Von den Lippen zerrissen,
Vom Atem gestoßen,
In den Flugsand geschrieben

Mit seinesgleichen
Mit seinesungleichen

Zeile für Zeile,
Meine eigene Wüste
Zeile für Zeile
Mein Paradies.

Marie Luise Kaschnitz

Über Marie Luise Kaschnitz

Sie wurde in Karlsruhe geboren, wuchs in Potsdam und Berlin auf, verlebte oft Ferien mit der Familie in Bollschweil, einem Dorf im Breisgau, das sie uns später zeigt in der »Beschreibung eines Dorfes«. –

Der Vater, bewundert, war Offizier. Nach dem Ersten Weltkrieg kehrte er gebrochen heim, mochte das Haus zunächst nicht betreten und schlug sein Zelt im Garten auf. Da spätestens muß sie geahnt haben, wie der Krieg Menschen zerstört.

Zwei Schwestern sind älter als sie, ein Bruder jünger. Die Geschwister wurden behütet und sorgsam erzogen, allerdings mehr von Kinderfräuleins und Gouvernanten als von den Eltern. Die lebten im selben Haus »wie Götter in eigenen Wohnungen«.

In der Erzählung »Das dicke Kind« schildert die Kaschnitz die Not des Kindes, das sie war, zu plump und ungeschickt, immer im Schatten der anmutigen älteren Schwester:

„Gehst du jetzt aufs Eis? fragte ich.
Ja, sagte das dicke Kind.
Kannst du gut Schlittschuhlaufen? fragte ich und deutete auf die Schlittschuhe, die das Kind noch immer am Arm hängen hatte.
Meine Schwester kann gut, sagte das Kind, und wieder erschien auf seinem Gesicht ein Ausdruck von Schmerz und Trauer und wieder beachtete ich ihn nicht.
Wie sieht deine Schwester aus? fragte ich. Gleicht sie dir?
Ach nein, sagte das dicke Kind. Meine Schwester ist ganz dünn und hat schwarzes lockiges Haar. Im Sommer, wenn wir auf dem Land sind, steht sie nachts auf, wenn ein Gewitter kommt, und sitzt oben auf der obersten Galerie auf dem Geländer und singt.
Und du? fragte ich.
Ich bleibe im Bett, sagte das Kind. Ich habe Angst.
Deine Schwester hat keine Angst, nicht wahr? sagte ich.
Nein, sagte das Kind. Sie hat niemals Angst. Sie springt auch vom obersten Sprungbrett. Sie macht einen Kopfsprung, und dann schwimmt sie weit hinaus...

Was singt deine Schwester denn? fragte ich neugierig.
Sie singt, was sie will, sagte das dicke Kind traurig. Sie macht
Gedichte.
Und du? fragte ich.
Ich tue nichts, sagte das Kind."

»Das Haus der Kindheit« zeigt sie als ein Museum nur für einen Menschen, für sie allein. Dort findet sie die Ängste und das Grauen ihrer Kinder wieder, aber auch die Düfte, Eroberungen und Entdeckungen, die sie glücklich machten. Über das erste Lesen steht dort:

„Heute saß ich in einer Pferdebahn, das heißt, ich kniete auf dem Sitz und sah zum Fenster hinaus. Die Bahn fuhr durch die Hauptstraße einer Kleinstadt, an vielen Geschäften vorbei. Auf den Ladenschildern standen große, manchmal farbige Buchstaben, die ich zu erkennen und mit lauter Stimme abzulesen versuchte. Das Vergnügen, das ich empfand, wenn die Zeichen ein mir bekanntes Wort ergaben, war ungeheuer, so als hätte ich all diese Worte und mit ihnen die bezeichneten Gegenstände selbst erschaffen oder mir in diesem Augenblick unverlierbar zu eigen gemacht."

Außer dem Märchenroman »Der alte Garten« hat die Kaschnitz nichts für Kinder geschrieben, aber in ihrem ganzen Werk erscheinen immer wieder Kinder, schildert sie, wie Kinder die Welt sehen und erleben, wie sie denken und urteilen, etwa in »Wohin denn ich«:

„Der Sohn eines berühmten Komikers geriet, als er zum ersten Mal einer Vorstellung seines Vaters beiwohnen durfte, angesichts des vor Lachen brüllenden und sich auf die Schenkel schlagenden Publikums außer sich vor Zorn. Er glaubte den Vater ausgelacht, sprang auf seinen Stuhl, schrie und schüttelte die Fäuste, schließlich mußte man ihn nach Hause bringen."

„... erzählte mir die Mutter einer inzwischen erwachsenen Tochter, wie die damals Fünfjährige auf die Flucht nichts anderes hatte mitnehmen wollen als ihr Springseil, mit dem sie sich in den verzweifelten Situationen vergnügte – vorwärts, rückwärts, seitwärts springend, mit gekreuzten Händen, mit komplizierten Hüpfschritten, in Unterständen, in Märzwäldern, vor den Gewehrläufen zorniger Soldaten, von dem ewig schwirrenden Bogen wie von einer Muschel verborgen und geschützt."

Marie Luise wurde Buchhändlerin in Weimar, München und Rom. Sie heiratete den Archäologieprofessor Guido von Kaschnitz und reiste mit ihm zu Ausgrabungen in Griechenland, Nordafrika und der Türkei. Sie lebte mit ihm und der Tochter in Rom, Freiburg, Königsberg, Frankfurt und wieder in Rom. Die Zeugen des Altertums, die sie durch ihren Mann kennenlernte, vor allem die Bilder auf griechischen Vasen, regten sie an, Sagen aus der griechischen Mythologie neu zu erzählen.

In der Zeit der Naziherrschaft hielt sie sich still in Deutschland, statt fortzugehen oder zu kämpfen. In den Jahren danach hat sie immer wieder erwogen, wie schwer die Schuld ist, die der Mensch durch solches Schweigen gegenüber der Gewalt auf sich lädt.

Marie Luise Kaschnitz wurde am 31. Januar 1901 in Karlsruhe geboren (als M. L. von Holzing-Berstaett). Sie starb am 10. Oktober 1974 in Rom.

Der Falke

Ich zog mir einen Falken,
Länger als ein Jahr.
Ich zähmte diesen Falken,
Weil er so lieb mir war.

Doch als ich in sein Gefieder
Goldene Schnüre wand,
Erhob er sich in die Lüfte
Und flog in ein anderes Land.

Seitdem seh ich den Falken
Hinfliegen über die Länder,
Am Fuße seidene Riemen,
Im Gefieder goldene Bänder.

Dehnt er im Licht die Flügel,
Strahlt er in goldenem Schein.
Gott sende die zusammen,
Die gern beieinander wolln sein!

Der von Kürenberg
Nachdichtung von
James Krüss

Aus dem Gespräch mit Stefan, Kathrin und Theodor

Stefan: Etwas unverständlich ist es.

Ute: Was verstehst du nicht?

Stefan: Den Sinn. Irgendein Sinn muß ja drin sein.

Ute: Bevor man den Sinn versteht, kann man ja erst mal versuchen zu verstehen: Was wird erzählt?

Kathrin: Daß er seinen Falken so lieb hatte.

Theodor: Er hatte sich einen Falken aufgezogen. Er zog sich einen Falken.

Ute: »Ich zog mir einen Falken…« Das heißt nicht nur, daß er ihn aufzog, also verpflegte und fütterte, sondern auch erzog.

Theodor: So wie die Eltern uns.

Stefan: Ja, aber er ist auch ein wildes Tier, und wenn er denn so dasitzt auf einem, naja, da kriegt man auch Gefühle, daß der eigentlich frei rumfliegen sollte.

Theodor: Daß er sich wohlfühlt manchmal auch.

Kathrin: Kann ja auch sein, daß er mal eine Wut kriegt.

Theodor: Aber man erzieht ihn ja, das ist es ja, man erzieht ihn, und da tut er ihm nichts.

Ute: Man zähmt ihn.

Theodor: Daß er nicht mehr zur Wildnis gehört, sondern mehr zum Menschen, zu dem, der ihn gezähmt hat.

Theodor: Stimmt! Er war erst dort bei der Wildnis zu Hause, und dann geht sein Weg langsam zu dem Menschen, und dann ist er dort wieder zu Hause.

Stefan: Wenn man ihn freiläßt, ob er sich dann wieder zurechtfindet?

Ute: Dann hat man die Verantwortung dafür. – Wie stellt ihr euch die Beziehung zwischen dem Menschen und dem Falken vor?

Stefan: Daß der Falke denkt, der kann jetzt über mich bestimmen, und entweder jetzt muß ich bei dem bleiben, sonst gehe ich irgendwie unter.

Kathrin: Der ist dann wie ein guter Freund für den, wie die Mutter.

Theodor: Aber wie ist der Mensch zum Tier? Der möchte dann den Falken auch selber gern, und der möcht' ihn dann auch nicht mehr freilassen. Aber wenn er dann zur Last kommt, was soll er dann machen?

Ute: Wenn er ihm zur Last wird?

Theodor: Ja.

Ute: Davon ist ja hier nicht die Rede.

Theodor: Zum Glück! – Am Anfang wär's toll!

Stefan: Aber wenn man's dann länger machen muß, muß!

Theodor: Ja, »muß«, das ist was andres.

Stefan: Doch, dann muß man's machen!

Theodor: Das stimmt.

Ute: Aber ist das denn nicht mit allen Beziehungen so, daß es Zeiten gibt, da ist man glücklich darüber, und Zeiten, da ist es auch lästig?

Kathrin: Hm.

Theodor: So könnte es auch bei dem Falken und dem Menschen sein, so ungefähr. – Vielleicht nicht lieben, aber mögen. Der Falke ist ja kein Mensch.

Ute: Ich denke, daß es schon Beziehungen zwischen Mensch und Tier gibt, wo man sagt, das ist Liebe.

Stefan: Ja, aber nicht in dem Sinne.

Ute: Du meinst, wie zwischen Mann und Frau?

Stefan: Ja, auch zwischen Mutter und Kind. So hoch kann's nie werden.

Kathrin: Das kann aber genauso sein zu einem Pferd, wenn du es von klein auf hast, wo es ein Fohlen war, und du wächst mit ihm zusammen auf, das ist dir wie ins Herz gewachsen, so als wär's ein Stück von dir.

Ute: Da heißt es:
»Doch als ich in sein Gefieder
Goldene Schnüre wand,
Erhob er sich in die Lüfte
Und flog in ein anderes Land.«

Kathrin: Daß vielleicht ihm das jetzt zuviel war.

Theodor: Wahrscheinlich war es ihm zuviel und er wollte nicht.

Kathrin: Es war ihm lästig.

Theodor: Genau.

Kathrin: Das muß ja auch ein Gewicht haben, die Schnüre.
Daß er da nicht mehr wollte. Es war ihm genug.

Theodor: Wahrscheinlich wollte er, daß er schön ist und wollte
ihm Freude machen und wollte so machen: Viel-
leicht fliegt er mir noch irgendwann weg. Und dann
hat er ihm viele Sachen gegeben, viel Futter. Und
dann hat er ihm halt die goldenen Schnüre umgebunden und vor lauter viel, viel...

Stefan: Ist er dann weggeflogen.

Theodor: Genau.

Stefan: Und wie er dann zurückkam...

Ute: Da bemerkt er etwas an ihm, was vorher nicht
erwähnt ist.

Kathrin: »Am Fuß seidene Riemen«, Also, daß er zu jemand
anders geflogen ist, und daß der ihn dann verwöhnt
hat und bei sich aufgenommen.
Und er wollte ihm dann auch so ein Zeichen setzen.

Theodor: »Am Fuße seidene Riemen« – die Seide, das ist ja
nicht so schwer wie Gold. Die Bänder waren so dick
und etwas schwerer und haben vielleicht auch ge-
kratzt.

Ute: Und seidene Riemen, meinst du, sind leichter,
zarter.

Theodor: Genau.

Ute: Und halten nicht so fest.

279

Kathrin: Ja!

Ute: Wenn man jemandem ein Band umbindet oder einen Riemen, dann ist das ähnlich wie eine Leine.

Theodor: Wahrscheinlich wollte er, daß er dableibt. Und dann hat er Angst gekriegt. Oder sie waren ihm zu fest. Und dann ist er halt weggeflogen.

Ute: Möchtet ihr mit goldenen Riemen und seidenen Bändern festgebunden sein?

Alle: Nein danke!

Ute: »Gott sende die zusammen,
Die gern beieinander wollen sein.«
Dieser Wunsch zum Schluß – ein merkwürdiger Wunsch, ein schwieriger Wunsch eigentlich, so etwas zu wünschen.

Kathrin: Er weiß ja nicht, mit wem der Falke gern sein möchte. Er sagt nicht »Ich will mit dem Falken zusammen glücklich sein!«, sondern er sagt: »Der Falke soll allein glücklich sein und soll dahin fliegen können, wo er will!«

Stefan: Oder er soll einen anderen Falken finden, mit dem er dann richtig glücklich ist.

Ute: Das fändest du natürlicher.

Stefan: Ja.

Ute: Er liebt den Falken.

Kathrin: Und er möchte nicht, daß er bei ihm bleibt, sondern daß er glücklich ist, der Falke.

Stefan: Vielleicht hat er mit dem Falken einen Menschen
           gemeint.

Ute: Wie meinst du das?

Stefan: Daß er den Menschen nicht nennen wollte, dafür hat
           er einen Falken genommen.

Theodor: Könnte man machen. Ja, stimmt!

Ute: Da müßte man noch überlegen, was die goldenen
           Schnüre und seidenen Bänder in der übertragenen
           Bedeutung meinen.

Stefan: Daß er ihn beschenkt hat, den Menschen, und dann
           ist er weggegangen und hat jemand anders kennen-
           gelernt, vielleicht im Urlaub.

Ute: Du hast zu Anfang gesagt, du verstehst den Sinn
           nicht. Und jetzt hast du den Sinn hinter dem Sinn
           gefunden. Daß man das auch anders verstehen kann.
           Jetzt hör'n wir uns noch einmal das Gedicht auf
           Mittelhochdeutsch an.

Der valke

»Ich zôch mir einen valken   mêre danne ein jâr.
Dô ich in gesamete,   als ich in wollte hân,
und ich im sîn gevidere   mit golde wohl bewant,
er huop sich ûf vil hôhe   und vlouc in anderiu lant.

Sît sach in den valken   schône vliegen.
Er vuorte an sînem vuoze   sîdîne riemen,
und was im sîn gevidere   alrôt guldîn.
Got sende sî zesamene,   die geliep wellen gern sîn!«

Der von Kürenberg

281

Nach der Begegnung mit diesem Gedicht

Der alte Text, den wir auf der vorherigen Seite unten abgedruckt haben und den James Krüss für uns in unsere Sprache übertragen hat, ist ein Lied aus dem Mittelalter, vorgetragen von einem Sänger, dem Minnesänger, am Hofe eines Ritters. Die folgenden Aufgaben sollen dir helfen, dich in die damalige Zeit und Lebensweise einzufühlen und so das Gedicht besser zu verstehen.

✳ Übersetze den mittelhochdeutschen Urtext selber Wort für Wort und vergleiche deine Übersetzung mit der von Krüss.

✳ Versuche einmal, den »Falken« als Lied vorzutragen, in der alten oder der neuen Fassung.

✳ Lies und trag mit Freunden zusammen, was du finden kannst über Ritter und Falknerei.

✳ Zeichne ein Bild, das das Gedicht in dir weckt, zum Beispiel eine weite Landschaft, wie sie ein Falke im Fluge sieht.

✳ In der Dichtung des Mittelalters ist dies ein Liebesgedicht, das eigentlich von zwei Menschen erzählt. Bist du einem andern Menschen so verbunden, wie es hier geschildert wird?

✳ Die goldenen Bänder schmücken und fesseln zugleich. Was wären für dich »goldene Bänder«?

✳ Male dir aus, wie du dir ein Tier zähmst.

✳ Besinne dich darauf, wie du selber Abschiede erlebt hast.

Über Den von Kürenberg

Über diesen Dichter kann man nichts erzählen, weil so gut wie nichts über ihn überliefert ist. Und doch ist er heute noch, siebenhundert Jahre nach seinem Tod, berühmt. Die wenigen Texte, die wir von ihm haben, gelten als der Beginn der Dichtung im deutschen Sprachraum.

Wahrscheinlich war *Der von Kürenberg* ein fahrender Sänger, der sich an verschiedenen Ritterhöfen im Donauraum aufhielt. Die meisten Ritter der Zeit waren stolze Analphabeten, sie konnten nicht lesen und nicht schreiben. Neue Lieder lernte man kennen, wenn ein Sänger sie vortrug, bei einem abendlichen Beisammensein im Hauptsaal der Burg etwa oder bei einem Fest.

Die meisten Lieder der Zeit sind verschollen, es gab ja keine Möglichkeit, Gesang aufzuzeichnen, und auch gedruckte Liederbücher kannte man noch nicht. Trotzdem kennen wir einige Lieder des Kürenbergers, weil sie zusammen mit anderen denn doch eines Tages aufgezeichnet wurden, und zwar in einer Handschrift, einem handgeschriebenen Buch. So kamen sie in unsere Zeit, in der man die Sprache der damaligen Zeit nicht einfach »Deutsch«, sondern »Mittelhochdeutsch« nennt. Wir wissen nicht so recht, wie wir die mittelhochdeutschen Worte ausspechen sollen. Manche wirken wie entfernte Verwandte unser eigenen Worte, sie sind ja auch gewissermaßen ihre Vorfahren.

Die Übertragung des »Falken« stammt von James Krüss. Sie ist im Unterschied zum Original gereimt. Es gibt andere Übertragungen, die auf Reime verzichten.

Dieses Gedicht, das ursprünglich nicht aufgeschrieben und gedruckt wurde und schon gar nicht für die Schule gedacht war, ist über einen langen Weg zu uns gekommen. Es weckt in uns, wenn wir ihm innerlich lauschen, Bilder vom Ritterleben wie

283

Erinnerungen an längst vergangene Zeiten, die uns lieb und vertraut sind, wie manche Träume.

Jemand, der Tiere liebt, wird an der Geschichte vom Falken nicht viel herumdeuten mögen. Aber man nimmt an, daß dies ein Minnelied ist, ein Liebeslied. Nun mag man rätseln, ob hier ein Mann klagt, der eine geliebte Frau verloren hat, oder eine Frau, deren Liebling davongeflogen ist. Es könnte dies auch ein Bild für jede Liebe und Freundschaft, für jede Bindung sein, die einmal gelöst wird.

Der von Kürenberg lebte und sang und ritt wohl auch in der zweiten Hälfte des 12. Jahrhunderts in der Gegend von Linz im heutigen Österreich.

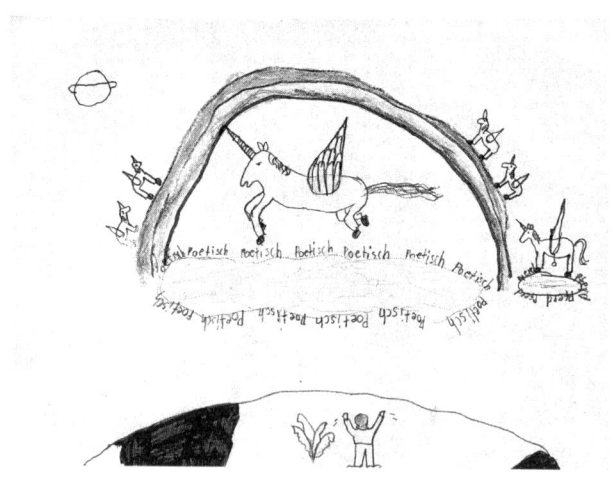

Vogelbotschaft
unterm Regenbogen

Du lagst halb träumend noch im Bette,
Da scharrte auf dem Fensterbrette
Mit ihrem Fuß und sprach die Meise:
»Wir sind nicht wie die Menschen weise,
Die immer ihre großen Toten
Mit heißer Ehrgier überboten.
Wir aßen stets dasselbe Futter
Wie unsre Ahnin, unsre Mutter,
Und waren ihnen gleich am Kleide,
An Nest und Flug und Wunsch und Leide,
Doch haben wir mit unserm Wissen
Den Friedensbogen nie zerrissen,
Und glaub, es kann kein Mensch dich lehren,
In höchsten Nöten dich zu wehren.
Du mußt wie wir den Glauben wagen,
Du habest Flügel, die dich tragen.«

Oskar Loerke
Für Fenne zur Weihnacht 1939

Aus dem Gespräch mit Julchen und anderen Kindern

– Das ist rätselhaft für mich.
– Wer denkt schon an eine Meise. Die sind eigentlich unscheinbar.
– Das sind Lebewesen, die sich nicht streiten: Ich glaub', ich hab' noch nie zwei kämpfende Meisen gesehn.
– Die Meisen, die sind halt friedliebend.
– Ja, aber ich kann mir schon vorstellen, daß sich auch Meisen mal um irgendwas streiten. So toll sind die auch nicht und vollkommen.
– Wir wollen immer hoch hinaus, aber dabei führen wir Kriege. Und das tun sie alles nicht.
– Ich find's irgendwie fast traurig, daß wir so geworden sind. Er beschreibt ja, daß er es gar nicht mag, daß wir immer so ehrgeizig sind. Wie soll man das nennen – immer so hoch hinaus wollen und immer viel besser sein wollen als die anderen.
– Auch die Überschrift ist irgendwie schon rätselhaft.
– Aber wieso »unterm Regenbogen«? Der Regenbogen kommt dann gar nicht vor.
– Vielleicht weil der Regenbogen immer so ein bißchen für den Frieden bezeichnet wird...
– Der Regenbogen wird ja immer als Versöhnungssymbol dargestellt.
– Und als was Tröstliches. Und immer eine Überraschung! Man rechnet gar nicht damit, und plötzlich ist etwas so Wunderbares da.
– So ist das bei dem ja eigentlich auch: »Du lagst halb träumend noch im Bette«, und dann schnarrts am Fenster und dann kommt die Meise...

- Und spricht.
- Da steht unten »Für Fenne zur Weihnacht 1939« – Was ist Fenne? Wer ist das?
- 'n Junge, oder …
- Ich hab' gedacht, das wär 'ne Frau oder 'n Mädchen.
- Das ist was ganz Persönliches irgendwie.
- Und wenn du dir vorstellst, es ist zur Weihnacht 1939, dann kann man sich, glaub' ich, auch ausmalen, warum er dieses Gedicht für Fenne geschrieben hat.
- Es könnt' ja auch ein Kind sein, Fenne. Seine Tochter vielleicht.
- Vielleicht wollt' er sie bewahren, damit sie nicht auch so ehrgeizig wird, wie er es beschreibt.
- Wenn ihr euch vorstellt, es wär' Krieg – da war ja noch nicht lange Krieg – und dann bekämt ihr so ein Gedicht geschenkt?
- Da wär' ich irgendwie froh und …
- Erlöst.
- Das ist eben, daß jemand mal die richtigen Worte zu dem sagt.
- Aber eigentlich sehr tröstlich ist das Gedicht auch wiederum nicht, find' ich, was er über die Menschen schreibt, wenn man denkt, daß das in der Zukunft passiert, das ist auch nicht tröstlich …
- Du meinst, es soll trösten, es ist tröstlich, aber es ist auch nicht so, daß es das Böse aufhebt.
- Er will den Tieren auch mehr recht geben.
  Die Tiere sind ja manchmal echt gequält.
- Vielleicht will er damit sagen, daß die Tiere auch nicht bloß dumm sind, daß die auch irgendwas wissen und weise sind.
- Man sagt auch immer, der Mensch sei der mit dem größten Verstand, aber was er alles durch den Verstand ausgelöst hat.

– Vielleicht meint die Meise auch, daß die Meisen nicht so intelligent sind, aber auch keine Kriege auslösen.

– Läßt sich das in ein Wort fassen, was für ein Wesen sie ist? Gerade im Unterschied auch zu den Menschen.

– Sehr friedliebend, nicht so kriegerisch.

– Besser sozusagen.

– In der Hinsicht sind sie eigentlich klüger als die Menschen.

– Ich würde sagen, sie ist bescheiden.

– Die ist mit ihrem Leben einfach zufrieden.

– Der Mensch will immer mehr und mehr und mehr. Der ist nie zufrieden, er will immer weiter hinaus.

– Und sie sagt ja auch, daß sie immer das gleiche Kleid anhatte, und daß sie immer dasselbe Futter aßen, wie ihre Mutter schon gegessen hat. Und der Mensch will halt immer was Neues.

– So viele Menschen meinen immer, es würde ihnen besser gehen, wenn sie noch das und das erreichen würden oder hätten, und dabei sind sie nicht zufrieden, weil …

– Es ihnen nicht gelingt, satt zu sein.

– Wir sind eigentlich nie mit dem zufrieden, was wir jetzt haben. Die Meise dagegen, die ist schon zufrieden mit ihrem Futter. Die kann sich gar nichts anderes aussuchen.

– Welche Zeilen in dem Gedicht findet ihr am schönsten? Oder vielleicht auch ein Wort, das euch besonders lieb ist?

– »Doch haben wir mit unserm Wissen
Den Friedensbogen nie zerrissen« –
das find' ich eben gut, weil sie friedlich sind. Die Menschen kämpfen ja.

– Gut finde ich auch:
»Wir sind nicht wie die Menschen weise«
Sie gibt zu, daß sie nicht soviel weiß, aber trotzdem damit leben kann.

– Ich finde die Zeile schön:
»Und waren ihnen gleich am Kleide,
An Nest und Flug und Wunsch und Leide.«

– Ja, das ist sprachlich sehr schön.

– Aber auch die letzte Zeile:
»Du habest Flügel, die dich tragen.«
Damit will er vielleicht Mut machen.

– Man soll nie aufgeben, es geht weiter.

– »Du mußt wie wir den Glauben wagen,
Du habest Flügel, die dich tragen.«
Das hört sich doch an, als könnten die Vögel fliegen, weil sie daran glauben, daß sie fliegen können.

– Ein Wortspiel ist das halt.

– Ich weiß nicht, ob das ein Wortspiel ist. Hast du das noch nie erlebt, daß du eine schwierige Situation gemeistert hast, etwas, was du dir in zaghaften Stunden gar nicht zugetraut hast? Und das ist fast wie fliegen.

– In Schulaufgaben!

– Da braucht man das Gefühl?

– Wenn man da eine Sechs schreibt, ist ja auch das Leben noch nicht zu Ende.

– Wenn man Flügel hätte, und es wird so schlimm, es wird so schlimm und du hättest Flügel …

– Dann weiß man, daß man noch weg kann, weg vom Ort, wo es so schlimm ist.

– Wenn es jetzt da so furchtbar wird, dann kann man sich in die Lüfte schwingen und woanders hinfliegen, wo es schön ist.

– Aber eigentlich finde ich auch nicht so gut, wenn man immer vor allem, was nicht gut ist, flieht.

– Es ist auch nicht immer gleich alles zu Ende, wenn irgendwas passiert.

– Julchen, da hast du sicher recht.
– Könntest du dir vorstellen, dieses Gedicht jemandem zu schenken?
– Ja! – Ja, sehr gut!
– Wenn es jemand wirklich schlecht geht, wenn er wirklich tief in der Tinte steckt, so als Trost.
– Auch zum Muttertag oder so seiner Mutter schenken.
– Wenn jemand stirbt, ein Verwandter oder so, da hilft es auch ganz gut.
– Wenn meine Mutter so abgeschafft ist und so kaputt ist.
– Dann nehmt ihr das heute mit, das Gedicht, und schaut, wem ihr's schenken könntet.
– O ja!

Nach der Begegnung mit diesem Gedicht

Du magst von der »Vogelbotschaft unterm Regenbogen« so berührt worden sein, daß du das Gedicht nur immer wieder lesen, es auswendig lernen, es mit dir tragen möchtest; du magst es abschreiben und daheim aufhängen; du magst es verschenken und teilen mit Freunden und Trostbedürftigen – es wird in jeder neuen Begegnung seine Kraft als ein Ganzes entfalten und mitteilen.

Wenn dir die »Vogelbotschaft« aber fremd ist, wenn du sie besser verstehen möchtest, kannst du versuchen, Fragen wie diesen zu folgen:

✳ Es gibt Worte, die für sich allein reicher sind als der Zusammenhang, dem sie entnommen wurden. Finden sich solche Worte in diesem Gedicht?

✳ Wie sähe unser Leben aus, wenn es sich immer gleich bliebe wie das der Meisen?

✳ Wie ist das Leben der Meisen mit unserem Leben verknüpft?

✳ Wie lebten wir, wenn wir ehrgeizig, und wie, wenn wir bescheiden wären?

✳ Gibt es Worte, Zeilen in dem Gedicht, die du aufheben, das heißt zu dir nehmen und aufbewahren möchtest?

✳ Was für ein Mensch mag »Fenne« für Oskar Loerke gewesen sein?

✳ Welche Not bedrückt die Menschen in Deutschland im Dezember 1939?

Über Oskar Loerke

Warum haben all die Autoren, denen Oskar Loerke als Lektor des Fischer Verlages mit unermüdlichem Fleiß gedient hat, niemals einen Erinnerungsband für ihn zusammengestellt? Warum haben sie seinem Werk, für das ihm neben der täglichen Lohnarbeit an ihren Büchern viel zu wenig Zeit blieb, nicht in gleicher Weise zu Lesern verholfen, wie er es ihnen tat? Warum wissen wir so wenig über ihn, kennen seine Gedichte so wenig, finden seine Bücher nicht in unseren Buchläden? Oskar Loerke ist unter dem Nazi-Regime zerbrochen, war am Ende seines Lebens durch die Barbarei und das Mindermaß ringsum verbittert. Daß er immer noch nicht in unseren Schulbüchern steht, ist ein Beispiel dafür, wie der Ungeist der Naziherrschaft nachwirkt, uns bis heute verstümmelt.

Oskar Loerke wuchs in Westpreußen auf, der Vater hatte einen Bauernhof und eine Ziegelei. Die weite stille Landschaft der Heimat an der Weichsel prägte den Jungen, auch der Unterricht in Musik. Er fing früh an, Gedichte und Dramen zu schreiben, auch Erzählungen, studierte in Berlin und hoffte, als Schriftsteller leben zu können. Als er 1913 den Kleist-Preis bekam, der mit einem Reisestipendium verbunden war, fuhr er nach Nordafrika. Die Bilder, die er aus der weiten stillen Landschaft dort heimbrachte, zeigt er uns im Gedicht.

Nächtlicher Kamelritt

Zärtlich hängt die Nacht der Wüste
Sich ins Schwielenknie, an Ballen,
Schlingt sich an gewiegte Hälse
Und die schönen Sterne fallen.

Schwärmerisch in halben Kreisen
Wiegt ein Meer mich wie im Kahne,
Überrauscht mit der Oase
Wellenschwarz die Karawane.

Wie ein Irrlicht weiß im Burnus
Schleicht der Treiber mit der Flinte.
Langsam bin ich nachgeflogen
Über warmem Labyrinthe.

Sinnlos ihre Strähnen flechtend
Klappern groß die Palmenwedel,
An den Stämmen hochgenagelt,
Nicken spitze Pferdeschädel.

Glück im Geisterland verheißend
Glühn sie beinern statt der Sterne,
Und den Sternen liegt zu Füßen
Herrlichkeit der Erdenferne.

Denn der See bewegte Brandung
Regt sich durch den Palmenfächer,
Und das hohe Haus des Atlas
Hebt die kalten Silberdächer.

Auf den Säcken, auf dem Teppich,
Mit mir seinen Sitz zu teilen,
Reitet Mahomet und weitet
Jeden Wiegeschritt zu Meilen.

Überall im Labyrinthe
Singt das Wasser hin, das gelbe.
Der Kaskadensturz des Milchstroms
Steil vom Himmel singt dasselbe.

Sang der Welt erschreckt die Tiere,
Und sie scheuen und sie zittern
Vor dem Ausgang der Oase.
Und sie stehen und sie wittern.

Es war Oskar Loerke dann doch nicht möglich, allein vom Schreiben zu leben, 1917 brauchte er einen Brotberuf und wurde Lektor.

»Er war ein schwerer, fast schwerfälliger Mann, von Kindheit an vielen Krankheiten unterworfen; Loerke war von Haus aus kein trauriger Mensch, vielmehr der Geselligkeit geneigt, ein kräftiger Zecher, mit ganzem Leibe lachend, die flache Hand vor den Mund breitend. Er lebte gern...

Das unendliche Leid, das aus seinen späteren Gedichten wie aus seinem Tagebuch schon früher spricht, dürfen wir nicht von vornherein in sein Werk hineinlesen. Er kannte und feierte das heitere Wohlsein der Kreatur, den Ruhm des harmlosen Daseins. Dessen freudige Selbstverständlichkeit beschwört er nur zu gern...

Er fand den Zustand der Welt, in dem man ohne Gedichte auszukommen meint, so widernatürlich wie unvernünftig. In sieben großen Versbänden zieht ein gespanntes, tragisches Leben an uns vorüber, das Leben eines äußersten Menschen. Oskar Loerke war ein großer, ein guter Mann, ein gewaltiger Arbeiter. Aber dann zerbrach er. Der rohe Ungeist des Schreckensregimes hat ihn erschlagen. Er ist nicht an seinem Herzleiden gestorben, sondern an den Kränkungen, die man ihm antat...« (Wilhelm Lehmann: Oskar Loerke, Porträt eines Lyrikers).

Die »Vogelbotschaft unterm Regenbogen« ist ein Geschenk am Ende eines zuletzt oft bitteren Lebens; am 24. Februar 1941 ist Loerke gestorben.

Anhang

Die von den Kindern Ende des 2. Schuljahrs ausgesuchten
Gedichte.

JOHANN WOLFGANG VON GOETHE
  Prooemion (Vali)
  Die Frösche (Felix)
  Über allen Gipfeln (Maxl)
  Um Mitternacht (Kathi)
  Hoffnung (Sybille)

GOTTFRIED AUGUST BÜRGER
  Trost (Valentin)

CHRISTIAN MORGENSTERN
  Palmström (Daniel)

GEORG VON DER VRING
  Schwarz (Martin)
  Dauer (Tine)
  Die letzte Rose (Steffi)

JOHANN GOTTFRIED HERDER
  An die Mitternacht (Axi)

HANS ARP
  Das Fibelmeer (Sabine)

YVAN GOLL
  In uralten Seen (Anna)

Prooemion

Im Namen dessen, der Sich selbst erschuf!
Von Ewigkeit in schaffendem Beruf;
In Seinem Namen, der den Glauben schafft,
Vertrauen, Liebe, Tätigkeit und Kraft;
In Jenes Namen, der, so oft genannt,
Dem Wesen nach blieb immer unbekannt:

So weit das Ohr, so weit das Auge reicht,
Du findest nur Bekanntes, das Ihm gleicht,
Und deines Geistes höchster Feuerflug
Hat schon am Gleichnis, hat am Bild genug;
Es zieht dich an, es reißt dich heiter fort.
Und wo du wandelst, schmückt sich Weg und Ort;
Du zählst nicht mehr, berechnest keine Zeit,
Und jeder Schritt ist Unermeßlichkeit.

Johann Wolfgang von Goethe

Ein großer Teich war zugefroren;
Die Fröschlein, in der Tiefe verloren,
Durften nicht ferner quaken noch springen,
Versprachen sich aber, im halben Traum:
Fänden sie nur da oben Raum,
Wie Nachtigallen wollten sie singen.
Der Tauwind kam, das Eis zerschmolz,
Nun ruderten sie und landeten stolz
Und saßen am Ufer weit und breit
    und
        quakten
           WIE VOR ALTER ZEIT.

Johann Wolfgang von Goethe

297

Ueber allen Gipfeln
Ist Ruh,
In allen Wipfeln
Spuerest du
Kaum einen Hauch;
Die Voegelein
schweigen im Walde.
Warte nur, balde
Ruhest du auch.

Johann Wolfgang von Goethe

Um Mitternacht

Um Mitternacht ging ich, nicht eben gerne,
Klein, kleiner Knabe, zu jenem Kirchhof hin
Zu Vaters Haus, des Pfarrers; Stern am Sterne.
Sie leuchteten doch alle gar zu schön;
    Um Mitternacht.

Wenn ich dann ferner in des Lebens Weite
Zur Liebsten mußte, mußte, weil sie zog,
Gestirn und Nordschein über mir im Streite,
Ich gehend, kommend Seligkeiten sog;
    Um Mitternacht.

Bis dann zuletzt des vollen Mondes Helle
So klar und deutlich mir ins Finstere drang,
Auch der Gedanke willig, sinnig, schnelle
Sich ums Vergangene wie ums Künftige schlang;
    Um Mitternacht.

Johann Wolfgang von Goethe

Hoffnung

Schaff, das Tagwerk meiner Hände,
Hohes Glück, daß ich's vollende!
Lass, oh lass mich nicht ermatten!
Nein, es sind nicht leere Träume:
Jetzt nur Stangen, diese Bäume
Geben einst noch Frucht und Schatten.

Johann Wolfgang von Goethe

Trost

Wann dich die Lästerzunge sticht,
So laß dir dies zum Troste sagen:
Die schlechtesten Früchte sind es nicht,
Woran die Wespen nagen.

Gottfried August Bürger

Palmström

Palmström steht an einem Teiche
und entfaltet groß ein rotes Taschentuch:
Auf dem Tuch ist eine Eiche
dargestellt sowie ein Mensch mit einem Buch.

Palmström wagt nicht, sich hineinzuschneuzen.
Er gehört zu jenen Käuzen
die oft unvermittelt-nackt
Ehrfurcht vor dem Schönen packt.

Zärtlich faltet er zusammen,
was er eben erst entbreitet.
Und kein Fühlender wird ihn verdammen,
weil er ungeschneuzt entschreitet.

Christian Morgenstern

Schwarz

Nacht ohne dich.
Wer wird mein Herz bewahren?
Der Mond erblich.
Die Vogelwolken fahren.
Vorüberstrich
Ein Schwarm von schwarzen Jahren.

Georg von der Vring

Dauer

Als eine weiße Schneebeere
Möcht ich dein letztes Wort sein.
Niemand spricht es mehr aus.
Aber die weiße Schneebeere am Haus
Wird noch dort sein
Jahrein jahraus

Georg von der Vring

Die letzte Rose

Wer hat dieser letzten Rose
Ihren letzten Duft verliehen?
Tritt hinaus ins Sonnenlose,
Atme ihn und spüre ihn,

Wie er rot im Offenbaren
Und verschwebender wie Wein
Wesen kündet, die nie waren
Und die hier nie werden sein.

Georg von der Vring

An die Mitternacht

Jetzt in der Mitternacht,
Die mich erzeugte, reifte und gebar,
Will ich mich fragen, wer ich war!

Auf meiner Stirn ist Nacht!
Ist's Wasser denn, was mir in Adern fleußt?
Ist Fleisch mein Herz und Staub mein Geist?

Ach du! (dir fluch ich, Nacht!)
Schriebst meinen Nam', wo goldne Namen glühn,
Mit Lethens schwarzen Tropfen hin:

Schwarz ist mein Los wie du!
Mein Bücherkreis nur eine Milbensphär,
Und Feinde glänzen um mich her:

Nur meine Knospe, sinkt
Sie kaum geweckt vom frühesten Morgenstrahl
Kaum zweier Freunde Reiz dreimal,

Sinkt, stirbt, verwest: o Nacht,
Sprich, wo noch Geist in ihrer Asche glüht,
Daß sie zu deiner Blum aufblüht,

Die stillen Frühlingstau
Zum Ambra vor den matten Wandrer trinkt,
Wenn Philomele hoch ihm singt.

Johann Gottfried Herder

Das Fibelmeer

Im Meer beginnt es langsam schwarz zu schneien.
Das Euter läutet an dem Wasserast.
Das Rad der Fische will sich Pfeifen leihen
denn schrecklich schwankt der große Meerpalast.

Die Wasservögte ankern nach den toten Sternen.
Den Leuchtturm steckt der Wind in seinen Sack.
Die Bernsteintiere ziehn gemolken in die Fernen
gefolgt von leckem Zwerg und Kinderwrack.

Der Sturm schlägt auf die Pauken und die Knallen.
Die Schwämme tauchen auf mit wildem Schrei.
Der Wind spitzt sich von neuem seine Krallen
und hängt sich Kapitäne ins Geweih.

Hans Arp

In uralten Seen

In uralten Seen
Hausen die traurigen Fische
Mit den Augen aus Furcht

Indessen die rosa Hügel rundum tanzen
Wie die Hügel der Bibel

Auf Schaumpferdchen schaukelt
Ein kleiner Wind –

Aus unseren uralten Augen
Lächelt es golden
Doch darunter haust eine traurige Furcht

Yvan Goll

Die Mainacht

Wenn der silberne Mond durch die Gesträuche blickt
Und ein schlummerndes Licht über den Rasen geußt
Und die Nachtigall flötet,
Wandl' ich traurig von Busch zu Busch.

Selig preis ich dich dann, flötende Nachtigall,
Weil dein Weibchen mit dir wohnet in einem Nest,
Ihrem singenden Gatten
Tausend trauliche Küsse gibt.

Überschattet von Laub, girret ein Taubenpaar
Sein Entzücken mir vor; aber ich wende mich,
Suche dunkle Gesträuche,
Und die einsame Träne rinnt.

Wann, o lächelndes Bild, welches wie Morgenrot
Durch die Seele mir strahlt, find ich auf Erden dich?
Und die einsame Träne
Bebt mir heißer die Wang herab.

Christoph Hölty

Schlummerflocken

Niedersank der Tag. Aus dunklen Toren
Sternenäugig wird die Nacht geboren.

Ohne Steuer, jetzt vom Land gestoßen,
Schwebt die Seele überm Bodenlosen.

Selig wie erlöste Geister schwanken
In dem Kahn der Nacht die Traumgedanken

Und ein Albatros im Schiff zu Gaste
Breitet weiße Schwingen überm Maste.

Seh ich Wolkenzüge windgetragen?
Sind's Gebirge, die aus Traumland ragen?

Ferne durch zerrissne Nebel blinken
Seines Wunderports Korallenzinken.

Alle Segel ein, die Winde stocken.
Leise, leise fallen Schlummerflocken.

Isolde Kurz

Traurigkeit

Die mir noch gestern glühten,
Sind heut dem Tod geweiht,
Blüten fallen um Blüten
Vom Baum der Traurigkeit.

Ich seh sie fallen, fallen
Wie Schnee auf meinen Pfad,
Die Schritte nicht mehr hallen,
Das lange Schweigen naht.

Der Himmel hat nicht Sterne,
Das Herz nicht Liebe mehr,
Es schweigt die graue Ferne,
Die Welt ward alt und leer.

Wer kann sein Herz behüten
In dieser bösen Zeit?
Es fallen Blüten um Blüten
Vom Baum der Traurigkeit.

Hermann Hesse

Kirschblüte bei der Nacht

Ich sahe mit betrachtendem Gemüte
Jüngst einen Kirschbaum, welcher blühte,
In kühler Nacht beim Mondenschein;
Ich glaubt', es könne nichts
    von größrer Weiße sein.
Es schien, ob wär ein Schnee gefallen
Ein jeder, auch der kleinste Ast
Trug gleichsam eine rechte Last
Von zierlich-weißen runden Ballen
Es ist kein Schwan so weiß
    da nämlich jedes Blatt,
Indem daselbst des Mondes sanftes Licht
Selbst durch die zarten Blätter bricht,
Sogar den Schatten weiß und
    sonder Schwärze hat.
Unmöglich, dacht ich, kann auf Erden
Was Weißers ausgefunden werden.
Indem ich nun bald her
Im Schatten dieses Baumes gehe,
Sah ich von ungefähr
Durch alle Blumen in die Höhe
Und ward noch einen weißern Schein,
Der tausendmal so weiß,
Der tausendmal so klar,
Fast halb darob erstaunt, gewahr.
Der Blüte Schnee schien schwarz zu sein
Bei diesem weißen Glanz.
Es fiel mir ins Gesicht
Von einen hellen Stern ein weißes Licht,
Das mir recht in die Seele strahlte.

Wie sehr ich mich an Gott
  im Irdischen ergetze,
Dacht ich,
  hat Er dennoch weit größre Schätze.
Die größte Schönheit dieser Erden
Kann mit der himmlischen
  doch nicht verglichen werden.

Barthold Heinrich Brockes

Schlußstück

Der Tod ist groß.
Wir sind die seinen
lachenden Munds.
Wenn wir uns
mitten im Leben meinen,
wagt er zu weinen
mitten in uns.

Rainer Maria Rilke

Sonnenuntergang

Wo bist du? trunken dämmert die Seele mir
Von aller deiner Wonne; denn eben ist's,
Daß ich gelauscht, wie, goldner Töne
Voll, der entzückende Sonnenjüngling

Sein Abendlied auf himmlischer Leier spielt';
Es tönten rings die Wälder und Hügel nach.
Doch fern ist er zu frommen Völkern,
die ihn noch ehren, hinweggegangen.

Friedrich Hölderlin

Menschenbeifall

Ist nicht heilig mein Herz, schöneren Lebens voll,
Seit ich liebe? warum achtetet ihr mich mehr,
Da ich stolzer und wilder,
Wortereicher und leerer war?

Ach! der Menge gefällt, was auf den Marktplatz taugt,
Und es ehret der Knecht nur den Gewaltsamen;
An das Göttliche glauben
Die allein, die es selber sind.

Friedrich Hölderlin

Hälfte des Lebens

Mit gelben Birnen hänget
Und voll mit wilden Rosen
Das Land in den See,
Ihr holden Schwäne,
Und trunken von Küssen
Tunkt ihr das Haupt
Ins heilignüchterne Wasser.

Weh mir, wo nehm ich, wenn
Es Winter ist, die Blumen, und wo
Den Sonnenschein,
Und Schatten der Erde?
Die Mauern stehn
Sprachlos und kalt, im Winde
Klirren die Fahnen.

Friedrich Hölderlin

Rettet die Poesie!

Nachwort

> *»Das Gedicht kann, da es ja eine Erscheinungsform der Sprache*
> *und damit seinem Wesen nach dialogisch ist, eine Flaschenpost sein,*
> *aufgegeben in dem – gewiß nicht immer hoffnungsstarken – Glauben,*
> *sie könnte irgendwo und irgendwann an Land gespült werden,*
> *an Herzland vielleicht. Gedichte sind auch in dieser Weise unterwegs:*
> *sie halten auf etwas zu.*
> *Worauf? Auf etwas Offenstehendes, Besetzbares, auf ein ansprechbares*
> *Du vielleicht, auf eine ansprechbare Wirklichkeit.*
> *Um solche Wirklichkeit geht es, so denke ich, dem Gedicht.*

Paul Celan

Die Poesie und die ursprüngliche Beziehung der Kinder zu ihr muß gerettet werden vor literaturwissenschaftlicher und didaktisch-methodischer Bevormundung, damit Gedichte Ohr und Herz, oft auch den ganzen Leib und schließlich den Kern der Existenz der Menschen, an die sie sich wenden, erreichen können. Der Schule kann das gelingen, die Schule kann das versäumen.

Damit es gelingt, brauchen wir eine »pädagogische Gegenbewegung gegen eine eindimensional wissenschaftsgläubige Verplanung des Lernens schon in der Grundschule«.[1] Was Adelheid Staudte vor allem für Kunstunterricht, Musik und Sport fordert, möchte ich erweitern auf den Unterricht, der sich mit Literatur, genauer: mit Gedichten befaßt. Die Schule muß sich entscheiden, ob sie den Anspruch der Kinder auf unverfälschte Literatur in ihrer Schullebenszeit und über sie hinaus einlöst oder verrät.

In der Mitte unseres Jahrhunderts zitiert das reformpädagogische Aufatmen im Osten Deutschlands nach Naziherrschaft und

Krieg in einer pädagogischen Zeitschrift[2]: »Acht Jahre lang ein
Schülergeschlecht statt zur Untätigkeit und Passivität zu zwingen, zum tatenfrohen Suchen und Entdecken anzuspornen –
welch neue poesiefreudige Generation müßte das ergeben!« Das
wurde bereits am Anfang des Jahrhunderts von Adolf Jensen
und Wilhelm Lamszus formuliert. Sie sind auch Autoren eines
Aufsatzes mit dem Titel »Die Poesie in Not«[3]. Poesiefreudigkeit
entstünde, wenn junge Menschen nicht nur mit einem »eisernen
Bestand von zehn oder zwanzig auswendig gelernten Gedichten
in das Leben« entlassen würden, sondern gelernt hätten, »daß es
etwas Köstliches darum ist, selber nach Schätzen zu graben«[4]. In
unserer Zeit, gegen Ende des Jahrhunderts, aber soll es nach dem
Willen der dominierenden Literaturdidaktik um »Teilgehalte,
Grundgehalte und Intentionen von Texten« gehen, um das
»Sinnzentrum auf Erlebnis-/Empfindungs-, Reflexions- oder
Geschehnisebene«, um »Merkmale von Text- oder Gattungs-
arten« und deren Funktionen, und das schon in Bezug auf
Kinderlyrik in der Grundschule.[5] Nimmt man das ernst, scheint
all das nicht möglich, wovon dieses Buch berichtet!

Wenn ich lese, was Harald Reger als Vertreter der dominierenden Literaturdidaktik an Lernzielen für den Literaturunterricht auffächert, und wie er seine Ziele begründet[6], dann beginne
ich zu fürchten, mein eigener Umgang mit Lyrik im Unterricht
könnte seiner Zunft als allzu unbedacht, unprofessionell und
höchst unzulänglich erscheinen. All das, was ein Wissenschaftler
wie er als wesentlich und vorab zu bedenken ansieht, leiste ich
eben nicht, will ich nicht leisten, wenn ich bestimmten Kindern
ein bestimmtes Gedicht geben möchte.

Vielleicht läßt sich das, was ich meine, in der Äußerung
Regers zu einem Gedicht von Hans Manz zeigen. Er führt es in
der Rubrik »Spiel mit der Bedeutung homonymer Wörter und
Metaphern« an:

Frühling

Die Knospen knospen und sind schon wach,
die Keime keimen noch schüchtern und schwach,
die Weiden weiden das Gras ab am Bach.

Die Bäume baumeln (das ist ihre Pflicht),
die Sträucher straucheln im Dämmerlicht,
die Stämme stammeln ein Frühlingsgedicht.

Die Hecke heckt neue Streiche aus,
der Rasen rast wie rasend ums Haus,
der Krokus kroküßt die Haselmaus.

Die Drossel erdrosselt den Regenwurm,
das Rebschoß erschoß nachts die Reblaus im Turm,
drum erlaubt sich das Laub ein Tänzchen im Sturm.

Es himmelt der Himmel ein Wölklein an,
es windet der Wind sich durch Löwenzahn,
und bereits blättern Blätter im Sommerfahrplan.

Danach heißt es: »Die komische Wirkung der Zeilen resultiert
1. aus der gleichen oder fast gleichen Lautung der Nomen und
der ihnen zugeordneten Verben, 2. aus der überwiegend verschiedenen Bedeutung von Nomen und zugeordnetem Verb
sowie 3. vor allem aus der metaphorischen Verwendung der
Verben.«[7] Reger meint auch zu wissen, was das Gedicht will:
»Intentional wollen diese Sprachspiele Spaß bereiten sowie
gleichzeitig zum Nachdenken über Sprache anregen und ebenso
auch über das Ausgesagte.«[8] Mein übermütiges Vergnügen an
dem Gedicht und die Lust, diese mit Kindern zu teilen, fällt in
sich zusammen wie ein Soufflée in kalter Zugluft, wird es dieser
Art Wissenschaftlichkeit ausgesetzt!

Eine andere, offenbar unmodern gewordene Wissenschaft,
die Winfried Pielow vertritt, wußte noch: »Das Kind liebt dieses

Spielzeug Sprache. Also ist das Kind auch prädestiniert, lyrische Dichtung zu lieben...«, denn ihm ist die »vorlogische Sprache der Rhythmen und Reime ›die‹ schöne Sprache schlechthin.«[9] Die vorlogische Sprachspielliebe habe ich nach Gymnasium und Studium erst im Umgang mit wirklichen Schulkindern wiedergefunden. Sie ist einer der Punkte, an die wir einen gemeinsamen Spinnfaden anknüpfen konnten, wenn wir zusammen Gedichte gelesen haben – ohne die trockene Bewußtheit der Analyse, wiederholend, horchend, kostend, genießend.

Braucht man denn aber keine Didaktik, um mit Kindern in der Schule Gedichte so zu lesen, wie es in diesem Buch gezeigt wird? Braucht man keine Methode, um zu erreichen, daß Kinder sich in der Schule Gedichten zuwenden, einem bestimmten Gedicht im vorgesehenen Moment, sich auf das Gedicht einlassen und danach etwas von diesem Gedicht gelernt haben? Kann man Kinder im Unterricht ohne Theorie dahin führen, daß ihnen Gedichte etwas bedeuten, daß ihnen die Begegnung mit Gedichten lieb und wichtig wird, daß sie sich Gedichten öffnen und am Ende gar bereit sind, Gedichte auswendig zu lernen, um sie inwendig aufzuheben? Muß das nicht planvoll Schritt für Schritt geschehen und vorab begründet sein?

Kleine Kinder mögen Gedichte, horchen auf, wenn Reim und Rhythmus in ein Spiel locken, überwinden Kummer, wenn ein Vers tröstet, lassen sich mit Widrigkeiten versöhnen, wenn ein Gedicht hilft. Sie lernen einen guten Teil ihrer Muttersprache aus Vergnügen am Klang der Worte, aus Freude an den Rätseln der Sprache und den Geheimnissen ihrer Bilder, die sich nur allmählich und manchmal auch gar nicht enthüllen. Sie spüren und sinnen ihnen nach, und was fremd ist und rätselhaft bleibt, ist wie ein Versprechen und geheimer Schatz. Man hört manchmal, wo so ein Kinderschatz im Sprachklang verborgen ist, wenn ein Wort, das Erwachsene als Alltagsmünze benützen, von einem

Kind so achtsam ausgesprochen wird, daß wir merken können: Das ist nun ein Dukatenwort, das soll man nicht vernünftigschaben! Und wenn wir Walter Benjamins oft zitiertem Satz »Prinz ist ein Wort mit einem umgebundenen Stern« wieder einmal begegnen, lassen wir uns von dem Kind, das der große Walter einmal war, verzaubert und sehnsüchtig an die kleine Hand nehmen.

Literaturunterricht bewirkt selten, daß sich die ursprüngliche Beziehung zur Poesie in der Schule klärt und festigt. Sie zerbröselt und vergeht. Mit Stöhnen und Seufzen antworten viele, sehr viele Erwachsene, wenn sie gefragt werden, wie es ihnen mit Gedichten in der Schule gegangen sei. »Seither weiß ich, daß ich zu blöde bin, um Gedichte zu verstehen.« So ließe sich bündeln, was ihr Seufzen erklärt. Sie haben nicht die richtigen, die erwarteten Antworten gewußt, darum geschwiegen, haben die falschen Fragen gefragt und sich lächerlich gemacht, haben nicht erkennen und nicht fühlen können, was aufgegeben war. Die Zunge erlahmte, dann der Gedanke, schließlich das Empfinden. Geblieben ist eine Abneigung gegen Gedichte; sie machen befangen, unlustig und taub.

Merkwürdigerweise fragt die aktuelle wissenschaftliche Didaktik nicht danach, wie Unterricht solche Wirkung verursacht, oder wie sie zu vermeiden und die ursprüngliche Begabung für Poesie durch die Schulzeit zu erhalten und zu kultivieren wäre. Langzeitwirkungen von Unterricht werden kaum beachtet, es geht um die Realisierung didaktischer Konzepte für einzelne Stunden, allenfalls für kleine Projekte. Wenn die nicht so gelingen, wie geplant, kann man annehmen, LehrerInnen oder Kinder hätten versagt. Die didaktische Orientierung bleibt unangetastet. Sie sieht sich bestätigt, wenn Unterricht den Kindern mit der Macht des Erwachsenen einige Äußerungen, Handlungen und Produkte abgepreßt hat, die erfüllen, was das der Sachlogik des Erwachsenen entsprechende didaktische Konzept erwartet. Ob das dem behandelten Gedicht und der Beziehung der Kinder zu ihm und zur Poesie überhaupt guttut, wird nicht bedacht, so lange der Erwachsene von einigen Kindern bekommt, was er will, und die anderen nicht allzusehr stören.

»Der Trend der didaktischen Bemühungen richtet sich seit einigen Jahren berechtigt und notwendig auf den kreativ akzentuierten Umgang der Primarstufenschüler/innen mit Kinderlyrik.«[10] So bündelt denn Harald Reger in seinem dicken Buch die »didaktischen Bemühungen« der herrschenden literaturdidaktischen Lehre, die einen »handlungs- und produktionsorientierten Ansatz« vertritt, im Blick auf Kindergedichte mit einer kalten Systematik und Sprache, die einem Angriff auf den Gegenstand gleichkommt, nicht seiner Entdeckung und Erweckung im Unterricht dient, keinen Respekt vor der Gestalt des fertigen Gedichts hat, es zerschneidet, verwürfelt, klebt und nachhäfft und nichts von der ursprünglichen Beziehung der Kinder zur Poesie weiß.[11]

Schon seit einiger Zeit gibt es ein breites wissenschaftliches Interesse für die Denkweise von Kindern. Unzählige Forschungsprojekte versuchen sie zu erkunden. Kinder werden beobachtet und befragt, Alterstypisches wird skizziert, Zusammenfassendes veröffentlicht. Man ist ihnen wie exotischen Wesen auf der Spur und verspricht, die Schule besser machen zu können, wenn man erst genügend über ihre Kinder herausgefunden habe. Das alte Postulat der Grundschuldidaktik sei einzulösen, dem Kind in seinem Denken zu begegnen, sagt der Titel eines Aufsatzes von Renate Valtin.[12] Sie beginnt mit einem Zitat: »Die Kindheit hat ihre eigene Weise, zu sehen, zu denken und zu empfinden. Nichts ist unsinniger, als ihr die unsrige unterschieben zu wollen.« Das schrieb vor mehr als zweihundert Jahren Jean Jacques Rousseau. Valtin fordert nun, »das Kind als

Subjekt seiner Lerntätigkeit zu begreifen, seine Sicht- und Denkweisen zu berücksichtigen und sich darauf einzulassen, daß Kinder über qualitativ andere Systeme der Informationsverarbeitung und entwicklungsstandsspezifische Kompetenzen verfügen. Dabei geht es nicht nur darum, effektivere Lern- und Bildungsprozesse in Gang zu setzen, sondern auch darum, Kindern das Recht einzuräumen, daß ihre Sichtweisen respektiert, gefördert und unterstützt werden.«[13]

Diese Aussage ist auf vertrackte Weise widersprüchlich! Das Kind als Subjekt seines Lernens begreifen, seine Sicht- und Denkweise berücksichtigen und sich darauf einlassen – das wäre eine klare Forderung. Sie ist nicht neu. Sie wird auch überall erfüllt, wo LehrerInnen ohne Angstdruck und geheime Manipulation mit Erfolg unterrichten, intuitiv wie Künstlerinnen oder erfahrungsbewußt wie Handwerker. Und in den Schriften von ReformpädagogInnen – alten und neuen – wird das bewußt geklärt und nachlesbar. Aber dort sagt man nicht, man ließe sich darauf ein, daß Kinder »über qualitativ andere Systeme der Informationsverarbeitung und entwicklungsstandsspezifische Kompetenzen verfügen«. Dies ist die Sprache von TechnokratInnen, die Banalitäten aufbauscht, mit denen tüchtige PraktikerInnen, die Kinder nicht unterwerfen wollen, gelassen und bescheiden im Schulalltag umgehen. Das soll nicht einer einzelnen Autorin angelastet werden; es ist der Sprachstil, den man pflegen muß, will man im Mainstream der Erziehungswissenschaft respektiert werden.

Daß aber alle Hoffnung auf wissenschaftlich begründete »Phasengemäßheit« von Unterricht, die in Valtins Ansatz steckt, vergeblich sein wird, hat schon Pielow in Bezug auf Gedichte für Kinder so formuliert: »Man stellt Texte zusammen, die sehr exakt einer bestimmten, minuziös definierbaren seelischen Phase – z.B. dem Alter 8,2–10,8 – entsprechen. Die

Folge: man findet auch phasengerechte Texte, aber man findet kaum noch gute Gedichte. Sprachliche Banalitäten bieten sich an. Kitsch wird als kindertümlich und phasengerecht legitimiert und behende in die Lesebücher aufgenommen.«[14] Und später sagt er: »Das Symbolische in der Lyrik enthebt diesen Bildungsgegenstand allzu einengenden Einordnungen im Sinne wachstumsmäßiger Phasen. Es gibt für die Lyrik nicht ein simples ›leicht‹ oder ›schwierig‹. Das um so weniger, als Kinder offensichtlich ein symbolischer Sinn eigen ist, der nicht aus rationalen Fähigkeiten abzuleiten ist.«[15]

Valtin entwirft am Ende ihres Aufsatzes ein gigantisches Forschungsprogramm, das erst die Voraussetzungen für tatsächlich angemessenen Unterricht liefern würde. Darauf können – selbst wenn es sein Ziel erreichen sollte – heutige Kinder und LehrerInnen nicht warten. Es muß ohne das gehen. Wir müssen uns im Umgang mit den Kindern auf die Kinder selbst einlassen, nicht auf Forschungsergebnisse über sie!

»Wer seinen Unterricht reflektiert, ortet täglich Schwächen, die nach Verbesserung verlangen. Ich habe mir zur Gewohnheit gemacht, häufig nach dem Unterricht Notizen darüber zu machen, was gelungen und was schiefgelaufen ist. Dies bewirkt auch eine dauernde Beobachtung der Kinder; nicht so sehr, um Stoff für ihre Beurteilung zu gewinnen, sondern um die Reaktion auf meinen Unterricht zu registrieren.«[16] Das schreibt Josef Kramer, Lehrer an einer Kleinschule im österreichischen Mühlviertel, am Ende eines kostbaren Buches, das in Texten und Bildern von Kindern spiegelt, wie sie in der Schule gedeihen. Er muß und will nicht vorab über die Kinder wissen, was im technokratischen Verständnis die Voraussetzung für die Planung von Unterricht wäre. Er beobachtet, wie die Kinder auf das reagieren, was er ihnen bereitet, um zu erkennen, was er anders und vielleicht besser machen könnte. Nicht von nun ab mit all seinen Schulkindern, sondern mit diesen Kindern, die ihn mit ihrer Reaktion über sich selbst belehren. In seine Vorhaben geht natürlich all das ein, was frühere Schulkinder, Kinder außerhalb der Schule, KollegInnen und auch Studium und Bücher ihn gelehrt haben, aber all sein Wissen über Schulkinder und Unterricht bleibt prinzipiell belehrbar durch die Kinder, mit denen er jeweils umgeht. Wenn er, nach zwei Monaten mit neuen Schulanfängern, lachend sagt: »Die san heuer so feurig...«, dann zeigt sich, daß er sich grad wieder neu zum Lehrer machen läßt von den Kindern, die ihm gegenwärtig gegeben, also anvertraut sind, als der gestandene Lehrer, der er schon lange ist.

Unbestreitbar ist es gut, wenn LehrerInnen viel über Kinder im Allgemeinen, auch über ihre alterstypischen Interessen, Denkweisen und Fähigkeiten wissen. Dafür studieren sie. Aus dem Studienwissen läßt sich aber praktische Didaktik, also Unterricht für all die verschiedenen Kinder in jeder konkreten, also besonderen Klasse, niemals so direkt ableiten, wie eine moderne, an empirischer Forschung orientierte Lehrerbildung merkwürdig realitätsblind annimmt. Wie aber könnten Theorie der Erziehungswissenschaft und Praxis der Pädagogik – beide in sich selbst vielfältig und widersprüchlich – so zusammenwirken, daß möglichst viele Kinder einen Unterricht bekommen, der sie freut und ihnen nützt?

Gegenwärtig ist es meistens mühsam und oft ganz vergeblich, wenn PraktikerInnen und TheoretikerInnen sich über guten Unterricht zu verständigen versuchen. Das hat zumindest dreierlei objektive Gründe:

1. PraktikerInnen und TheoretikerInnen haben kein gemeinsames Konzept der Situation, über die sie sprechen.

2. Die Verflochtenheit der einzelnen Aspekte wirklichen Unterrichts macht es schwierig, zu bestimmen und zu zeigen,

was man grad anschauen möchte, worüber man grad spricht, und davon auch nicht abzuschweifen.

3. Es gibt an Hochschule und Universität keine Wissenschaft, die sich auf die ungeteilte Wirklichkeit der pädagogischen Praxis bezöge. Die Erziehungswissenschaften haben die Praxis in immer kleinere Felder segmentiert und sie unter den Vertretern einzelner Disziplinen aufgeteilt, die im Rahmen der Fakultät kaum über den gemeinsamen Gegenstand von Forschung und Lehre sprechen. Das verwirrt PraktikerInnen, die mit der ganzen Wirklichkeit umgehen müssen, im Umgang mit VertreterInnen der einzelnen Disziplinen. Diese sind auch schnell verwirrt, müssen das aber nicht zugeben. WissenschaftlerInnen wissen selten, in welch engen Grenzen ihre Art der Gründlichkeit für die wirkliche Schule relevant ist. So kann man gegenseitig die Kompetenzen nicht erkennen und nicht schätzen.

Die Schwierigkeiten der Verständigung zwischen Theorie und Praxis schlagen in der Lehrerbildung so entschieden negativ zu Buche, daß man von ihr gegenwärtig ganz selbstverständlich sagen kann, sie sei gescheitert und dringend reformbedürftig. Wie können wir aus diesem Wirrwarr herausfinden?

Ich schlage als ein Konzept zur Entwirrung gemeinsamen Nachdenkens über Unterricht das »Lernen im Dreifachen Dialog« vor. Ausführlich erläutert und begründet wird es an anderer Stelle[17]. Dort versuche ich auch zu zeigen, wie dieses Konzept helfen kann, sich über Unterricht in der Grundschule zu verständigen bzw. Unterricht übersichtlich abzubilden und zu planen. Hier benutze ich es zur Aufklärung von Situationen, in denen man sich im Unterricht Gedichten zuwendet. Dazu sei das Konzept knapp skizziert. Es hat sich aus dem Nachdenken über eigenen Unterricht in fünfundzwanzig Jahren in der Grundschule, aus der Erfahrung mannigfaltiger Verständigungsversuche mit KollegInnen im Rahmen der Lehrerbildung und in der Auseinandersetzung mit StudentInnen und LehrerInnen in eigenen Lehr- und Fortbildungsveranstaltungen entwikkelt. Bemerkenswert scheint mir, daß ich bei den PoetInnen mehr Unterstützung für meine Sicht auf die Situation des Gedichts im Unterricht finde, als bei DidaktikerInnen.

Im Unterricht trifft dreierlei zusammen:

1. das Kind bzw. die Kinder
2. die Lehrerin oder der Lehrer[18]
3. der Gegenstand – hier: ein Gedicht

Diese Drei sind miteinander in einem Dreieck verbunden, das aber nicht das klassische »didaktische Dreieck« ist. Von dem sagt Klaus Prange, es sei »hausbacken und altfränkisch, eine untunliche Konzession der Theorie an die Praxis, um ihr einigermaßen Krücken zu verleihen.«[19] Er verwendet es dann aber doch in eigener Auslegung für seine Zwecke. Das klassische didaktische Dreieck bildet lediglich die Tatsache ab, daß es in jedem Unterricht »ein Thema, das vermittelt wird, einen Lernenden und einen Vermittler, den Lehrer«[20] gibt, die unaufhebbar miteinander zusammenhängen. Und entsprechend sind die Seiten des Dreiecks benannt mit: Thema, Lehrer, Schüler.

Das Konzept des »Dreifachen Dialogs« betrachtet nun Kind/ Kinder (K), Lehrerin/Lehrer (L) und Gegenstand (G) als voneinander zunächst unabhängige Subjekte[21], die für sich selbst sprechen können und sprechen sollen. Sie werden zu Eckpunkten eines Dreiecks erst und insofern, als Beziehungen zwischen ihnen entstehen. Diese Konstruktion des Dreiecks erlaubt es, jeden der Eckpunkte, also jedes der Subjekte gesondert ins Auge zu fassen, zu befragen und aufzuklären, dies auch wissenschaftlich durch jeweils spezielle Disziplinen. Auch die drei Beziehungslinien – zwischen K und L, zwischen L und G, zwischen G und K – können unabhängig voneinander betrachtet werden,

wie sie ja auch unabhängig von Unterricht, wo sie zusammentre-
ten, einzeln bestehen können.

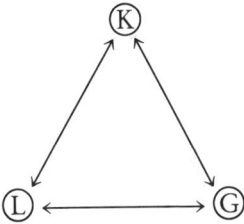

Im Unterricht ist im »Dreifachen Dialog« die Unabhängigkeit
der Subjekte und Beziehungen teilweise aufgehoben; die dreierlei Beziehungen sind in ihrer Eigenart zugleich wirksam, und
im Zusammenhang des Unterrichts wirken sie auch aufeinander.
So ist der Gegenstand in der Beziehung zwischen Kind und LehrerIn das gemeinsame Dritte, das jede menschliche Beziehung
braucht, wenn sie nicht versanden soll. Die Unterrichtssituation
stellt die Beziehung des Kindes zum Gegenstand unter den
Einfluß der Lehrerin bzw. ihrer Beziehung zum Gegenstand. Es
kann aber auch dort, wo LehrerInnen das Wissen und die
Interessen der Kinder den Unterricht bestimmen lassen oder
auch nur ernsthaft Kindern zuhören und auf sie achten, umge-
kehrt sein: Die Beziehung der Lehrerin zum Gegenstand gerät
unter den Einfluß der Kinder bzw. von deren Beziehung zum
Gegenstand. Und natürlich bestimmen immer auch die zwi-
schenmenschlichen Beziehungen, die zwischen den Kindern
und der Lehrerin selbst, welcher Art und wie stark das ist, was
sich in den beiden anderen Beziehungen entwickelt.

Entscheidend aber ist, daß die Lehrerin weiß: Die Beziehung
eines einzelnen Kindes oder der vielen Kinder einer Klasse zum
Gegenstand ist niemals dieselbe, wie ihre eigene Beziehung
dazu. Die Lehrerin wird die Beziehung der Kinder zum Gegen-

stand niemals ganz erkennen, womöglich gar endgültig formen, nicht mit Vorsatz didaktisch machen, womöglich gar endgültig formen können. Das wird besonders deutlich, wenn der Gegenstand ein Gedicht ist. Und im Hinblick auf das Gedicht als Gegenstand zeigt es sich auch vielleicht am deutlichsten, wie die Beziehungen in diesem Dreieck sich in Dialogen entwickeln, die einander beeinflussen. Ein Beispiel: Nicola findet ein Gedicht von Hesse, schenkt es mir, und ich lese es und sehe sie anders als vorher (s. S. 21f.).

Der Gegenstand soll Subjekt sein? Ein kleines Kind haut den bösen Stuhl, der so dumm im Weg stand und gestoßen hat. Das erscheint den Großen als niedlich und unvernünftig. Doch unsere erwachsene Sprache erzählt immer noch, daß der Anblick einer Landschaft, einer Skulptur, sogar eines handwerklich sauber und funktionsgerecht gefertigten Dinges, ein Bild, ein Musikstück, ein Film, ein Gedicht uns selbst oder einen anderen Menschen berührt und bewegt habe. In Metaphern lassen wir die Dinge auf uns zu handeln, aber wir machen es uns nicht mehr bewußt, gestehen es uns nicht ein. Wir könnten jedoch den verwandelnden Einfluß der Begegnung mit einem Gedicht gar nicht in Sprache fassen, ohne zu sagen, daß das Begegnende »etwas mit uns macht«. Darin besteht sein uns bildender Sinn.

»Das Dichten gilt als Kunst«, sagt Robert Gernhard, dessen Gedichte selbst dann noch als Kunststückchen entzücken, wenn sie feingehäkelte Kalauer sind. »Nur besteht die Kunst des Dichters nicht darin, seine Empfindungen oder Gedanken in Reime zu kleiden, sondern in seiner Fähigkeit, Sätze, Worte und Reimwörter so zu reihen, daß sie Gedanken oder Empfindungen suggerieren, im Glücksfall sogar produzieren.«[22] Bei Goethe finden wir: »Ich empfing in meinem Innern Eindrücke, und zwar Eindrücke sinnlicher, lebensvoller, lieblicher, bunter, hundertfältiger Art, wie eine rege Einbildungskraft es mir

darbot; und ich hatte als Poet nichts weiter zu tun, als solche An-
schauungen und Eindrücke in mir künstlerisch zu ründen und
auszubilden und durch eine lebendige Darstellung so schon zum
Vorschein zu bringen, daß andere dieselben Eindrücke erhiel-
ten, wenn sie mein Dargestelltes hörten oder lasen.« Und er fügt
hinzu: »Je inkommensurabler und für den Verstand unfaßlicher
eine poetische Produktion, desto besser.«[23] Der Verstand aber
macht, wenn er regieren darf, das Gedicht zum Objekt!

Nicht nur Dichter wissen das. Bei Wolfgang Klafki heißt es:
»Ästhetische Werke ... haben ihren Wert nicht vorwiegend als
Beispiel für allgemeinere Inhalte, etwa für eine bestimmte
Dichtungsgattung, sondern sie ruhen in sich selbst und erfüllen
ihren bildenden Sinn nur, wenn man sich ihnen um ihrer selbst
willen widmet. Das schließt aber nicht aus, daß gerade in solcher
freudigen Hingabe an das besondere Werk allgemeinere ästheti-
sche Inhalte zugänglich werden.«[24] LehrerInnen sollen sich bei
der Entscheidung für ein Gedicht fragen: »Wird dieser Inhalt die
Kinder ansprechen, ihnen Freude bereiten, sie gleichsam in sich
hineinziehen, sie in den Geist des Musischen – und sei es nur für
diese Stunde – eingehen lassen, sie innerlich anrühren und
›lösen‹?«[25] Das sind aber wohl doch Überlegungen nur im
Hinblick auf je einzelne Unterrichtsstunden. LehrerInnen sind
ja darauf angewiesen, daß Kinder bei dem mittun mögen, was sie
geplant haben. Das kann zu ihrer kurzschlüssigen Unterwerfung
unter den Plan führen, der aufgeht, ohne daß die Kinder etwas
gewinnen. Das Angerührtsein ist wie ein Keim, an dem man
nicht zupfen darf, damit er gedeihen und stark werden kann.
Dichtung, die Kinder einmal angerührt hat, nehmen sie mit auf
den langen Weg des Reiferwerdens. Und oft wirkt diese lebendige Mitgift später noch tröstend und womöglich rettend.

Cordelia Edvardson, die erste Tochter Elisabeth Langgässers,
brauchte Trost und Rettung auf ihrem Weg bis in die Hölle von

Auschwitz und wieder hinaus. »Im Zauberkreis der Mutter wurden die Welt und das Kind wirklich und lebendig. Das Wort wurde zu Fleisch in den Märchen, die die Mutter erzählte, in den Gedichten, die sie bisweilen gemeinsam machten, selbst in den Abschnitten aus ihrem nächsten Roman, den die Mutter der Vier- bis Fünfjährigen vorlas. Das Kind öffnete sich, wurde überschwemmt, erfüllt und berauscht von Geschmack und Duft, von Farbe und Form der Worte. Im späteren Leben des Mädchens bestätigte sich die Erfahrung, daß man von den Worten eines Gedichts buchstäblich leben und sich ernähren kann.«[26]

Wir wollen, wenn wir Kinder in der vergleichsweise heilen Welt der Schule, gar der Grundschule unterrichten, nicht daran denken, daß sie Gedichte als Wegzehrung durch die Hölle brauchen könnten. Wir sind auch keine Dichterin-Mütter wie die Langgässer, deren symbiotischen Umgang mit der kleinen Tochter wir mit psychologisch aufgeklärtem Blick auch als heikel erkennen. Trotzdem sollte uns das Zeugnis Cordelias lehren, Kinder für Dichtung zu öffnen, die ihren gegenwärtigen Horizont übersteigt und aus ihm hinaus begleiten mag. Das Zögern vor möglicher Überforderung der Kinder wird hinfällig, wenn wir sie selbst aus einer großen Fülle eines als »mein Gedicht« aussuchen lassen.[27] Franzi hat sich damals im zweiten Schuljahr Hölderlins »Hälfte des Lebens«[28] ausgesucht und dazu geschrieben: »Friedrich Hölderlin hatte bestimmt dieselben Gedanken wie ich.« Sie fand in dem Gedicht die eigene, begeisterte Freude an der und in der Natur nahe beim Südufer des Starnberger Sees wieder.

Marie Luise Kaschnitz schreibt zum selben Gedicht: »Als ich es kennenlernte, war ich beinahe noch ein Kind. Ich wußte nicht, daß Hölderlin die Verse kurz vor seiner Erkrankung geschrieben hatte, und von seinem Gefühl für die Unwiederbringlichkeit vergangener Lebenszeiten war ich noch weit entfernt. Die Landschaft, die ich beim Lesen der ersten Strophe vor Augen hatte, die des Bodensees nämlich mit ihrer nachsommer-lichen Fülle von Blumen und Früchten, beglückte mich, das winterliche Bild der sprachlosen Mauern erregte in mir eine Wollust der Einsamkeit, das Klirren der Drähte an leeren Fahnenstangen war dazu die passende Musik.«[29] Im Laufe ihres Lebens hat sich ihre Leseweise dieses einen Gedichts mehrfach verändert in einem eigenständigen Dialog ohne Bevormundung.

Leseweisen dürfen nicht kanonisiert werden! Geschieht das doch, wird das Gedicht erstickt, es verstummt, stirbt, kann nur noch Objekt sein. Wieviel Lesefreiheit DichterInnen fröhlich erlauben können, zeigt Rudolf Riedler, der als Leiter des Schulfunks im Bayerischen Rundfunk die Sendereihe begonnen hat, der die Gedichtgespräche in diesem Buch entstammen. Riedler erzählt: »Ich erinnere mich an eine kleine Schüler-gruppe: Elf- bis Vierzehnjährige lesen zusammen ein Gedicht. Das Gedicht ist von Karl Krolow, heißt *Herbstgedicht* und fängt so an:

Kartoffeläcker am Raine!
Das Laub des Ahorns glüht rot.
Und mittags noch einmal die kleine
Grillenmusik. Wie ein Boot
zieht die herbstliche Wolke vorüber…

Die Kinder sprechen über das Gedicht. *Es muß noch warm sein,* sagt ein Junge, *weil, man kann noch Kartoffeln braten draußen und auch noch grillen am Mittag.* Ein Mädchen berichtigt ihn: *Das hast du falsch verstanden. Ich glaube, das sind die Grillen, die Tiere…* Natürlich hat der Junge das beim ersten Anhören falsch verstanden, es sind wirklich die Grillen gemeint, die Tiere.

Aber das macht nichts. Bei ihm hat dieses Wort eben eine andere Vorstellung geweckt. Eine Grillparty draußen im Freien, das hat er vielleicht schon einmal erlebt, das paßt für ihn ins Bild: es ist seine Herbstpoesie... Ich habe die Geschichte Karl Krolow erzählt; er hat sehr gelacht und sich darüber gefreut.«[30] Riedler, der selbst auch ein Dichter war, weiß: »Die Begriffe *richtig* oder *falsch* sind kaum brauchbar im Vokabular des Umgangs mit Gedichten. *Wahr* und *unwahr* wäre schon besser. Die Vorstellung der richtigen Auslegung kommt aus der Erwartung, daß der Dichter eine ganz bestimmte, die *eine und einzige Botschaft* übermitteln wollte. Selbst wenn es so ist, ist sie nicht verbindlich.«[31]

In meiner Leseweise zeigt sich nur, was ich vernommen habe und für mich wahr ist. Und wie in jedem Gespräch hören nicht alle das Gleiche und ist auch das Gehörte nicht unbedingt mit dem Gesagten identisch. Die in diesem Buch versammelten Gedichtgespräche zeigen aber, daß unterschiedliche Leseweisen eines Gedichts sich gegenseitig anregen und einander das Gedicht erhellen können. Und wie die Beziehung der Kinder zu einem Gedicht niemals dieselbe sein wird wie die der Lehrerin, so unterscheiden sich auch die Beziehungen einzelner Kinder dazu. Aber »Der Spielraum des partiellen und doch immer richtigen Verstehens beim Gedicht ist sehr groß«.[32] Engt man ihn jedoch ein, wird aus der flirrenden Doppelbödigkeit von Metaphern, die die Phantasie anregt, betonstarre Schichtung, die langweilt. Und das lähmt die Beziehungen. Darum sollte zum Gedicht geschwiegen werden, wo nicht genügend Muße und Geduld vorhanden ist, daß alle auch hören und geltenlassen können, was der eigenen Leseweise widerspricht.

Mühsam ist es, als LehrerIn im Unterricht so zurückhaltend zu sein. Immer wieder muß man sich selbst mahnen: »Die einzig richtige Art, ein Gedicht zu lesen, gibt es nicht. Sie ist nur ein

pädagogisches Phantom. Soviele Köpfe, soviele Lesarten, eine
richtiger als die andere.«[33] Darum soll das Gedicht selbst
sprechen dürfen, immer wieder, dann wird es sich nach und nach
deutlich zeigen, vielleicht aber auch immer rätselhafter werden.
»Unter jedem Text findet sich ein anderer, finden sich viele
andere, mehr als die Weisheit des Lesers und des Schreibers sich
träumen lassen.«[34] Bei Heinz Piontek lesen wir: »Ich vermute,
daß derjenige ein Gedicht am genauesten interpretiert, der es
mehrere Male hintereinander kommentarlos vorliest.«[35] »Lesen
und hören, hören und lesen in ständigem Wechsel, mehr ist nicht
zu tun.«[36] Damit haben wir uns, wenn wir viele waren, immer
wieder begnügt, ohne einen Mangel an Einsicht, gar ein Ver-
säumnis gegenüber dem Gedicht zu empfinden.

Wir saßen im Kreis so nah beieinander, daß die Lesenden auch
mit verhaltener Stimme gut zu hören waren. Sie mußten nichts
betonen! Absichtlich den Sprechausdruck so zu gestalten, daß
ein Gedicht durch den Vortrag gewinnt, das können selbst
SchauspielerInnen nur selten. Ich habe den Kindern gesagt:
»Lies wie für dich selbst, und hör dir dabei so zu, daß du spürst,
was du liest!« Das gelingt vielen Kindern auf Anhieb. Ich habe
selbst auch so vorzulesen versucht. Es wirkt, wenn man an
deklamierenden Gedichtvortrag gewöhnt ist, sehr karg und
bescheiden. Aber in dieser Bescheidenheit sprechen die Worte
des Gedichts am klarsten, bekommt jedes sein eigenes Gewicht.
Und die Zuhörenden können interpretierend hören, mit ihrem
Empfinden und Wissen ihre eigene Beziehung zu dem Gedicht
aufnehmen oder vertiefen. Natürlich spricht grad in solchem
Vortrag nicht das Gedicht allein, es mischt seine Stimme mit den
Stimmen der Vorlesenden, erzählt von ihnen selbst und von
ihrer Beziehung zum Gedicht, und verwandelt sich dabei.

Die Aufgabe der Lehrerin ist es hier, so zuzuhören, daß sie die
Sachlogik der Erwachsenen loslassen kann, um nicht nur das

Gedicht zu hören, sondern auch das Kind, das in seinem Vorlesen von sich selbst spricht. Heinrich Vormweg beschreibt, wie die Kaschnitz zuhören konnte: »Sie war eine stimulierende Zuhörerin, wach, aufmerksam, gefesselt von Neuem. Sie sprach wenig, und immer nur aufs Thema zu, ohne das geringste Bedürfnis zur Selbstdarstellung. Vor allem jene Überlegungen, die ihr nicht geläufig waren, dachte sie mit. Sie war vorurteilslos offen, ja lernbegierig. Noch als Siebzigjährige. Und es minderte nicht, sondern bestätigte ihre eigenartige Autorität.«[37] Solches Zuhören brauchen vor allem die schüchternen, wenig wortgewandten Kinder, und die aus Elternhäusern ohne Literatur. Sie können sich an Gesprächen über Gedichte kaum beteiligen, aber sich doch im Vorlesen äußern. Manchmal sind gerade sie dem Gedicht besonders nah auf der Spur, und das ist ihnen abzulauschen. Das Zuhören der Erwachsenen in der Runde wird, wenn ihre Beziehung zu den Kindern stark ist, zum Modell für das Zuhören der Kinder.

Klafki meint, die Wirkung eines Gedichts auf die Kinder müsse vorab bedacht, müsse kalkuliert sein, bevor es zum Gegenstand von Unterricht wird. »Zunächst wird der Lehrer sich selbst fragen, ob das betreffende ästhetische Gebilde diese Wirkung auf ihn gehabt hat; im allgemeinen wird nur dann der Unterricht gelingen können. Bei der Frage nun, ob diese Wirkung auch bei den Kindern zu erhoffen ist, muß der Lehrer gleichsam die in ihm selbst aufbewahrte Schicht der Kindlichkeit ... neu aktivieren.«[38] Natürlich taugt es gar nichts, wenn einfach auf Anweisung des Lehrerhandbuchs das Lesebuch aufgeschlagen und ein Gedicht nach Rezept durchgenommen wird, das der Lehrerin nichts bedeutet und sie auch nicht interessiert. Natürlich ist es besser, wenn sie ein Gedicht in den Mittelpunkt des Unterrichts stellt, zu dem sie eine eigene Beziehung hat, und es ist auch sinnvoll, daß sie sich fragt, wie sie es als Kind aufgenommen hätte. Sie darf aber nicht meinen, sie besäße in dem Kind, das sie selber war, ein Modell für all die verschiedenen Kinder, die sie jetzt vor sich hat. Die sind ganz verschieden, und vielleicht ist keins so, wie sie selbst war.

Sie kann wohl zu den Kindern sagen: »Dies Gedicht hat mir als Kind gefallen.« Auch: »Ich glaube, dieses hätte mir gutgetan, wenn ich ihm als Kind begegnet wäre.« Vielleicht auch: »Zu diesem Gedicht, das für Kinder empfohlen wird, fällt mir gar nichts ein.« Oder: »Dies habe ich in einem meiner Lieblingsbücher gefunden. Mir gefällt es. Mal sehen, ob ihr es auch mögt.« Dann kann die Offenlegung ihrer Beziehung zu dem Gedicht die Kinder neugierig machen, und sie können ihre eigene Beziehung dazu entwickeln und einer Erwachsenen zeigen, die hier im Dreifachen Dialog etwas über die Kinder, über das Gedicht und auch über sich selbst erfährt. Vorausgesetzt: Sie ist in dem, was sie sagt, vollkommen aufrichtig.

Trotzdem muß sie ihr erwachsenes Fachwissen über Metaphern etwa nicht vergessen und verleugnen. Nur sollte man sie nicht vor Kindern entzaubern, das wäre indiskret. Wir alle, vor allem aber Kinder, brauchen die unbewußte Gewißheit, daß man sich in Metaphern zugleich äußern und verbergen kann, so daß nur versteht, wer sich liebevoll, behutsam und mit Respekt nähert und nichts auf bestimmte Deutungen festnagelt. In dieser Gewißheit entwickeln sich die heilenden Kräfte der Spieltherapie und verwandte Formen des alltäglichen Umgangs mit Kindern. Virginia M. Axline hat uns in »Dibs« ein Kind vorgestellt, das den diskreten Umgang mit seinen Spielmetaphern brauchte, weil es im Umgang mit seinen ausschließlich auf Rationales fixierten Eltern vollkommen vereinsamt war.[39] Die Metapher selbst verbietet allzu eindeutiges Verstehen. Ginge es um Eindeutigkeit, wählte man keine Metapher, um zu sagen, was gesagt werden soll, ohne gleich verstanden zu werden. Denn was die

Metapher sagt, ist noch nicht in der Eindeutigkeit angelangt, will vielleicht, wird vielleicht niemals eindeutig werden. Menschen, über die zuviel verfügt worden ist, können sich nur in Metaphern zeigen, in denen sie sich jeder Verfügung entziehen. »Das hab ich doch gar nicht gesagt!« sagen Kinder, sagen wir auch als Erwachsene, wenn jemand uns zu schnell verstanden haben will.

Das erwachsene Wissen könnte Arm in Arm mit dem früheren Kind, mit dessen vorlogischer Sprachwahrnehmung und souveräner Sinnsuche, die Lehrerin inspirieren, die heutigen Kinder etwa folgende Sprachübung durchturnen zu lassen. Substantive werden gesammelt: die Schaufel, der Besen, das Bett, die Zange, der Tisch, die Tafel, der Stuhl, der Ranzen... Dann wird von jedem ein Verb abgeleitet: die Schaufel schaufelt, der Besen best, das Bett bettet, die Zange zangt, der Tisch tischt... Das wird manch vergnügte Fachsimpelei auslösen: *Kann man das sagen? – Nö! – Doch! – Klingt aber gut!* Schließlich ist zu suchen, ob sich Sätze bilden lassen, die einleuchten: Der Tisch tischt einen Braten auf. Die Zange zangt mit dem Nagel... Ein bißchen Unsinn nur, unabhängig von irgendeiner Vorlage im Sprachbuch oder sonstwo. Ganz und gar selbstgemacht! Danach werden die Kinder das Gedicht von Hans Manz mit Kennerschaft lesen und immer wieder lesen wollen. Und: Es bleibt heil dabei, behält seine würdige Gestalt!

Das könnte man auch als »handlungs- und produktionsorientiertes« Verfahren ansehen, aber es dient nicht der Analyse, es zerlegt und zerschneidet nichts, es dient der respektvollen Annäherung an das Gedicht, das selbst nicht angetastet wird. Solcher Unterricht ist KlassenlehrerInnen leichter möglich, als FachlehrerInnen. Als KlassenlehrerIn hat man lange Zeiträume zur Verfügung, manches kann sich im Miteinander entwickeln, was nicht angenommen würde und auch fad wäre, würde es von außen in den Unterricht getragen. Es könnte sein, daß die

Entwicklung der Literaturdidaktik der letzten Jahrzehnte darum so, wie ich finde, problematisch wurde, weil ihre VertreterInnen nicht mit den Möglichkeiten von KlassenlehrerInnen vertraut sind, die mir als Lehrerin selbstverständlich waren. Sie nehmen den Fachunterricht im Gymnasium auch dann zum Vorbild, wenn sie an die Grundschule denken. Und dann fehlt ihren Konzepten der lange Atem, den Grundschularbeit oft haben darf.

In diesem Buch stehen bei vielen Gedichten Vorschläge, was zu tun sei, um sich dem Gedicht nach der ersten Begegnung zu nähern. Manchmal soll da etwas mit dem Text selbst gemacht, soll er gar zerschnitten werden. Da widerspreche ich mir scheinbar. Es sind aber Vorschläge zur Auswahl nicht für LehrerInnen, sondern für die Kinder selbst, sie ergänzen einander. Will man ein Gedicht zerschneiden, sollte es zweifach da sein. Dann zeigt alles Manipulieren mit seinen Teilen, daß sie ihren Platz im Gedicht nicht verlassen können, ohne etwas zu verlieren. Das Entscheidende bleibt das Gedicht in unveränderter, schöner Gestalt, die manchmal schon klarer und zugänglicher erscheint, wenn man nur die Vorschläge zur Annäherung liest, das Tun sich vorstellt und das Gedicht nochmals liest, weil es nun mit gegenwärtigem Leben versponnen ist, auch wenn das nur vorgestellt wurde. Im grundlegenden, vorfachlichen Unterricht wird sich die Annäherung an ein Gedicht oft nebenbei ergeben, aus gemeinsamen Erlebnissen und Erfahrungen oder aus dem Sachunterricht.

Die schöne Gestalt eines Gedichtes kommt erst richtig zur Geltung, wenn es allein auf einem Blatt steht, und zwar in angemessener, leicht lesbarer, möglichst großer Schrift. Das Gedicht so zu zeigen, ist Aufgabe der Lehrerin, so »setzt sie den Lerngegenstand in Szene«.[40] So kann das Gedicht auftreten im Drama des Unterrichts, sich als ein Phänomen zeigen. So ist es bereit, von den Kindern wahrgenommen zu werden, zu ihnen und mit ihnen zu sprechen. Daß die Lehrerin sich die Mühe macht, den Kindern so ein Blatt zu bereiten, ist begründet in ihrer Beziehung zu dem Gedicht und in der zu den Kindern. Beiden zeigt sie Respekt in der äußeren Form, die sie dem Gedicht gibt. So schafft sie eine Voraussetzung für die eigene, unabhängige Beziehung der Kinder zu dem Gedicht, die sich in ihrer Obhut entfalten und sie auch überraschen könnte. Mischt sie sich allzu heftig didaktisierend ein, kann sie sie behindern. Und ob sie sie am Ende richtig versteht, bleibt zweifelhaft. Andreas Flitner spricht sogar im Zusammenhang mit Kinderzeichnungen, die ja sichtbar und wiederholt zu betrachten sind, von der »Wirklichkeit ... kindlichen Lebens und Ausdrucks, die sich ... dem Verstehen der Erwachsenen allzugerne entzieht«.[41] Beziehungen sind unsichtbar. Wie soll man Beweisbares über sie wissen können? Trotzdem nehmen wir sie wahr und ernst.

Mit einer Geschichte aus dem Praktikum mit Grundschulstudentinnen will ich meinen längst noch nicht abschließbaren Versuch beenden, das Konzept des Dreifachen Dialogs mit dem Gedicht als Gegenstand zu erläutern: Sabine hatte für zwei Unterrichtsstunden in einer dritten Klasse sechs verschiedene Aufgaben vorbereitet. In allen ging es darum, eine Beziehung zu einem Gedicht, zu Poesie zu finden. Die Kinder konnten wählen. Marcel entschied sich dafür, in einer Anthologie[42] sein Gedicht zu finden und ein dazu passendes Lesezeichen zu basteln. Er fand *Kleiner Knabe* von Hermann Hesse. Während er in dem Buch las und bald mit Papieren, Schere und Klebstoff hantierte, schien er ganz bei sich selbst zu sein. Sabine, die wußte, daß er oft hungrig in die Schule kam und die blauen Flecken auf seinen Armen gesehen hatte, erfaßte instinktiv, was sein Gedicht für ihn bedeutete. Am Ende der zwei Stunden sagte sie der Klasse, Marcel sei damit einverstanden, daß sie das

Gedicht vorlese, das er sich ausgesucht hätte. Die Klasse im
Rücken saß er ganz still da, den Kopf gesenkt, und hörte mit der
Stimme einer jungen Frau das Gedicht eines fremden Mannes,
das ihn erhört hatte und nun für ihn sprach.

Kleiner Knabe

Hat man mich gestraft,
Halt ich meinen Mund,
Weine mich in Schlaf,
Wache auf gesund.

Hat man mich gestraft,
Heißt man mich den Kleinen,
Will ich nicht mehr weinen,
Lache mich in Schlaf.

Große Leute sterben,
Onkel, Großpapa,
Aber ich, ich bleibe
Immer, immer da.

Am Ende hatte Marcel den Kopf gehoben, gestärkt durch das
Gedicht und den Respekt aller, die sein Gedicht gehört hatten.

Anmerkungen

1 Adelheid Staudte: Im Spiel zwischen Sinnlichkeit und Vernunft. Die ästheti-sche Dimension des Lernens. In: Dies. (Hrsg.): Ästhetisches Lernen auf neuen Wegen. Weinheim/Basel 1993, S. 8

2 Aus »Jensen-Lamszus, Schulkaserne oder Gemeinschaftsschule«. In: die neue schule, Heft 1, 1948, S. 24

3 Die Poesie in Not. Ein neuer Weg zur literarischen Genesung unseres Volkes. Hamburg: Päd. Reform W. Senger 1913

4 s. Anm. 2

5 Harald Reger: Kinderlyrik in der Grundschule. Literaturwissenschaftliche Grundlegung. Schülerorientierte Didaktik. Baltmannsweiler 1996, S. X, gleichlautend S. 209

6 ebenda, S. 114 ff.

7 ebenda, S. 99 f.

8 ebenda, S. 99

9 Winfried Pielow: Das Gedicht im Unterricht. München 1965, S. 34

10 Reger, ebenda, S. 26

11 Zur Auseinandersetzung mit dem genannten Ansatz auch: Ute Andresen: Dialog mit Gedichten in den ersten sechs Schuljahren. In: Lehrer und Lernen, Heft 5, 1997, S. 19–29

12 Renate Valtin: Dem Kind in seinem Denken begegnen – Ein altes, kaum eingelöstes Postulat der Grundschuldidaktik. In: Zeitschrift für Pädagogik, 34. Beiheft, Weinheim 1996, S. 173–186

13 Valtin a.a.O., S. 173

14 Pielow, a.a.O., S. 38

15 ebenda, S. 57

16 Josef Kramer: Feuerbeeren aus der Volksschule Hackstock. Weitra/Mün-chen 1997, S. 189

17 Ute Andresen: Ausflüge in die Wirklichkeit – Kinder lernen im Dreifachen Dialog. Weinheim/Basel, in Vorbereitung. Herbst 1999

18 Ich versuche, mit der Entscheidung für die weibliche oder männliche Form der Berufsbezeichnung abzubilden, ob ich Männer oder Frauen vor Augen habe, wenn ich mir die gemeinte Wirklichkeit vorstelle, ohne die eine oder andere Gruppe jeweils ausschließen zu wollen. In früheren Texten hab ich von mir selbst auch als »Lehrer« gesprochen, das erscheint mir heute als tiefreichende Oberflächlichkeit.

19 Klaus Prange: Bauformen des Unterrichts. Bad Heilbrunn 1986, S. 36

20 Prange, a.a.O

21 Zum Gegenstand als »Subjekt« ausführlicher Detlef Zöllner im Nachwort zu »Ausflüge...«, s. Anm. 17

22 Robert Gernhardt: Gedanken zum Gedicht. Zürich 1990, S. 22

23 Goethe an Eckermann, 24. Jan. 1830, zitiert nach Pielow: Dichtung und Didaktik. Bochum, o.J., S. 72

24 Wolfgang Klafki: Didaktische Analyse als Kern der Unterrichtsvorbereitung. In: Heinrich Roth/Alfred Blumenthal (Hrsg.): Didaktische Analyse. Hannover u.a., 1969 (10. Aufl.) S. 29

25 ebenda, S. 30

26 Cordelia Edwardson: Gebranntes Kind sucht das Feuer. München 1986, S. 15

27 vgl. S. 39 ff.

28 s. S. 309

29 Marie Luise Kaschnitz in: Dieter E. Zimmer (Hrsg.): Mein Gedicht, Begegnungen mit deutscher Lyrik. Wiesbaden 1961, S. 114. Zitiert nach Pielow 1965, a.a.O., S. 41

30 Rudolf Riedler: Anstelle eines Vorworts. In: Wem Zeit ist wie Ewigkeit. Dichter, Interpreten, Interpretationen. München/Zürich 1987, S. 8

31 a.a.O., S. 7 f.

32 Pielow 1965, a.a.O., S. 50

33 Andreas Thalmayr: Das Wasserzeichen der Poesie oder Die Kunst und das Vergnügen, Gedichte zu lesen. Nördlingen 1985, S. VII

34 a.a.O., S. VIII

35 Heinz Piontek: Buchstab Zauberstab. Über Dichter und Dichtung. Eßlingen 1959, S. 14

36 Pielow 1965, a.a.O., S. 60, bezieht sich auf »Der Spinnerin Lied« von Clemens Brentano

37 Heinrich Vormweg: Über Marie Luise Kaschnitz. Nachwort in: Marie Luise Kaschnitz – Ein Lesebuch,1964–1974. Frankfurt a.M., 1975, S. 219

38 Klafki a.a.O., S. 30

39 Virginia M. Axline: Dibs. Bern u.a., 1970

40 Gundel Mattenklott: Kleine Didaktik des Zeigens. In: GSZ 67/1993, S. 18

41 Andreas Flitner: Kinder zeichnen Gerippe. In: Edwin Kaiserling: Das menschliche Skelett in Kinderzeichnungen. Tübingen 1998, S. 147

42 Ute Andresen (Hrsg.): Im Mondschein wächst das Gras – Gedichte für Kinder und alle im Haus. Ravensburg 1991

Quellenverzeichnis

Hans Arp   Hans Arp: Gesammelte Gedichte in drei Bänden. © Die Arche, Limes, Berlin 1963 · *Ivan Blatný*   Jürgen Serke: Die verbannten Dichter. Albrecht Knaus Verlag, Hamburg 1982 · *Günter Eich*   Günter Eich: Gesammelte Werke. Bd. 1: Die Gedichte. © Suhrkamp Verlag, Frankfurt am Main 1973 · *Günter Bruno Fuchs*   Günter Bruno Fuchs: Pennergesang (Dämmerung). © Carl Hanser Verlag, München, Wien 1965; Gemütlich summt das Vaterland (Tageslauf eines dicken Mannes). © dto. 1984 · *Robert Gernhardt*   Robert Gernhardt: Mit dir sind wir vier. © Insel Verlag, Frankfurt am Main 1976 · *Yvan Goll*   Yvan Goll: Dichtungen. Luchterhand Verlag, Neuwied 1960. © Argon Verlag, Berlin · *Josef Guggenmos*   Josef Guggenmos: Sonne, Mond und Luftballon. © Beltz und Gelberg, Weinheim, Basel 1984 · *Hermann Hesse*   Hermann Hesse: Die Gedichte. Bd. 2. © Suhrkamp Verlag, Frankfurt am Main 1953 · *Ernst Jandl*   Ernst Jandl: Jandl für alle. © Luchterhand Verlag, Darmstadt und Neuwied 1974 · *Marie Luise Kaschnitz*   © Iris Schnebel-Kaschnitz, Berlin · *Der von Kürenberg* (übers. von James Krüss).   James Krüss (Hrsg.): So viele Tage wie das Jahr hat. Bertelsmann Verlag, Gütersloh 1959 · *Isolde Kurz*   Isolde Kurz: Gesammelte Werke. G. Müller Verlag, München 1925. © Dieter Kormann, Dachau · *Wilhelm Lehmann*   Wilhelm Lehmann: Gesammelte Werke in acht Bänden. Bd. 1: Sämtliche Gedichte (Im Winter zu singen). © Klett-Cotta Verlag, Stuttgart 1982; Bd. 5: Erzählungen (Der Abgesang). © dto. (in Vorb.) · *Oskar Loerke*   Oskar Loerke: Gedichte. © Suhrkamp Verlag, Frankfurt am Main 1958 · *Selma Meerbaum-Eisinger*   Selma Meerbaum-Eisinger: Ich bin in Sehnsucht eingehüllt. Gedichte eines jüdischen Mädchens an seinen Freund (herausgegeben und eingeleitet von Jürgen Serke). © Hoffmann und Campe Verlag, Hamburg 1980 · *Christa Reinig*   Gesammelte Gedichte von Christa Reinig. © Verlag Eremiten Presse, Düsseldorf 1984 · *Rainer Maria Rilke*   Rainer Maria Rilke: Sämtliche Werke. © Insel Verlag, Frankfurt am Main 1955 · *Joachim Ringelnatz*   Joachim Ringelnatz: Und auf einmal steht es neben dir. © Henssel Verlag, Berlin 1980 · *Karl Schnog*   Herbert Günther: Ringelnatz. Rowohlt Verlag, Reinbek 1964 · *Georg von der Vring*   Georg von der Vring: Die Gedichte. © Langewiesche-Brandt Verlag, Ebenhausen 1989 · *Christian Wagner*   Christian Wagner: Gedichte. BS 703. © Suhrkamp Verlag, Frankfurt am Main 1980